REGULAÇÃO DAS ÁGUAS
INTERAÇÕES INSTITUCIONAIS E PRODUÇÃO NORMATIVA

BIANCA BORGES MEDEIROS PAVÃO
NATASHA SCHMITT CACCIA SALINAS
RÔMULO SILVEIRA DA ROCHA SAMPAIO

Sandra Akemi Shimada Kishi
Prefácio

REGULAÇÃO DAS ÁGUAS
INTERAÇÕES INSTITUCIONAIS E PRODUÇÃO NORMATIVA

Belo Horizonte

2023

© 2023 Editora Fórum Ltda.

É proibida a reprodução total ou parcial desta obra, por qualquer meio eletrônico, inclusive por processos xerográficos, sem autorização expressa do Editor.

Conselho Editorial

Adilson Abreu Dallari
Alécia Paolucci Nogueira Bicalho
Alexandre Coutinho Pagliarini
André Ramos Tavares
Carlos Ayres Britto
Carlos Mário da Silva Velloso
Cármen Lúcia Antunes Rocha
Cesar Augusto Guimarães Pereira
Clovis Beznos
Cristiana Fortini
Dinorá Adelaide Musetti Grotti
Diogo de Figueiredo Moreira Neto (*in memoriam*)
Egon Bockmann Moreira
Emerson Gabardo
Fabrício Motta
Fernando Rossi
Flávio Henrique Unes Pereira
Floriano de Azevedo Marques Neto
Gustavo Justino de Oliveira
Inês Virgínia Prado Soares
Jorge Ulisses Jacoby Fernandes
Juarez Freitas
Luciano Ferraz
Lúcio Delfino
Marcia Carla Pereira Ribeiro
Márcio Cammarosano
Marcos Ehrhardt Jr.
Maria Sylvia Zanella Di Pietro
Ney José de Freitas
Oswaldo Othon de Pontes Saraiva Filho
Paulo Modesto
Romeu Felipe Bacellar Filho
Sérgio Guerra
Walber de Moura Agra

FÓRUM
CONHECIMENTO JURÍDICO

Luís Cláudio Rodrigues Ferreira
Presidente e Editor

Coordenação editorial: Leonardo Eustáquio Siqueira Araújo
Aline Sobreira de Oliveira

Rua Paulo Ribeiro Bastos, 211 – Jardim Atlântico – CEP 31710-430
Belo Horizonte – Minas Gerais – Tel.: (31) 99412.0131
www.editoraforum.com.br – editoraforum@editoraforum.com.br

Técnica. Empenho. Zelo. Esses foram alguns dos cuidados aplicados na edição desta obra. No entanto, podem ocorrer erros de impressão, digitação ou mesmo restar alguma dúvida conceitual. Caso se constate algo assim, solicitamos a gentileza de nos comunicar através do *e-mail* editorial@editoraforum.com.br para que possamos esclarecer, no que couber. A sua contribuição é muito importante para mantermos a excelência editorial. A Editora Fórum agradece a sua contribuição.

Dados Internacionais de Catalogação na Publicação (CIP) de acordo com ISBD

P337r	Pavão, Bianca Borges Medeiros
	Regulação das águas: interações institucionais e produção normativa / Bianca Borges Medeiros Pavão, Natasha Schmitt Caccia Salinas, Rômulo Silveira da Rocha Sampaio. - Belo Horizonte : Fórum, 2023.
	188xp.; 14,5cm x 21,5cm.
	Inclui bibliografia.
	ISBN: 978-65-5518-496-9
	1. Gestão Ambiental. 2. Políticas Públicas. 3. Ciências Sociais Aplicadas. 4. Regulação das águas. 5. Produção normativa. 6. Análise institucional. I. Salinas, Natasha Schmitt Caccia. II. Sampaio, Rômulo Silveira da Rocha. III. Título.
	CDD 341.347
	CDU 34:502.7
2022-3607	

Elaborado por Odilio Hilario Moreira Junior - CRB-8/9949

Informação bibliográfica deste livro, conforme a NBR 6023:2018 da Associação Brasileira de Normas Técnicas (ABNT):

PAVÃO, Bianca Borges Medeiros; SALINAS, Natasha Schmitt Caccia; SAMPAIO, Rômulo Silveira da Rocha. *Regulação das águas*: interações institucionais e produção normativa. Belo Horizonte: Fórum, 2023. 188 p. ISBN 978-65-5518-496-9.

SUMÁRIO

PREFÁCIO
Sandra Akemi Shimada Kishi 7

APRESENTAÇÃO 11

CAPÍTULO 1
DESAFIOS DA REGULAÇÃO DAS ÁGUAS NO BRASIL 13
    Introdução 13
1.1   A regulação da natureza: teorias e mecanismos 15
1.2   Análise do modelo de regulação das águas brasileiro 19
1.3   Críticas ao modelo regulatório brasileiro 26

CAPÍTULO 2
A IMPORTÂNCIA DA ANÁLISE DE PRODUÇÃO NORMATIVA PARA OS ESTUDOS SOBRE REGULAÇÃO 29
    Introdução 29
2.1   Usos e finalidades da análise de produção normativa 32
2.1.1 Avaliação da conformidade de ação das entidades reguladoras 32
2.1.2 Avaliação da produção normativa de múltiplos reguladores 35
2.1.3 Avaliação da transparência e eficiência dos processos de produção normativa 39
2.1.4 Análise da influência de grupos de interesse nos processos de produção normativa 42
2.1.5 Análise da racionalidade das normas regulatórias 45
2.2   Equívocos a serem evitados na análise de produção normativa 47

CAPÍTULO 3
ESTUDO EMPÍRICO SOBRE A REGULAÇÃO FEDERAL DAS ÁGUAS BRASILEIRAS: UMA ANÁLISE DA PRODUÇÃO NORMATIVA 53
    Introdução 53
3.1   Operacionalização da regulação do acesso à água no Brasil 55
3.2   Formulação e implementação das políticas hídricas 61

3.2.1	O Conselho Nacional de Recursos Hídricos (CNRH) 64
3.2.2	A Agência Nacional de Águas e Saneamento Básico (ANA) 67
3.3	A atuação dos órgãos reguladores federais das águas: um levantamento da produção normativa 70

CAPÍTULO 4
REGULAÇÃO DAS ÁGUAS ESTADUAIS E DISTRITAIS: UMA ANÁLISE A PARTIR DA PRODUÇÃO NORMATIVA 83

	Introdução 83
4.1	Governança e fragmentação no ambiente regulatório das águas brasileiras 87
4.2	Diagnóstico da regulação das águas estatais e distritais: uma análise a partir da produção normativa 98
4.2.1	Centro-Oeste 105
4.2.2	Nordeste 120
4.2.3	Norte 135
4.2.4	Sudeste 147
4.2.5	Sul 160

CONCLUSÃO 173

REFERÊNCIAS 179

PREFÁCIO

O tema da regulação das águas, da forma notável e pioneira como foi abordado pelos gabaritados autores Bianca Borges Medeiros Pavão, Natasha Schmitt Caccia Salinas e Rômulo Silveira da Rocha Sampaio, todos professores de graduação e pós-graduação da FGV Direito Rio, aponta para novos horizontes de atuação estratégica, numa importantíssima contribuição à proteção jurídica das águas no Brasil. Com efeito, a sociedade brasileira foi brindada com uma diferenciada abordagem a partir de percuciente metodologia de pesquisa e análises técnico-jurídicas sobre dados oficiais públicos, mediante fundadas bases estatísticas acerca da regulação das águas, com interações institucionais e análise da produção normativa em todo o país, em níveis subnacionais. O objetivo de aperfeiçoar a implementação eficiente de adequadas políticas públicas de gerenciamento dos recursos hídricos e de melhorar desempenhos sociais e econômicos de mercado, em termos de integridade e transparência, ganha, a partir do presente trabalho, novas perspectivas de atuação resolutiva, pautadas em indicadores legais da gestão hídrica e ambiental. Valoroso é o presente estudo ao consolidar um robusto e seguro indicador legal da gestão hídrica ao apontar para estratégicas decisões, na medida em que se traduz a obra em um revolucionário ponto de partida para proposições de alternativas e soluções frente a reais e complexos desafios da gestão de recursos hídricos em cada Estado brasileiro, visando à maximização do bem-estar social e ambiental.

Não simplesmente se dedicaram os autores ao precursor aprofundamento analítico da regulação infraconstitucional em cada situação subnacional, como abriram espaço para que o tema da reponsabilidade por *compliance* seja efetivamente desenvolvido pelas autoridades competentes. Propiciaram, outrossim, sejam os custos dos resultados maléficos, desvanecidos pelas não capturas das externalidades sociais e ambientais e relacionados à má gestão da água, devidamente incorporados a governanças corporativas, públicas ou privadas.

Outrossim, a riqueza de variáveis parametrizadas neste rico estudo impulsiona a valorização de um Estado Democrático Regulador de Direito, pautado num fortalecimento institucional de agências independentes e eficientes, em que as decisões, enquanto órgão regulador, gestor e de fiscalização, encontram-se baseadas em seguras análises técnicas e jurídicas. Assim, a presente obra também acaba por facilitar profícuas escolhas de melhores tecnologias disponíveis, eis que moldadas a vencer desafios reais, fazendo frente às mais complexas demandas em bacias hidrográficas críticas em termos qualiquantitativos.

O instigante trabalho também invoca reflexões sobre eventuais integradoras agências reguladoras hídrico-ambientais, na medida em que parametriza temas e instrumentos da gestão hídrica, da produção normativa não apenas das agências, mas também da produção normativa advinda de Assembleias Legislativas e de Conselhos Estaduais de Recursos Hídricos, dando azo a aferições de maturidade da gestão integrada dos gestores e reguladores hídricos, afinados ou não com as competências de órgãos integrantes do Sistema Nacional de Meio Ambiente (SISNAMA). Isso pode aperfeiçoar um processo regulatório, em via de mão dupla, da competência regulatória sobre meio ambiente integrada à gestão hídrica. Destarte, contribui o estudo, ainda, para racionalização da regulação da poluição como um todo.

Colabora, também, o presente estudo, com os objetivos da Lei de Liberdade Econômica, no tocante à adequação do instrumento da Análise de Impacto Regulatório (AIR) ao atendimento do interesse geral de agentes econômicos e de usuários dos serviços prestados à luz do artigo 5º da Lei nº 13.874/19.

Sob domínio do aprofundado conhecimento acerca da regulação compartilhada dos entes federativos quanto à gestão e sobre a preponderância da União como ente regulador em matéria de águas, os autores, de forma didática e facilitada por gráficos, propiciaram diversas camadas sistematizadas de análises de estados da arte da regulação segundo usos, temas e instrumentos de política de gestão de recursos hídricos, incitando com isso, o papel fundamental e participativo da sociedade, como protagonista em instâncias de Conselhos de Recursos Hídricos, Comitês de Bacias e em espaços cidadãos como os da academia e na esfera do terceiro setor, em que necessariamente devem caminhar de forma articulada os representantes da sociedade civil com os gestores.

Em outras palavras, a análise técnica e sistematizada de normas sobre recursos hídricos, da forma como analisada neste trabalho, propicia avaliações sobre o desempenho de diferentes atores de um espaço regulatório fragmentado, permitindo o monitoramento do efetivo *compliance* em relação à conformidade às normas e princípios, à luz das devidas atribuições e competências. E isso, em nível intersetorial, provocando a melhoria em nível subnacional das estruturas de funcionamento dos Sistemas Estaduais de Gerenciamento de Recursos

Hídricos, a partir de pautas diferenciadas que neste âmbito priorizam um maior controle social nas agendas hídrico-ambientais, alinhando as expectativas e demandas dos diversos atores de todos os setores da sociedade.

A Lei nº 13.848/19 instituiu, recentemente, regras específicas de transparência ativa para os processos normativos das agências reguladoras federais, um importante indicador apontado no estudo, a partir de análises de índices de realização de consultas e audiências públicas no processo de produção regulatória da Agência Nacional de Águas e Saneamento Básico (ANA). Também foi considerado como uma variável nas análises do presente trabalho o próprio aporte de apoio a decisões para aferir melhorias nos mecanismos de participação social, concluindo que a efetividade de controle social advém do caráter técnico das contribuições colhidas.

A racionalidade no processo de regulação, em especial nas agências reguladoras, obrigadas que estão a realizar as consultas públicas, também é valorizada enquanto meio catalisador de melhores políticas públicas, para que não destoem dos propósitos da política nacional de recursos hídricos. Assim, a própria estrutura de governança da Agência Nacional de Águas e Saneamento Básico e do Conselho Nacional de Recursos Hídricos, na presente obra, puderam ser avaliadas quanto às suas reais capacidades na promoção desses objetivos de interesse comum de toda a sociedade. Por ter este robusto estudo contabilizado as normas produzidas pela agência reguladora precedidas de mecanismos de participação, acaba por estimular a formação técnica para a efetividade das contribuições dos partícipes no processo participativo. Isso propicia ainda maior confiabilidade ao próprio processo de regulação.

Se as normas consistem em resultados de comportamentos de grupos sociais diversos que interagem entre si, as normas regulatórias, enquanto produtos das relações travadas entre legisladores, reguladores, agentes regulados e membros da sociedade civil, tornam-se referências efetivas para medidas de integridade, numa adequada gestão hídrico-ambiental. Com efeito, o corpo regulatório não apenas influencia, como se presta também a ajustar e a compor eventuais situações de conflito, minimizando riscos em projetos e iniciativas, com a maximização de medidas de sustentabilidade.

Com isso, instituições restam fortalecidas na medida em que especificidades de diferentes contextos regulatórios sejam consideradas para decisões estratégicas que acolham tais realidades normativas que priorizem a articulação eficiente de melhorias na gestão, de forma técnica e legítima, customizáveis a cada contexto normativo por Estado.

A Alocação Negociada de Usos da Água, como ferramenta de gestão participativa no Ceará é um exemplo.

Não apenas as hipertrofias regulatórias como as eventuais lacunas de normatização merecem ser avaliadas em nível de diagnósticos e mapas de impactos e resultados de medidas para a melhoria da gestão das águas, de forma adequada a atender as reais demandas de peculiares contextos, em seus diferentes níveis de complexidade, a partir do arcabouço regulatório em nível subnacional analisado tecnicamente.

A análise de regulação sobre os fundos de recursos hídricos realizada no ilustrado estudo também funciona como um implacável indicador para uma melhor logística no processo de internalização dos riscos, impactos e externalidades negativas, que não podem ficar sob a responsabilidade de outros usuários que não os que diretamente se beneficiam dos usos da água. A própria geração de externalidades positivas poderá advir da esmerada análise técnica da produção regulatória no presente trabalho, sobre os instrumentos da cobrança do uso da água e da implementação do sistema nacional de informações.

Definitivamente, o ineditismo da abordagem do tema e a inovadora metodologia desenvolvidos no presente trabalho fomentam necessárias reflexões para relevantes e resolutivas decisões, não apenas em nível de aperfeiçoamento das políticas nacional e subnacionais de gestão das águas, como também apontam a necessária integração de aspectos sociais, econômicos e ambientais, em nível dos processos normativos e de governança voltados à sustentabilidade dos objetivos da política de gestão integrada e participativa de recursos hídricos no país.

Colabora a presente obra, enfim, de forma efetiva, para a consolidação de um verdadeiro indicador ou matriz de impactos regulatórios dos instrumentos jurídicos, em níveis nacional e subnacionais de implementação dos objetivos de desenvolvimento sustentável, uma lacuna que a presente obra vem suprir com incrível maestria e robustez técnica, de forma inovadora e pioneira, incentivando adequadas soluções e medidas de sustentabilidade para o uso responsável das nossas águas, com respeito à vida digna e sadia no planeta.

Sandra Akemi Shimada Kishi
Procuradora Regional da República
Coordenadora do Projeto Conexão Água do MPF/4ª CCR
Vice-Presidente da Associação Brasileira dos Membros do Ministério Público de Meio Ambiente (ABRAMPA)
Diretora do Projeto Territórios Vivos/GIZ (Alemanha) e MPF
Conselheira do Pacto Global da ONU/Brasil – Mov+Águas

APRESENTAÇÃO

O presente livro é resultado do projeto de pesquisa "Regulação da Água no Brasil", coordenado pelos autores e desenvolvido no âmbito do Centro de Pesquisa em Direito e Economia (CPDE) da Escola de Direito da Fundação Getulio Vargas (FGV). O projeto, que recebeu apoio financeiro da Rede de Pesquisa e Conhecimento Aplicado (RPCap) da FGV, teve o objetivo de suprir uma importante lacuna acerca do diagnóstico sobre o comportamento normativo acerca da regulação das águas doces brasileiras. Muito já se escreveu a respeito da gestão das águas no Brasil, mas poucos esforços vinham sendo envidados para realização de levantamentos de natureza empírica sobre esse ambiente normativo.

O projeto teve como enfoque o levantamento das normas editadas, tanto em âmbito federal, quanto em âmbito estadual, sobre a regulação das águas brasileiras. A dupla dominialidade das águas propiciou a formação de um ambiente muito diverso e fragmentado, dessa forma, entendeu-se que compreender, do ponto de vista empírico, como esse ambiente vem sendo organizado, consistiria em uma contribuição de relevo para o estudo das águas brasileiras.

A metodologia teve, portanto, natureza empírica, e todo o esforço de levantamento das normas realizado foi organizado a partir de um banco de dados, que cumpre também uma função social relevante, a de permitir publicizar, em um ambiente único, as normas sobre as águas brasileiras em um recorte temporal de, pelo menos, vinte anos, no caso das normas federais, e que variou no caso dos estados em decorrência dos diferentes anos de criação dos Sistemas Estaduais de Gerenciamento de Recursos Hídricos (SEGREHs).

O referencial teórico da pesquisa pautou-se na perspectiva institucionalista, partindo da compreensão que as instituições exercem um importante papel na modificação dos comportamentos e, portanto, no ambiente regulatório. Por isso, todo o esforço normativo realizado voltou-se a compreender o comportamento institucional e as conformações presentes no ambiente regulatório das águas brasileiras.

Espera-se que os resultados da pesquisa possam contribuir para suprir, ainda que em parte, as lacunas empíricas existentes nessa agenda de pesquisa, bem como que os dados contribuam para que novas reflexões sobre o ambiente regulatório das águas brasileiras sejam propostas.

CAPÍTULO 1

DESAFIOS DA REGULAÇÃO DAS ÁGUAS NO BRASIL

Introdução

Integrado ao Projeto de Regulação das Águas, que culminou na organização desta coletânea, o presente capítulo tem por objetivo analisar a gestão de recursos hídricos no Brasil. Nesse sentido, pretende-se identificar os principais obstáculos à concessão de efetividade de normas ambientais, especialmente no que diz respeito ao direito de águas, conforme passa-se a discorrer a seguir.

O Brasil é considerado um gigante hídrico. Entre estimativas mais e menos conservadoras, o país detém cerca de 12% da água potável do mundo.[1] Mas essa água não se encontra distribuída de forma isonômica pelo território. A maior porção desses recursos hídricos se encontra na região norte, que conta com aproximadamente 70% do total. A região mais populosa do país, a sudeste, dispõe de cerca de 6% da água potável do Brasil.[2] A matriz energética brasileira é bastante dependente de recursos hídricos, correspondendo a 65% de sua totalidade.[3] Índices muito precários de saneamento básico impõem significativa pressão

---

[1] BRASIL. Agência Nacional das Águas. *Brasil tem cerca de 12% das reservas mundiais de água doce do planeta.* 2019. Disponível em: https://www.ana.gov.br/noticias-antigas/brasil-tem-cerca-de-12-das-reservas-mundiais-de-a.2019-03-15.1088913117. Acesso em 15 mai. 2020.

[2] Cf.: Distribuição da Água no Brasil. *UOL.* Disponível em: https://alunosonline.uol.com.br/geografia/distribuicao-agua-no-brasil.html. Acesso em 15 mai. 2020.

[3] EMPRESA DE PESQUISA ENERGÉTICA (EPE). *Matriz Energética e Elétrica.* 2018. Disponível em: http://www.epe.gov.br/pt/abcdenergia/matriz-energetica-e-eletrica. Acesso em 15 mai. 2020.

sobre as águas brasileiras, inutilizando boa parte da capacidade hídrica do país. Apenas 50% da população é atendida por rede de escoamento e tratamento de esgoto.[4]

O aumento significativo da população urbana nos grandes centros, ocorrido no último século, associado ao desenvolvimento industrial do país contribuíram para aumentar a competição sobre o uso da água. Desde a Constituição de 1988, o Brasil passou a tratar, no campo normativo, de modernizar o regime jurídico das águas. Essa modernização, que começa com a Constituição Federal, notadamente fulminando o domínio privado sobre a água permitido no Código de Águas de 1934, encontrou seu ápice com a edição da Lei da Política Nacional dos Recursos Hídricos (Lei nº 9.433/1997). Desde então, diversos foram os avanços regulatórios e institucionais. A criação da Agência Nacional de Águas e Saneamento Básico (ANA), pela Lei nº 9.984/2000, é símbolo desse avanço.

Esse arranjo normativo e institucional não havia, contudo, sido testado até então. Graves crises hídricas começaram a ficar mais recorrentes a partir dos anos 2000. Logo no início da década, o país fora acometido por um apagão devido à escassez hídrica que comprometeu a sua principal matriz energética. Sucessivas crises desde então assolaram diferentes partes do território nacional.[5][6] Em 2014, a região mais rica do país foi acometida por uma das mais graves crises hídricas de que se tem história. Rio de Janeiro e São Paulo travaram uma grande batalha interna entre ambos os entes federativos pelo uso das águas. O gigante hídrico acusou o golpe.

Gestores públicos e privados, academia e o próprio Poder Judiciário passaram a se perguntar se o regime de regulação de águas no Brasil estaria adequado a uma nova realidade na qual os recursos hídricos já não seriam mais ilimitados. Um cenário de grande competição pelo

---

[4] BRASIL. Senado Federal. *Brasil tem 48% da população sem coleta de esgoto, diz Instituto Trata Brasil*. 25 set. 2019. Disponível em: https://www12.senado.leg.br/noticias/materias/2019/09/25/brasil-tem-48-da-populacao-sem-coleta-de-esgoto-diz-instituto-trata-brasil. Acesso em 15 mai. 2020.

[5] BRASIL. Agência Nacional das Águas. *Relatório da ANA apresenta situação das águas do Brasil no contexto de crise hídrica*. 2017. Disponível em: https://www.ana.gov.br/noticias/relatorio-da-ana-apresenta-situacao-das-aguas-do-brasil-no-contexto-de-crise-hidrica. Acesso em 15 mai. 2020.

[6] Entre 2003 e 2016, quase metade (47,5%) dos municípios brasileiros declararam Situação de Emergência ou Estado de Calamidade Pública pelo menos uma vez por conta de cheias, dos quais 55% (1.435) ficam no Sudeste ou no Sul. Considerando o período de 2013 a 2016, Santa Catarina e Rio Grande do Sul tiveram 44% dos registros de eventos de cheias associados a danos para pessoas no país.

uso e de bastante estresse hídrico. São esses os pontos que pretendemos enfrentar neste capítulo. Para tanto, dividimos o manuscrito em três partes: a primeira seção trata das teorias e mecanismos aplicáveis à regulação do meio ambiente; a segunda apresenta o modelo regulatório adotado no Brasil para a regulação de águas; por fim, a terceira parte traz uma análise crítica do padrão que vem sendo adotado na gestão de recursos hídricos e na regulação ambiental brasileira de um modo geral, propondo mudanças na estrutura regulatória do país.

1.1 A regulação da natureza: teorias e mecanismos

Conforme é sabido, diferentes mecanismos regulatórios podem ser aplicados com o intuito de gerir recursos naturais, buscando-se a promoção de uma harmonização entre a preservação da natureza, por um lado, e a exploração de recursos naturais para fins econômicos, por outro.

Nesse sentido, a regulação se coloca como um fator importante na interseção entre direito e economia, visando à promoção de eficiência na gestão de recursos por meio de instrumentos jurídicos.

Conforme a definição dada por Chevallier,[7] a regulação consiste na supervisão do jogo econômico, com estabelecimento de regras e intervenção em prol do amortecimento das tensões, composição dos conflitos e asseguração do equilíbrio do conjunto. Ou seja, é por meio da regulação que o Estado deixa de ser ator no processo econômico para desempenhar o papel de árbitro, buscando enquadrar e harmonizar a atuação dos operadores do jogo econômico.

Assim, a regulação deve buscar estabelecer um equilíbrio sistêmico, considerando os diversos aspectos envolvidos,[8] baseando-se na tecnicidade das escolhas regulatórias, na especialização dos ramos jurídicos em subsistemas e no sopesamento de diversos princípios colidentes.[9]

Mais especificamente, a regulação da atividade econômica é definida enquanto um "conjunto de regras que limitam a liberdade de ação ou de escolha das empresas, dos profissionais liberais e/ou dos consumidores, e cuja aplicação é sustentada pelo poder de coerção que

---

[7] CHEVALLIER, Jacques. *O estado pós-moderno*. (Trad. Marçal Justen Filho). Belo Horizonte: Fórum, 2009. p. 73.

[8] GUERRA, Sérgio. *Discricionariedade, regulação e reflexividade*: uma nova teoria sobre as escolhas administrativas. 3. ed. Belo Horizonte: Fórum, 2015. p. 93.

[9] GUERRA, Sérgio. *Discricionariedade, regulação e reflexividade*: uma nova teoria sobre as escolhas administrativas. 3. ed. Belo Horizonte: Fórum, 2015. p. 102.

a sociedade concede ao Estado".[10] Ou seja, ela se baseia na restrição dos mecanismos de escolha dos agentes econômicos a partir do uso do seu poder coercitivo e é compreendida como um conjunto de formas indiretas de intervenção estatal na economia, opondo-se à intervenção direta deste enquanto empresário/ofertante de bens e serviços.[11]

E, considerando que, na prática, não existem mercados "perfeitos", isto é, totalmente racionais e eficientes,[12] a regulação incide com o principal objetivo de melhorar os resultados do mercado, corrigindo suas falhas por meio de medidas informativas ou impositivas, a depender do caso.[13] Em última análise, sua função precípua é a de maximizar o bem-estar social. E é justamente em razão das referidas falhas de mercado e da necessidade de se promover valores socialmente compartilhados que o Estado utiliza instrumentos jurídicos para concretizar seu poder de império, garantindo e condicionando a oferta de bens e serviços na forma de normas jurídicas que estabelecem um marco regulatório para a tutela dos setores regulados.[14]

E o escopo dessa regulação em termos de extensão do controle e da supervisão impostos ao empreendedor varia justamente conforme as diversas falhas de mercado existentes, o que faz com que um mesmo agente econômico possa estar sujeito a um conjunto variado de regulamentos.[15] As três principais variáveis decisórias controladas pela regulação são: preço, quantidade e número de empresas (controle de entrada/saída). Além disso, em menor grau, a regulação pode ser ainda responsável pelo controle de qualidade do produto (inclusive confiabilidade e segurança), propaganda e investimento.[16]

---

[10] PINHEIRO, Armando Castelar; SADDI, Jairo. *Direito, economia e mercados*. 2. ed. Rio de Janeiro: Elsevier, 2005. p. 254.

[11] SAMPAIO, Patrícia Regina Pinheiro. *Regulação e concorrência*: a atuação do CADE em setores de infraestrutura. São Paulo: Saraiva, 2013. p. 61.

[12] Segundo o autor: "A teoria econômica simplista imagina o sistema econômico como um mecanismo autorregulador: quando a oferta excede a demanda, os preços caem, reduzindo a oferta; e vice-versa. Mas embora tais ajustes de fato ocorram, eles não acontecem suavemente, nem sem custos". (STIGLITZ, Joseph E. *Os exuberantes anos 90*: uma nova interpretação da década mais próspera da história. (Trad. Sylvia Maria S. Cristóvão dos Santos, Dante Mendes Aldrighi, José Francisco de Lima Gonçalves, Roberto Mazzer Neto). São Paulo: Companhia das Letras, 2003. p. 134).

[13] PINHEIRO, Armando Castelar; SADDI, Jairo. *Direito, economia e mercados*. 2. ed. Rio de Janeiro: Elsevier, 2005. p. 255.

[14] SAMPAIO, Patrícia Regina Pinheiro. *Regulação e concorrência*: a atuação do CADE em setores de infraestrutura. São Paulo: Saraiva, 2013. p. 34.

[15] PINHEIRO, Armando Castelar; SADDI, Jairo. *Direito, economia e mercados*. 2. ed. Rio de Janeiro: Elsevier, 2005. p. 255.

[16] VISCUSI, W. Kip; HARRINTON JR., Joseph E.; VERNON, John M. *Economics of regulation and antitrust*. Cambridge: The MIT Press, 2005. p. 358.

Assim, a regulação econômica tem como um dos principais objetivos a correção de falhas de mercado, como assimetrias de informação e externalidades. Estas podem levar a um cenário no qual "nem todas as interações que ocorrem entre os agentes econômicos sejam intencionais e resultantes de acordo mútuo".[17] Em casos de externalidades negativas, isso possibilita que um agente econômico afete a outros sem que tenha que arcar com os custos do resultado maléfico causado ou que seja devidamente remunerado por um benefício proporcionado. Ou seja, o agente não internaliza as consequências de seus atos.[18]

Em outras palavras, conforme a definição de Viscusi, Harrinton e Vernon,[19] uma externalidade ocorre quando as ações de um agente A afetam a utilidade ou a função de produção de outro agente, B, sem que o agente A se preocupe com consequências da sua conduta para o bem-estar do agente B. Assim, quando uma externalidade está presente, a perfeita competição não resulta em uma alocação ótima de recursos. Nesse sentido, com a existência de uma externalidade, um comportamento competitivo pode resultar em transações que reduzam o bem-estar.[20]

Nesse sentido, a regulação pode surgir como um possível instrumento para fazer com que os agentes econômicos atuem em conformidade com os objetivos de política econômica, haja vista a impossibilidade de se atingir tal ideal apenas por meio das interações das forças de mercado.

E há ao menos seis técnicas diferentes para promover a regulação: (i) *comando e controle*: no qual o regulador define especificamente as medidas que a empresa deve tomar; (ii) por *incentivos*: baseada no sistema de recompensas concedidas às empresas pelo cumprimento de metas estabelecidas pelo regulador; (iii) *potencial*: na qual não se impõe restrições à empresa, exceto diante de desempenho insatisfatório frente a um critério predefinido; (iv) *reativa*: regulador aprova ou não ações executadas por empresas (v) *proativa*: em que o regulador especifica

---

[17] PINHEIRO, Armando Castelar; SADDI, Jairo. *Direito, economia e mercados*. 2. ed. Rio de Janeiro: Elsevier, 2005. p. 258.
[18] Conforme esclarecido pelos autores, a classificação entre externalidades positivas ou negativas depende "de os indivíduos aproveitarem benefícios adicionais pelos quais não pagaram ou terem custos extras em que eles próprios não incorreram" (STIGLITZ, Joseph E.; WALSH, Carl E. *Introdução à Microeconomia*. (Trad. Helga Hoffmann). Rio de Janeiro: Campus, 2003. p. 194).
[19] VISCUSI, W. Kip; HARRINTON JR., Joseph E.; VERNON, John M. *Economics of regulation and antitrust*. Cambridge: The MIT Press, 2005. p. 376.
[20] STIGLITZ, Joseph E.; WALSH, Carl E. *Introdução à Microeconomia*. (Trad. Helga Hoffmann). Rio de Janeiro: Campus, 2003. p. 377.

previamente as ações permitidas e proibidas; (vi) *delegada*: na qual o poder regulatório é passado para os entes regulados.[21]

A depender das características do setor regulado, das prioridades e objetivos regulatórios em uma visão sistêmica e das circunstâncias fáticas em questão, o regulador pode optar por uma ou outra técnica regulatória, visando aquela que traga maior eficiência na correção de falhas de mercado ou de governo existentes ou que seja a mais apta a promover os objetivos sociais almejados.

Na seara ambiental, uma das externalidades negativas frequentemente identificada é a poluição do meio ambiente enquanto decorrência do desenvolvimento de atividades econômicas. De modo simplificado, o principal problema é que, em uma análise de custo-benefício individual, os agentes econômicos podem concluir que lhes é mais benéfico emitir gases poluentes ou despejar nos rios efluentes não tratados do que adotar medidas compensatórias para proteção ambiental, como a instalação de um filtro de gases ou uma estação de tratamento de efluentes, por exemplo.[22]

Todavia, a partir da adoção desse tipo de lógica, o agente econômico está se beneficiando justamente de uma socialização das perdas e da privatização dos lucros. Enquanto toda a sociedade é obrigada a arcar com os custos e impactos negativos ocasionados pela poluição do meio ambiente, o empreendedor é beneficiado individualmente pela sua redução de custos de produção, obtendo as vantagens econômicas da poluição causada.[23]

E é precisamente por essa razão que a intervenção estatal por meio da regulação é justificada. Considerando que não existem mercados "perfeitos" ou totalmente racionais, a interferência regulatória é vista como extremamente importante em diversas ocasiões. Com relação ao exemplo mencionado, o regulador pode atuar para estabelecer penalidades para a poluição, impondo custos suficientemente altos para

---

[21] PINHEIRO, Armando Castelar; SADDI, Jairo. *Direito, economia e mercados*. 2. ed. Rio de Janeiro: Elsevier, 2005. p. 256.

[22] SAMPAIO, Rômulo Silveira da Rocha; LAMARE, Julia de. *In*: PINHEIRO, Armando Castelar; PORTO, Antônio J. Maristrello; SAMPAIO, Patrícia Regina Pinheiro (Coords.). *Direito e economia*: diálogos. Rio de Janeiro: FGV Editora, 2019. p. 545-546.

[23] SAMPAIO, Rômulo Silveira da Rocha; LAMARE, Julia de. *In*: PINHEIRO, Armando Castelar; PORTO, Antônio J. Maristrello; SAMPAIO, Patrícia Regina Pinheiro (Coords.). *Direito e economia*: diálogos. Rio de Janeiro: FGV Editora, 2019. p. 545-546.

que seja mais vantajoso para o agente econômico cumprir as obrigações legais – comando e controle.[24]

Outros mecanismos como incentivos e concessão de benefícios para aqueles que adotarem espontaneamente um modelo de produção pautado em parâmetros de sustentabilidade ou a reação do regulador aprovando ou não o licenciamento de atividades, por exemplo, também são técnicas que podem ser adotadas com fins de adequação ambiental.

Assim, a análise econômica do direito ambiental, se utilizada adequadamente, pode contribuir para um gerenciamento mais eficaz e inteligente de recursos naturais, inclusive considerando-se interesses contrapostos, como o desenvolvimento econômico e aspectos sociais por meio da aplicação de análises de custo e benefício à gestão ambiental nos casos em que isso seja possível.

Feitas as considerações a respeito de mecanismos para regulação da natureza de modo geral, na seção a seguir trataremos especificamente do modelo regulatório eleito no Brasil com relação aos recursos hídricos, analisando as escolhas regulatórias adotadas para a gestão de águas no país.

1.2 Análise do modelo de regulação das águas brasileiro

Quando pensamos no que consiste a água, geralmente estabelecemos uma associação com uma substância líquida, inodora e insípida, encontrada em abundância na natureza, em mares, rios, lagos etc.,[25] e que pode ser utilizada para consumo humano e de animais, bem como para diversos fins produtivos. Mas e juridicamente? Como podemos classificar a água e de que modo o seu uso é disciplinado pelo direito?

Por um longo período, a água foi tida como um recurso natural inesgotável, especialmente em função da sua abundância. No entanto, após a constatação de que a maior porção dos recursos hídricos é imprópria para o consumo humano, de que a distribuição da água doce nas diferentes regiões do globo é desigual, bem como a tomada de consciência da crise hídrica decorrente da má utilização e do desperdício de recursos hídricos, adotou-se uma nova postura quanto ao seu tratamento. O crescimento populacional e o aumento da demanda

---

[24] SAMPAIO, Rômulo Silveira da Rocha; LAMARE, Julia de. *In*: PINHEIRO, Armando Castelar; PORTO, Antônio J. Maristrello; SAMPAIO, Patrícia Regina Pinheiro (Coords.). *Direito e economia*: diálogos. Rio de Janeiro: FGV Editora, 2019. p. 545-546.

[25] GRANZIERA, Maria Luiza Machado. *Direito de águas*: disciplina jurídica das águas doces. 3. ed. São Paulo: Atlas, 2006. p. 25.

por acesso à água também se mostraram fatores determinantes para a sua escassez. No Brasil, em especial, a má distribuição das chuvas e a demanda crescente e diversificada pelo uso da água (especialmente para fins agropecuários) ressaltaram a necessidade do estabelecimento de mecanismos para disciplinar o seu consumo.[26]

Nesse sentido, o direito evoluiu para classificar a água como recurso natural limitado, dotado de valor econômico. Sendo assim, entende-se que a água é passível de valoração, sendo impostas diversas restrições para a sua utilização, tanto na seara administrativa quanto na seara financeira, por meio da cobrança pelo uso de recursos hídricos.[27] Todavia, nem sempre foi assim.

As primeiras fontes normativas para gerir tais recursos hídricos no Brasil datam da década de 1930, com a promulgação do primeiro Código de Águas (Decreto nº 24.643/1934), que inovou ao classificar as águas como bem de domínio da União ainda sob a égide da Constituição de 1934.[28] Este foi o primeiro diploma legal a disciplinar o aproveitamento industrial das águas, refletindo um viés privatista, voltado para a tutela de interesses econômicos e para o aproveitamento comercial da água, com intenção específica de regular a utilização do potencial hidrelétrico das águas continentais brasileiras.[29]

No entanto, apesar desses avanços no âmbito regulatório, ainda se mantinha uma visão da água enquanto um bem abundante, estando tal regulamentação amparada em uma preocupação quase que exclusiva com fins comerciais. Traço este que também é característico de outras normas editadas antes da promulgação da Constituição de 1988, dentre as quais pode-se destacar: (i) a Lei nº 5.357 de 1967, que penalizava o lançamento de detritos e óleos em corpos d'água; (ii) a Portaria GM-0013 do Ministério do Interior, que classificou as águas interiores federais; (iii) a Portaria Interministerial dos Ministérios do Interior e das Minas e Energia nº 50 de 1978, que instituiu o comitê de estudos

---

[26] SOARES, Jane A. S.; SOARES, Renata M. S.; BARBOSA, Erivaldo M. Análise da evolução do arcabouço legislativo no trato dos recursos hídricos no Brasil até a Lei nº 9.433/97. *Nature and Conservation*, v. 12, n. 2, p. 50-59, 2019. p. 51. DOI: http://doi.org/10.6008/CBPC2318-2881.2019.002.0006. Acesso em 10 nov. 2020.

[27] GRANZIERA, Maria Luiza Machado. *Direito de águas*: disciplina jurídica das águas doces. 3. ed. São Paulo: Atlas, 2006. p. 26.

[28] SOARES, Jane A. S.; SOARES, Renata M. S.; BARBOSA, Erivaldo M. Análise da evolução do arcabouço legislativo no trato dos recursos hídricos no Brasil até a Lei nº 9.433/97. *Nature and Conservation*, v. 12, n. 2, p. 50-59, 2019. p. 52. DOI: http://doi.org/10.6008/CBPC2318-2881.2019.002.0006. Acesso em 10 nov. 2020.

[29] MILARÉ, Édis. *Direito do Ambiente*. 11. ed. rev., atual. e ampl. São Paulo: Thomson Reuters Brasil, 2018. p. 1188.

de Bacias Hidrográficas; (iv) a Resolução nº 20 do CONAMA, que estabelece parâmetros de qualidade dos corpos hídricos; e, finalmente, (v) o Decreto nº 94.076 de 1987 que instituiu o Programa Nacional de Microbacias Hidrográficas.[30]

A Constituição de 1988 inaugurou, no entanto, uma nova abordagem relativa à tutela de recursos hídricos no ordenamento jurídico brasileiro. A gestão de tais recursos passou a se pautar no princípio do poluidor/usuário-pagador e a estar imbuída em uma conscientização cada vez maior a respeito de sua vitalidade e finitude. Assim, a política adotada no país para o gerenciamento dos recursos hídricos incorporou o pagamento pelo uso da água (em vez do direito à propriedade sobre a água), além da busca por proteção prévia contra eventos críticos e de preservação da qualidade e quantidade de água para a presente e as futuras gerações.[31] Isso, pautada em princípios de solidariedade intra e intergeracional, bem como de precaução e prevenção[32] contra potenciais danos e escassez de recursos.

Dentre as principais alterações trazidas, destacamos, portanto, a concessão de status de direito à água e a extinção da propriedade particular de recursos hídricos. Nesse sentido, os recursos hídricos passaram a ter dupla dominialidade, consistindo em bens da União ou dos Estados (CF/88, artigos 20 e 26).

A água passou a ser tida como bem público de uso comum do povo, gerido pelo Estado com base na doutrina da confiança pública, visto que essencial para uma qualidade de vida saudável, conforme o disposto no art. 225 da Constituição.[33] Nesse sentido, os recursos

---

[30] SOARES, Jane A. S.; SOARES, Renata M. S.; BARBOSA, Erivaldo M. Análise da evolução do arcabouço legislativo no trato dos recursos hídricos no Brasil até a Lei nº 9.433/97. *Nature and Conservation*, v. 12, n. 2, p. 50-59, 2019. DOI: http://doi.org/10.6008/CBPC2318-2881.2019.002.0006. Acesso em 10 nov. 2020.

[31] Os autores tratam especificamente das mudanças trazidas pela CF/88 com relação à gestão de recursos hídricos no Brasil e à mudança de paradigma de abundância para escassez hídrica, especialmente diante de mudanças climáticas. (CASSUTO, David N.; SAMPAIO, Rômulo S. R. Water Law in the United States and Brazil – Climate Change & Two Approaches to Emerging Water Poverty. *Environmental Law and Policy Review*, v. 35, n. 2, p. 371-413, 2011).

[32] Sobre o tema, confira por todos: WEDY, Gabriel. *O princípio constitucional da precaução como instrumento de tutela do meio ambiente e da saúde pública*. Rio de Janeiro: Fórum, 2009; e FRAGA, Júlia Massadas Romeiro. *Precaução e direcionamento de condutas sob incerteza científica*. 214f. Dissertação (Mestrado em Direito) – Escola de Direito do Rio de Janeiro da Fundação Getulio Vargas, Rio de Janeiro. 2019.

[33] Art. 225. "Todos têm direito ao meio ambiente ecologicamente equilibrado, bem de uso comum do povo e essencial à sadia qualidade de vida, impondo-se ao Poder Público e à coletividade o dever de defendê-lo e preservá-lo para as presentes e futuras gerações". Sobre o tema, confira: CASSUTO, David N.; SAMPAIO, Rômulo S. R. Water Law in the

hídricos devem ser regidos com base em um ideal de isonomia. Em outras palavras, isso implica que a todos é constitucionalmente garantido o igual e irrestrito acesso à água, ainda que seja permitida a sua gestão conforme diferentes capacidades, necessidades e usos.

Estabeleceu-se, também, a competência da União para "instituir sistema nacional de gerenciamento de recursos hídricos e definir critérios de outorga de direitos de seu uso" (CF/88, art. 21, inciso XIX). Compete ainda, privativamente à União, legislar sobre as águas (CF/88, art. 22, inciso IV).[34]

Todavia, a referida previsão constitucional de instituição de um Sistema Nacional de Gerenciamento de Recursos Hídricos somente foi regulamentada quase dez anos depois, por meio da Lei nº 9.433/1997 ("Lei das Águas"), que finalmente estabeleceu a Política Nacional de Recursos Hídricos (PNRH).

Esse conjunto de fundamentos, objetivos, diretrizes e instrumentos tomou como base principalmente o modelo francês de gestão de recursos hídricos, baseado em uma descentralização regulatória por meio da criação de comitês de bacia, na participação social, preocupação com a multiplicidade de usos, quantidade e qualidade da água, além de impor a cobrança pela sua utilização e da previsão de criação de uma agência reguladora para atuar no interesse comum à bacia.[35][36]

Além disso, citamos também os objetivos e fundamentos de universalizar o acesso à água, descentralizar as decisões, bem como a impossibilidade legal de se criar um "mercado da água", com o intuito

---

United States and Brazil – Climate Change & Two Approaches to Emerging Water Poverty. *Environmental Law and Policy Review*, v. 35, n. 2, p. 371-413, 2011. p. 388.

[34] Art. 22. "Compete privativamente à União legislar sobre: (...) IV – águas, energia, informática, telecomunicações e radiodifusão".

[35] BURITI, Catarina de Oliveira; BARBOSA, Erivaldo Moreira. Políticas Públicas de Recursos Hídricos no Brasil: olhares sob uma perspectiva jurídica e histórico-ambiental. *Veredas do Direito*, v. 11, n. 22, p. 225-254, jul./dez. 2014. p. 225-254.

[36] Sobre o modelo francês de gestão de recursos hídricos, confira: MARTINS, Rodrigo Constante. Sociologia da governança francesa das águas. *Revista Brasileira de Ciências Sociais*, v. 23, n. 67, p. 83-100, jun. 200; e BERRETA, Márcia dos Santos R.; LAURENT, François; BASSO, Luis Alberto. Os princípios e fundamentos da legislação das águas na França. *Boletim Gaúcho de Geografia*, v. 39, p. 13-24, jul. 2012. p. 13-24. Segundo os autores: "[...] não se pode negar a inovação de tal Lei. Podem ser apontados três princípios inovadores para a gestão das águas: i. Uma gestão por parceria, que associava todos os usuários (as coletividades territoriais, os industriais, os agricultores, os pescadores...) e o Estado. A gestão era considerada participativa, porque ocorria através dos comitês de bacias formados por representantes de usuários, das coletividades e da administração, com papel consultivo; ii. A gestão descentralizada ao nível das grandes bacias hidrográficas; [...] iii. Criação da Agência, uma ferramenta com autonomia financeira, encarregada de facilitar as diversas ações de interesse comum à bacia".

de promover o estabelecimento de políticas públicas mais amplas, para além de um viés estritamente econômico.[37] Assim, trata-se como importante inovação a incorporação de diferentes seguimentos sociais na tomada de decisões sobre o uso da água, a saber: poder público, usuários e sociedade civil.

Dentre os instrumentos criados pela Lei das Águas, destaca-se o Sistema Nacional de Gerenciamento de Recursos Hídricos (SINGREH), arcabouço institucional que, no art. 32 da referida Lei nº 9.433/1997, estabelece os seguintes objetivos: (i) coordenar a gestão integrada das águas; (ii) arbitrar administrativamente os conflitos relativos aos recursos hídricos; (iii) implementar a Política Nacional de Recursos Hídricos; (iv) planejar, regular, controlar o uso, a preservação e a recuperação de recursos hídricos; e (v) promover a cobrança pelo uso desses recursos.

E, conforme o disposto no art. 33 desta norma, o SINGREH é composto pelo Conselho Nacional de Recursos Hídricos (CNRH), pela Agência Nacional de Águas e Saneamento Básico (ANA), pelos Conselhos de Recursos Hídricos dos Estados e do Distrito Federal, pelos Comitês de Bacia Hidrográfica, pelos órgãos dos poderes federal, estaduais e municipais que tenham competência para gerir recursos hídricos e pelas Agências de Água.

O Conselho Nacional de Recursos Hídricos (CNRH) é o órgão consultivo e deliberativo mais elevado do SINGREH, sendo responsável pela supervisão, normatização e regulação das questões do setor (art. 35 da Lei das Águas). A este o legislador atribuiu papel de formulação de políticas públicas e articulação do planejamento de recursos hídricos entre os âmbitos nacional, regionais, estaduais e dos setores usuários.[38]

Cabe, ainda, ao CNRH, dirimir os conflitos administrativos entre Conselhos Estaduais de Recursos Hídricos (CERHs); deliberar sobre projetos de aproveitamento de recursos hídricos que extrapolem o âmbito estadual; analisar propostas de alteração da legislação; estabelecer diretrizes para implementação da Política Nacional de Recursos Hídricos, acompanhar sua execução e estabelecer critérios de outorga de direitos de uso e cobrança pelo consumo da água, dentre uma série de outras funções.[39]

---

[37] PAVÃO, Bianca Borges Medeiros; NASCIMENTO, Elimar Pinheiros. Crise hídrica como unidade analítica sobre a regulação das águas brasileiras. *Desenvolvimento e meio ambiente*, v. 52, p. 1-20, dez. 2019. Disponível em: DOI: 10.5380/dma.v52i0.65212. Acesso em 14 mar. 2022.

[38] MILARÉ, Édis. *Direito do Ambiente*. 11. ed. rev., atual. e ampl. São Paulo: Thomson Reuters Brasil, 2018. p. 1219.

[39] A respeito das competências do CNRH, confira: Decreto nº 10.000, de 3 de setembro de 2019.

Enquanto órgão vinculado atualmente ao Ministério do Desenvolvimento Nacional, conforme regulamentação do Decreto Federal nº 9.672/2019 (art. 5º, XIII), o Conselho é composto por representantes dos Ministérios e Secretarias da Presidência da República com atuação no gerenciamento ou no uso de recursos hídricos; por representantes indicados pelos Conselhos Estaduais de Recursos Hídricos; pelos usuários dos recursos hídricos e por representantes das organizações civis de recursos hídricos. Além disso, o total de representantes do Poder Executivo Federal não poderá ser superior à metade mais um do número de membros.[40]

A Agência Nacional de Águas e Saneamento Básico (ANA), por sua vez, é uma autarquia sob regime especial criada pela Lei nº 9.984/2000 para a implementação da Política Nacional de Recursos Hídricos. Dotada de autonomia administrativa e financeira, a agência tem por intuito a operacionalização e a implementação de políticas voltadas para a efetivação dos objetivos da Lei de Águas brasileira.[41] Para tanto, conforme informado pela própria instituição,[42] esta possui quatro pilares essenciais de atuação: (i) regulação, (ii) monitoramento, (iii) aplicação da lei e (iv) planejamento.

Na seara regulatória, a ANA rege o acesso e a utilização dos recursos hídricos de domínio da União, bem como os serviços públicos de irrigação e adução de água bruta, além de conceder outorgas e fiscalizar o cumprimento de normas e a segurança de barragens dentro do âmbito de sua competência. Além disso, o órgão monitora o estado dos recursos hídricos no país, definindo regras para a operação de reservatórios de usinas hidrelétricas e obtendo dados quanto a quantidade de chuvas e ao nível, vazão e sedimentos dos rios. Isso, com o intuito de promover o planejamento adequado do uso da água, evitando-se secas e inundações.[43]

---

[40] Conforme descrito pelo próprio órgão, o CNRH "[é] um colegiado que desenvolve regras de mediação entre os diversos usuários da água, sendo, assim, um dos grandes responsáveis pela implementação da gestão dos recursos hídricos no País. Por articular a integração das políticas públicas no Brasil é reconhecido pela sociedade como orientador para um diálogo transparente no processo de decisões no campo da legislação de recursos hídricos". (BRASIL. Ministério do Desenvolvimento Regional. *Conselho Nacional de Recursos Hídricos – CNRH*. 2020. Disponível em: http://cnrh.mdr.gov.br/cnrh. Acesso em 22 abr. 2020).

[41] MILARÉ, Édis. *Direito do Ambiente*. 11. ed. rev., atual. e ampl. São Paulo: Thomson Reuters Brasil, 2018. p. 1220.

[42] BRASIL. Agência Nacional das Águas. *Sobre a ANA*. 2020a. Disponível em: https://www.ana.gov.br/acesso-a-informacao/institucional. Acesso em 27 abr. 2020.

[43] BRASIL. Agência Nacional das Águas. *Sobre a ANA*. 2020a. Disponível em: https://www.ana.gov.br/acesso-a-informacao/institucional. Acesso em 27 abr. 2020.

Em termos de aplicação da legislação vigente, a ANA é responsável especialmente por garantir a implementação da Política Nacional de Recursos Hídricos por meio de uma gestão participativa e democrática, com apoio a projetos, a órgãos gestores estaduais e à criação de comitês de bacias, promovendo-se nestes a representatividade de governantes, usuários e comunidades. Por fim, a agência elabora e participa de estudos estratégicos para que se tenha subsídios para o planejamento da gestão de recursos hídricos.[44]

Nesse sentido, pode-se afirmar que, enquanto o CNRH se ocupa da formulação de políticas e do planejamento das linhas de ação, a ANA é o órgão responsável pela execução dessas políticas.[45]

Já as decisões políticas com relação ao uso das águas de uma dada bacia ficam a cargo dos Comitês de Bacias Hidrográficas, nos moldes da Lei nº 9.433/1997 (art. 37). Do ponto de vista da gestão e do planejamento, o Plano Nacional passa a utilizar a bacia hidrográfica como unidade de trabalho, sendo o comitê de bacia o órgão político responsável, em primeira instância, pela gestão dos recursos. É nessa arena que os conflitos em torno da gestão dos recursos hídricos são primariamente tratados, sendo essa nova organização institucional uma espécie de "parlamento das águas da bacia".[46]

Para fins executivos, é necessário ainda que se eleja uma entidade sem fins lucrativos para atuar na forma de agência de bacia (ou agência de água), órgão responsável por conceder apoio técnico aos comitês de bacia, pela arrecadação e pelo gerenciamento de recursos de cobrança pelo uso da água, na forma do art. 44 da Lei nº 9.433/1997.[47]

Nesses moldes, o comitê de bacia conta com uma agência correspondente, responsável pela execução das medidas adotadas, além de fornecer suporte técnico e administrativo. Nesse comitê atuam em conjunto atores governamentais, usuários da água e representantes da sociedade civil. E, apesar de suas diversas limitações, o comitê

---

[44] BRASIL. Agência Nacional das Águas. *Sobre a ANA*. 2020a. Disponível em: https://www.ana.gov.br/acesso-a-informacao/institucional. Acesso em 27 abr. 2020.

[45] MILARÉ, Édis. *Direito do Ambiente*. 11. ed. rev., atual. e ampl. São Paulo: Thomson Reuters Brasil, 2018. p. 1220.

[46] AGÊNCIA NACIONAL DAS ÁGUAS (ANA). *O Comitê de Bacia Hidrográfica, Prática e Procedimento*. 2011. v. 2. Disponível em: http://arquivos.ana.gov.br/institucional/sge/CEDOC/Catalogo/2012/CadernosDeCapacitacao2.pdf. Acesso em 11 abr. 2020. Sobre o tema cf. ainda: MILARÉ, Édis. *Direito do Ambiente*. 11. ed. rev., atual. e ampl. São Paulo: Thomson Reuters Brasil, 2018. p. 1221-1222.

[47] MILARÉ, Édis. *Direito do Ambiente*. 11. ed. rev., atual. e ampl. São Paulo: Thomson Reuters Brasil, 2018. p. 1224-1225.

é reconhecido por muitos como uma ferramenta importante de democratização e regulação social das políticas públicas.[48]

Em âmbito estadual, os Conselhos Estaduais de Recursos Hídricos (CERHs) desempenham função análoga ao CNRH, dentro dos limites territoriais de sua competência. Os referidos conselhos são compostos em sua maioria por representantes dos poderes públicos, dos usuários e da sociedade civil e têm como finalidade a execução do Plano Estadual de Recursos Hídricos. Nesse sentido, cabe a estes indicar diretrizes para formação dos comitês de bacias hidrográficas e suas agências, arbitrar os conflitos administrativos entre os comitês e estabelecer os critérios de uso e valores de cobrança pela água a nível estadual.[49]

1.3 Críticas ao modelo regulatório brasileiro

A partir do descrito na seção anterior, é possível concluir que a regulação de águas no Brasil é pautada por um sistema extremamente fragmentado, com subdivisões internas em diversos órgãos nem sempre bem coordenados entre si ou com pautas alinhadas à mesma agenda. Como resultado, tem-se menor efetividade das políticas regulatórias e graves problemas relacionados à dificuldade de universalização do acesso à água por grupos menos favorecidos socioeconomicamente, bem como a própria tutela ambiental desses recursos hídricos. Essas questões se colocam como entraves à utilização sustentável dos recursos hídricos no país, que sofre com pressões demográficas, ampliação de uso doméstico, por indústrias, para desenvolvimento de agricultura e para geração de energia, uma vez que a base energética brasileira também é majoritariamente decorrente de usinas hidrelétricas.[50]

Assim, a carência de vontade política e de recursos para aplicação prática de princípios de proteção ambiental legalmente previstos são fatores que contribuem para a falta de efetividade das medidas

---

[48] AVRITZER, Leonardo. Instituições participativas e desenho institucional: algumas considerações sobre a variação da participação no Brasil democrático. *Opinião Pública*, v. 14, n. 1, p. 43-64, jun./2008. p. 43-64. Sobre o assunto cf.: também: BRASIL. Agência Nacional das Águas. *Comitês de Bacia Hidrográfica*. 2020b. Disponível em: https://www.ana.gov.br/aguas-no-brasil/sistema-de-gerenciamento-de-recursos-hidricos/comites-de-bacia-hidrografica. Acesso em 27 abr. 2020.

[49] BRASIL. Agência Nacional das Águas. *Conselhos Estaduais de Recursos Hídricos*. 2020c. Disponível em: http://progestao.ana.gov.br/portal/progestao/conselhos-estaduais-de-recursos-hidricos. Acesso em 27 abr. 2020.

[50] CASSUTO, David N.; SAMPAIO, Rômulo S. R. Water Law in the United States and Brazil – Climate Change & Two Approaches to Emerging Water Poverty. *Environmental Law and Policy Review*, v. 35, n. 2, p. 371-413, 2011. p. 410.

regulatórias. Apesar de ter uma regulação progressista com relação à gestão da água e com a gestão de recursos naturais de modo geral, observa-se que o Brasil ainda enfrenta dificuldades para dar efetividade a essas provisões.[51]

Cumpre esclarecer, no entanto, que as falhas apontadas com relação à regulação das águas no Brasil refletem a ineficiência da fragmentação regulatória presente não apenas no modelo de gestão de recursos hídricos, mas no sistema brasileiro de regulação ambiental como um todo.

Em escala nacional, a regulação ambiental também é marcada por sua excessiva fragmentação em diferentes órgãos, por problemas de coordenação entre si, por falhas de gestão, ausência de recursos e por conflitos entre agendas e prioridades regulatórias. Dentre suas principais características está a ausência de um órgão regulador independente.

A Constituição Federal de 1988 (arts. 225 e 23, VI) prevê competência comum aos entes federativos para zelar pelo meio ambiente, sendo a sua defesa, preservação e conservação uma responsabilidade conjunta das autoridades públicas e da sociedade como um todo. A Lei Complementar nº 140/2011 estabeleceu, portanto, diretrizes para a promoção da cooperação entre os órgãos ambientais.

Nesse sentido, a Política Nacional de Meio Ambiente (PNMA) – Lei nº 6.938/81) e o Decreto nº 99.274/1990 criaram o denominado Sistema Nacional de Meio Ambiente (SISNAMA), enquanto uma organização político-administrativa para organizar os diferentes órgãos ambientais a nível federal, estadual e municipal, com o intuito de se promover um sistema mais eficiente de proteção ambiental. Assim, estabeleceu-se o Conselho Nacional de Meio Ambiente (CONAMA) como órgão consultivo e deliberativo. Já como instituições executivas na esfera federal, criou-se o Instituto Brasileiro de Meio Ambiente e dos Recursos Naturais (IBAMA)[52] e o Instituto Chico Mendes de Conservação da Biodiversidade (ICMBio). Além disso, inúmeras instituições detêm competência para exercer o poder de polícia ambiental nos âmbitos estadual e municipal, executando nessas esferas as políticas ambientais estabelecidas.[53]

---

[51] CASSUTO, David N.; SAMPAIO, Rômulo S. R. Water Law in the United States and Brazil – Climate Change & Two Approaches to Emerging Water Poverty. *Environmental Law and Policy Review*, v. 35, n. 2, p. 371-413, 2011. p. 411-412.
[52] Cf.: Lei nº 7.735, de 22 de fevereiro de 1989.
[53] MILARÉ, Édis. *Direito do Ambiente*. 11. ed. rev., atual. e ampl. São Paulo: Thomson Reuters Brasil, 2018. p. 866-901.

Entendemos, no entanto, que essa estrutura regulatória é falha e ineficiente, ocasionando uma série de incertezas a respeito das normas aplicáveis, permissões e proibições às atividades econômicas nas diferentes esferas de governo, assim como uma ineficiência das próprias políticas ambientais e de um ativismo judicial exacerbado pela falta de confiança nas instituições.[54]

Além disso, a sua falta de independência em relação ao Ministério do Meio Ambiente se mostra problemática, na medida em que os órgãos reguladores na seara ambiental não são dotados da mesma autonomia que as agências regulatórias de modo geral possuem. Por esse motivo, entendemos ser necessária a implementação de efetivo aparato regulatório autônomo e independente, com os recursos financeiros e de pessoal para ter o devido distanciamento de questões políticas e capacidade de regulamentação, gestão e fiscalização necessárias para dar efetividade às previsões legais de tutela do meio ambiente e promoção de um desenvolvimento sustentável.

---

[54] SAMPAIO, Rômulo Silveira da Rocha. Regulação Ambiental. *In*: GUERRA, Sérgio (Org.). *Regulação no Brasil*: uma visão multidisciplinar. 1. ed. Rio de Janeiro: FGV Editora, 2014. v. 1.

CAPÍTULO 2

A IMPORTÂNCIA DA ANÁLISE DE PRODUÇÃO NORMATIVA PARA OS ESTUDOS SOBRE REGULAÇÃO

Introdução

O diagnóstico de regulação das águas apresentado neste livro baseou-se em método de pesquisa empírica sobre a qual trataremos neste capítulo: a análise da produção normativa. As normas são as unidades de análise desta obra,[55] em virtude da centralidade que a atividade de produção normativa ocupa na regulação – em geral – e na regulação das águas – em específico. Não há, na literatura que apresenta definições sobre regulação, consenso sobre quem são os entes competentes para a produção dessas normas – a depender da definição, entidades privadas também podem desempenhar ou colaborar com essa atividade.[56] Há consenso, no entanto, de que as entidades reguladoras,[57] quaisquer que

---

[55] Como será visto em outros capítulos, todas as normas produzidas pelos reguladores federais e estaduais das águas foram lidas na íntegra e classificadas em diversas categorias, para que fossem analisadas qualitativa e quantitativamente.

[56] Baldwin, Cave e Lodge, observam que a regulação pode ser definida em termos restritos ou amplos. Na concepção ampla, regulação corresponde a um conjunto de estratégias ou técnicas empregadas por diversos atores com o objetivo de influenciar comportamentos. Nesta definição, não apenas o Estado, mas atores provenientes da sociedade civil e do mercado, podem atuar individualmente ou em colaboração para regular indivíduos e instituições. (BALDWIN, Robert; CAVE, Martin; LODGE, Martin. *Understanding Regulation*: theory, Strategy and Practice. 2. ed. Oxford: Oxford University Press, 2012. p. 3).

[57] Neste capítulo, as expressões "entidade reguladora", "órgão regulador" ou simplesmente "regulador" serão utilizadas como sinônimas para se referir a organizações que possuem competência regulatória, mas que poderão ou não se enquadrar no rol das agências

sejam elas, editam normas que, além de restringir e proibir condutas, também permitem, facilitam e estimulam comportamentos.

Embora a regulação não compreenda apenas a produção de normas,[58] esta é sem dúvida a principal atribuição de uma entidade reguladora. Parte-se, aqui, do pressuposto de que conhecer a produção normativa de um regulador é crucial para responder a uma série de indagações. Neste capítulo serão analisados possíveis usos da análise de produção normativa como método de pesquisa empírica em regulação. Será dada ênfase a cinco tipos de questões, sem prejuízo de outras existentes,[59] consideradas aptas a serem tratadas por meio da análise da produção normativa.

Antes, no entanto, de analisar cada uma delas, dois esclarecimentos se fazem necessários. Primeiro, a análise da produção normativa não se confunde com a interpretação normativa, à qual todo operador está, ou deveria estar, familiarizado.[60] Esse método analisa o conjunto de normas regulatórias do ponto de vista externo, preocupando-se com os efeitos das normas no tecido social. Esse ponto, que será explicado adiante, é importante, posto que considerável parcela dos estudos sobre normas são, na verdade, trabalhos dogmáticos ou estudos empíricos rudimentares, que carecem de rigor metodológico-científico. A análise da produção normativa como método de pesquisa empírica tem escopo e objetivos distintos. Como será visto, esse método utiliza o conjunto de normas regulatórias como meio para avaliar o comportamento dos reguladores e os resultados de suas interações sociais.

---

reguladoras previsto na Lei nº 13.848/19. Conselhos de políticas públicas, como o Conselho Nacional de Recursos Hídricos (CNRH) e o Conselho Nacional do Meio Ambiente (Conama), assim como agências reguladoras, como a Agência Nacional de Águas e Saneamento Básico (ANA), são todos considerados entidades reguladoras.

[58] Além da produção normativa, a atividade regulatória compreende as competências para fiscalizar o cumprimento de normas, apurar infrações e aplicar sanções administrativas aos agentes econômicos regulados, bem como mediar e resolver conflitos entre regulados e consumidores/usuários dos serviços (ARAGÃO, Alexandre dos Santos de. *Agências Reguladoras*: e a evolução do direito administrativo econômico. 3. ed. Rio de Janeiro: Forense, 2013. p. 27).

[59] Não se tem a pretensão de exaurir a descrição dos possíveis usos da análise de produção normativa. Serão analisados aqueles mais alinhados com a experiência e linhas de pesquisa dos autores.

[60] Analogia semelhante pode ser feita com a análise de jurisprudência. Este método propõe estratégias para analisar como as decisões são de fato proferidas, e não como elas deveriam ser. Sobre a análise de jurisprudência como método, vale conferir o trabalho de Palma, Feferbaum e Pinheiro (PALMA, Julina Bonacorsi de; FEFERBAUM, Marina; PINHEIRO, Victor Marcel. Meu trabalho precisa de pesquisa de jurisprudência? Como posso analisá-la? *In*: QUEIROZ, Rafael Mafei Rabelo; FEFERBAUM, Marina (Coords.). *Metodologia da Pesquisa em Direito*: técnicas e abordagens para elaboração de monografias, dissertações e teses. 2. ed. São Paulo: Saraiva, 2019).

A análise da produção normativa como método de pesquisa empírica é cada vez mais utilizada por pesquisadores do direito, que buscam compreender, por exemplo, os fatores que influenciam a produção das normas e os efeitos que elas produzem. No entanto, há pouco rigor científico nos trabalhos de análise de produção normativa, marcados por problemas de pesquisa malformulados, por falta de domínio de técnicas de pesquisa e por inadequação do referencial teórico.[61]

Uma segunda observação diz respeito ao fato de que a produção normativa sobre a qual este trabalho se debruça é a da Administração Pública, notadamente dos órgãos reguladores. Este capítulo não trata, portanto, da produção legislativa, resultado da atividade normativa do Poder Legislativo.[62] A produção normativa dos órgãos reguladores não se diferencia da produção legislativa apenas em termos numéricos – a primeira é muito maior do que a segunda[63] – mas também em termos qualitativos, já que as normas e procedimentos que as regem são diferentes. Além disso, há certos problemas de pesquisa, relacionados à forma de interação entre legisladores e reguladores, ou entre reguladores e regulados, que só poderão ser respondidos por meio da análise da produção normativa dos reguladores, e não da produção de leis.

Este capítulo está dividido em duas partes. A primeira, mais extensa, trata da utilidade da análise de produção normativa como método, explorando problemas de pesquisa que poderão ser respondidos

---

[61] Essas deficiências marcam, aliás, a maioria dos trabalhos empíricos sobre regulação, independentemente do método escolhido (SALINAS, Natasha Schmitt Caccia; MOLHANO, Leandro; VIEIRA, Décio. Trabalhos Empíricos no Direito: uma análise das teses, dissertações e artigos acadêmicos sobre o tema da regulação. *Revista de Estudos Empíricos em Direito*, vol. 10, 2023, p. 1-35.

[62] Sobre a pesquisa legislativa como método de pesquisa empírica em direito, vale a leitura do trabalho de Paula e Paiva (PAULA, Felipe de; PAIVA, Luiz Guilherme Mendes de. A pesquisa legislativa: fontes, cautelas e alternativas à abordagem tradicional. *In*: QUEIROZ, Rafael Mafei Rabelo; FEFERBAUM, Marina (Coords.). *Metodologia da Pesquisa em Direito*: técnicas e abordagens para elaboração de monografias, dissertações e teses. 2. ed. São Paulo: Saraiva, 2019).

[63] Estudo realizado pelo Instituto Brasileiro de Planejamento e Tributação identificou que, desde a Constituição de 1988, em um período correspondente a 32 anos, foram editadas, apenas no nível federal, 168.642 normas. No período, foram produzidas "6 emendas constitucionais de revisão, 108 emendas constitucionais, 2 leis delegadas, 116 leis complementares, 6.308 leis ordinárias, 1.612 medidas provisórias originárias, 5.491 reedições de medidas provisórias, 13.318 decretos federais e 141.680 normas complementares (portarias, instruções normativas, ordens de serviço, atos declaratórios, pareceres normativos, etc.)". Embora esse estudo não discrimine o número exato de normas regulatórias, verifica-se que o número de atos infralegais de caráter normativo, agrupados no conjunto "normas complementares", corresponde a 84% do total de normas editadas no Brasil. (Instituto Brasileiro de Planejamento e Tributação (IBT). *Quantidade de normas editadas no Brasil*: 32 anos da Constituição Federal de 1988. 2018. Disponível em: https://ibpt.com.br/quantidade-de-normas-editadas-no-brasil-30-anos-da-constituicao-federal-de-1988/. Acesso em 10 nov. 2020).

com o seu uso. Já na segunda parte serão analisados alguns erros comuns na literatura que emprega a análise da produção normativa, que devem ser evitados para garantir a adequada utilização do método.

2.1 Usos e finalidades da análise de produção normativa

A análise de produção normativa pode atender a diferentes objetivos. Será dada ênfase a alguns fenômenos, sem prejuízo de outros existentes, considerados aptos a serem explicados por meio da análise da produção normativa. Esse método pode ser utilizado para (i) avaliar a conformidade da atuação das entidades reguladoras à legislação que as rege; (ii) avaliar os efeitos da fragmentação e a duplicidade regulatória; (iii) avaliar a transparência e a eficiência dos processos de produção normativa; (iv) analisar a influência de grupos de interesse nos processos de produção normativa; (v) avaliar o impacto e os efeitos das normas regulatórias.

2.1.1 Avaliação da conformidade de ação das entidades reguladoras

A atividade normativa das entidades reguladoras, assim como de qualquer outro órgão da Administração Pública, é não só autorizada, mas também delimitada pela lei. O Poder Legislativo, por meio das leis que promulga, confere competências normativas aos reguladores e estabelece parâmetros e condições para o seu exercício. Esse poder normativo, ainda que para alguns possa ser distinto do poder regulamentar,[64] já que confere ao regulador maior espaço para inovação no mundo jurídico, deve estar autorizado pela lei que o cria e rege. É comum leis estabelecerem competências genéricas às entidades reguladoras, permitindo-lhes, assim, criar direitos e obrigações por meio de regulamentos. No entanto, também é comum que o legislador limite a ação regulatória, estabelecendo condições ou restrições que impedem o regulador de editar certas regras em matéria econômica ou social.[65]

---

[64] Uma visão restrita ou tradicional do poder regulamentar é aquela que lhe atribui uma função exclusivamente executiva, consistente em estabelecer detalhes de implementação de uma lei, sem, no entanto, inovar no mundo jurídico por meio da instituição de novos direitos e obrigações. Já o poder regulador opera em uma zona de liberdade (ou discricionariedade) maior, na qual uma entidade reguladora poderá inovar no mundo jurídico se a lei que a rege assim permitir.

[65] A lei pode estabelecer diferentes graus de discricionariedade ao regulador. Sobre as possíveis gradações de discricionariedade no exercício do poder normativo, vale conferir o

Desse modo, a análise da produção normativa de um ou mais entes reguladores é útil para identificar se eles agem ou não em conformidade com a legislação vigente. Em certa medida, a análise da conformidade das ações administrativas é uma prática comum de todo operador do direito público. A tarefa de demonstrar ou questionar a validade dos atos administrativos (especialmente no que diz respeito à sua competência), bem como a legalidade e constitucionalidade de atos normativos da Administração Pública é tarefa corriqueira de advogados, juízes, promotores etc. Esses operadores, no entanto, analisam a conformidade dos atos administrativos/normativos com o objetivo de prevenir, solucionar ou remediar conflitos entre a Administração e aqueles que se sentirem lesados ou ameaçados pela ocorrência ou omissão desses atos.[66]

Na análise da produção normativa aqui proposta, o objetivo é diferente: não se pretende apenas interpretar a legislação vigente para demonstrar que um ato normativo ou sua omissão são contrários à lei. O objetivo da análise de produção normativa é mais amplo: busca-se identificar se e em qual extensão o órgão regulador age fora do seu âmbito de competência, bem como compreender as circunstâncias que o levam a proceder dessa forma.

Observa-se o resumo do seguinte artigo acadêmico:

> O objetivo deste artigo é testar a fidelidade do regulador administrativo às normas legais que deveriam limitá-lo, em situação de divergência entre a visão do regulador e o conteúdo das leis. Para a análise jurídica da extensão da competência regulamentar administrativa, o artigo afasta a discussão circunscrita à interpretação do princípio constitucional da legalidade e empreende o exame dos dispositivos legais que conferem atribuições normativas administrativas. O caso escolhido foi a resolução da Agência Nacional de Cinema – ANCINE que estendeu a empresas estrangeiras restrição que a lei fizera incidir apenas sobre empresas com sede no Brasil. A constatação do artigo é de infidelidade consciente do legislador.[67]

---

artigo de Guerra e Salinas (GUERRA, Sérgio; SALINAS. Controle político da atividade normativa das agências reguladoras. *Revista de Direito Econômico e Socioambiental*, Curitiba, v. 9, n. 3, p. 402-430, set./dez. 2018. Disponível em: https://periodicos.pucpr.br/index.php/direitoeconomico/article/view/24370. Acesso em 10 nov. 2020).

[66] Como será visto logo adiante, a omissão regulatória também é abarcada pela análise de conformidade.

[67] SUNDFELD, Carlos Ari; CÂMARA, Jacintho Arruda. A eficácia dos limites legais à competência regulamentar econômica: o caso Ancine e as empresas estrangeiras. *Revista Brasileira de Direito*, Passo Fundo, v. 13, n. 3, p. 258-276, dez. 2017. p. 258. Disponível em: https://seer.imed.edu.br/index.php/revistadedireito/article/view/1870/1473. Acesso em 10 nov. 2020.

No referido artigo está-se diante de um estudo de caso sobre a atuação da Ancine na regulamentação da Lei sobre os Serviços de Comunicação Audiovisual de Acesso Condicionado (SeAC). Tinha por objetivo demonstrar que a agência reguladora foi, conscientemente, infiel à SeAC, ao estender às empresas estrangeiras restrição que a lei supostamente apenas atribuía às empresas nacionais.[68] O texto não se resume a interpretar a lei da SeAC para caracterizar a ilegalidade da ação da ANCINE, mas pretende demonstrar que a agência agiu conscientemente de forma ilegal. A ilegalidade da medida é ponto de partida para uma análise mais ampla, que visa a compreender em quais circunstâncias e porque o regulador age dessa forma.

Além de estabelecer limites negativos para a atuação regulatória, a legislação pode determinar as matérias que necessariamente devem ser reguladas por órgãos da Administração. Para a produção do diagnóstico sobre a regulação federal das águas tratado em outro capítulo deste livro,[69] foram classificadas todas as normas editadas pela Agência Nacional de Águas (ANA) e pelo Conselho Nacional de Recursos Hídricos (CNRH) entre 1998 e 2019 e calculados seus respectivos percentuais. Foi identificada uma escassa atuação normativa da agência em temas como "adução de água bruta", "irrigação em rios federais" e "segurança de barragens". Apenas 6% da produção normativa da ANA e 4% da produção normativa do CNRH trataram desses temas. A análise de conformidade de ação das entidades reguladoras deve, portanto, ser utilizada não apenas para avaliar a atuação regulatória da agência, mas também sua omissão.

Por fim, é importante mencionar que a referida análise de conformidade não se restringe ao conteúdo das normas, mas também aos procedimentos que devem ser observados em sua edição. Embora

---

[68] A Lei sobre a SeAC teria proibido um mesmo grupo econômico de atuar na produção e distribuição de conteúdo audiovisual para o mercado de TV a Cabo. Segundo Sundfeld e Câmara, a Lei da SeAC não autorizaria o regulador a estender esta proibição a grupos empresariais estrangeiros. (SUNDFELD, Carlos Ari; CÂMARA, Jacintho Arruda. A eficácia dos limites legais à competência regulamentar econômica: o caso Ancine e as empresas estrangeiras. *Revista Brasileira de Direito*, Passo Fundo, v. 13, n. 3, p. 258-276, dez. 2017. Disponível em: https://seer.imed.edu.br/index.php/revistadedireito/article/view/1870/1473. Acesso em 10 nov. 2020).

[69] Para versões mais completas desse estudo, ver Pavão, Salinas e Sampaio (PAVÃO, Bianca B. Medeiros; SALINAS, Natasha S. Caccia; SAMPAIO, Rômulo S. R. *Diagnóstico da regulação de águas no Brasil*. Rio de Janeiro: FGV Direito Rio, 2020) e Pavão, Salinas e Vigar (PAVÃO, Bianca Borges Medeiros; SALINAS, Natasha Schmitt Caccia; VIGAR, Thauany do Nascimento. Regulação das águas: uma análise empírica da produção normativa dos órgãos reguladores federais. *Revista Brasileira de Políticas Públicas*, Brasília, v. 11, n. 1. p. 319-341, 2021).

inexista uma lei que discipline, de modo geral, o processo normativo para toda a Administração Pública, algumas leis têm instituído regras que afetam diretamente a produção normativa. Por exemplo, a Lei nº 13.874/19, também conhecida como Lei de Declaração da Liberdade Econômica, passou a exigir que todos os órgãos da Administração Pública realizem Análise de Impacto Regulatório (AIR) sempre que as propostas de edição e de alteração de atos normativos forem do "interesse geral de agentes econômicos ou de usuários dos serviços prestados" (art. 5º da Lei nº 13.874/19). Cabe investigar empiricamente, diante da nova lei, se as entidades reguladoras estão respeitando a exigência (procedimental) de adoção de AIR. Pode-se analisar, por exemplo, o percentual de atos de dispensa de AIR realizados por agências, bem como as justificativas oferecidas nesses casos para identificar se as entidades reguladoras estão agindo em conformidade com os procedimentos estabelecidos na referida lei.[70]

A análise da produção normativa permite analisar, portanto, as circunstâncias em que os reguladores respeitam e afrontam os limites da competência normativa que lhes são delegados pelo Poder Legislativo, bem como identificar situações de inércia regulatória.

2.1.2 Avaliação da produção normativa de múltiplos reguladores

A análise da produção normativa também pode ser utilizada para avaliar níveis de coordenação de espaços regulatórios em que mais de uma entidade reguladora atua.[71] Nesses espaços, uma multiplicidade de organizações possui "competência para endereçar um problema regulatório, porém cada uma delas é responsável por solucionar uma parcela desse problema".[72]

---

[70] SALINAS, Natasha Schmitt Caccia. The Use and Exemption of Regulatory Impact Assessment by the National Health Surveillance Agency. *Revista do Serviço Público*, vol.72, b, p. 8-33, 2021.

[71] O termo "espaço regulatório" é utilizado neste artigo para representar metaforicamente o conjunto de instituições que regulam um setor em determinado tempo e espaço. A expressão, originalmente construída por Hancher e Morand, é usualmente utilizada para descrever espaços regulatórios fragmentados. (HANCHER, Leigh; MORAN, Michael. Organizing Regulatory Space. *In*: BALDWIN, Robert *et al.* (Orgs.). *A Reader on Regulation*. Oxford: Oxford University Press, 1998).

[72] MARISAM, Jason. Duplicative delegations. *Administrative Law Review*, v. 63, n. 2, p. 181-244, 2011. p. 189.

Uma análise constitucional ou legal de repartição de competências entre diversos órgãos responsáveis por regular determinada área é necessária, porém insuficiente para avaliar situações em que falta coordenação regulatória. A divisão estrita de competências, embora necessária em diversos contextos específicos, passa a ser tratada apenas como uma das diversas ferramentas disponíveis para a organização das atividades administrativas. Em paralelo, identifica-se a proliferação de "espaços regulatórios compartilhados", cuja complexidade exige a utilização de mecanismos de coordenação regulatória suplementares.[73]

Buzbee[74] apresenta quatro categorias analíticas para descrever espaços regulatórios fragmentados: temporal, vertical, horizontal (ou subjetiva) e institucional. Um mesmo espaço regulatório pode caracterizar-se por uma ou mais dessas categorias de fragmentação.

A fragmentação temporal refere-se a procedimentos e decisões que se sucedem no decorrer de um tempo para concretizar, alterar e até mesmo interromper uma agenda regulatória. Medidas legislativas, administrativas e até judiciais podem incidir sobre esse processo de fragmentação. No caso da regulação federal das águas, verifica-se que a ANA foi uma agência criada no ano 2000, três anos após a edição da Lei de Águas. Esta agência reguladora não fazia, portanto, parte do esquema original pensado para gerir a Política Nacional de Recursos Hídricos.

A fragmentação horizontal ou substantiva está associada à matéria a ser regulada. No contexto da Política Nacional de Recursos Hídricos (PNRH), ao Conama foi atribuída a competência para estabelecimento dos parâmetros e critérios sobre a qualidade das águas e ao CNRH e à ANA foram atribuídas as funções de coordenação da implementação da referida política em nível nacional, além do estabelecimento dos parâmetros sobre o acesso à água e a regulação da quantidade de águas para os diferentes usuários. Além disso, o espaço regulatório da PNRH é compartilhado não apenas por organizações estatais (e.g. ANA), mas também por órgãos multisetoriais sem personalidade jurídica (e.g. conselhos de políticas públicas e comitês de bacias).

A fragmentação vertical refere-se à divisão do espaço regulatório entre os níveis políticos, seus atores e reguladores.[75] O Sistema Nacional

---

[73] FREEMAN, Jody; ROSSI, Jim. Agency Coordination in Shared Regulatory Space. *Harvard Law Review*, v. 125, n. 5, p. 1131-1211, mar. 2012.

[74] BUZBEE, William W. The regulatory fragmentation continuum, Westway, and the challenges of regional growth. *Journal of Law and Politics*, v. 21, p. 323-364, 2005.

[75] BUZBEE, William W. The regulatory fragmentation continuum, Westway, and the challenges of regional growth. *Journal of Law and Politics*, v. 21, p. 323-364, 2005. p. 344.

de Gerenciamento de Recursos Hídricos (SINGREH) é composto por órgãos diversos da União e dos Estados. O art. 21, XIX, atribuiu à União competência para instituir o sistema nacional de gerenciamento de recursos hídricos e definir os critérios de outorga de direitos de uso. Já o art. 24, IV, da Constituição de 1988, estabelece competência privativa à União para legislar sobre águas e energia, podendo uma lei complementar autorizar os Estados a também o fazerem sobre questões específicas. Além disso, a Constituição estabeleceu a dupla dominialidade das águas entre a União (art. 20, III), os Estados (art. 26, I) e, por analogia, o Distrito Federal. A Lei Nacional de Recursos Hídricos estabeleceu competências regulatórias para os entes políticos que possuem domínio sobre os recursos hídricos. Deste modo, segundo a PNRH, as competências regulatórias são repartidas entre o CNRH e a ANA, na esfera federal, e os conselhos estaduais de recursos hídricos e agências ambientais, no âmbito estadual.[76] Apesar de a União ser o órgão regulador preponderante, existe uma descentralização federativa relevante no que diz respeito à regulação do uso e exploração de recursos hídricos, tornando extremamente complexa a gestão de águas no país.[77]

Por fim, há a fragmentação institucional, que diz respeito à repartição de competências entre atores estatais e provenientes de outros setores, como a sociedade civil.[78] Ela também ocorre no espaço regulatório de regulação das águas, que é compartilhado por organizações estatais (e.g. ANA), mas também por órgãos multisetoriais sem personalidade jurídica (e.g. conselhos de políticas públicas e comitês de bacias).

Além de cumprir um papel relevante de sistematização de normas, a análise da produção normativa permite identificar se os diferentes atores de um espaço regulatório fragmentado estão cumprindo devidamente seus papéis. No diagnóstico de regulação das águas tratado neste livro, verifica-se que o CNRH edita mais normas sobre instrumentos da política de recursos hídricos do que sobre outros

---

[76] Já a Lei nº 14.026, de 15 de julho de 2020, atribuiu à ANA competência para editar normas de referência sobre a prestação dos serviços de saneamento básico no país, cabendo às agências reguladoras de saneamento estaduais editar as normas específicas. Os efeitos das alterações promovidas por esse ato normativo não puderam ser apreciados no diagnóstico de regulação das águas – cujo recorte temporal das normas analisadas foi dezembro de 2019.

[77] AITH, Fernando Mussa Abujamra; ROTHBARTH, Renata. O Estatuto jurídico das águas no Brasil. *Estudos Avançados*, São Paulo, v. 29, n. 84, p. 163-177, mai./ago. 2015. p. 166.

[78] BUZBEE, William W. The regulatory fragmentation continuum, Westway, and the challenges of regional growth. *Journal of Law and Politics*, v. 21, p. 323-364, 2005. p. 348.

temas, ao passo que a ANA edita mais normas sobre alvos regulatórios, como uso da água, por exemplo. Ambos os órgãos, no entanto, deixam a desejar no volume de normas produzidas com conteúdo regulatório,[79] porém estas parecem estar em conformidade com a divisão de competências estabelecidas na legislação, que atribuiu as tarefas de formular e implementar a política nacional de recursos hídricos, respectivamente, ao CNRH e à ANA. Já no caso dos estados, a produção normativa dos órgãos reguladores variou bastante em termos de temas regulados e entes responsáveis pela sua edição, evidenciando ambientes de ampla fragmentação regulatória. Além disso, as normas com incidência regulatória não correspondem à metade do volume total de normas editadas na maior parte dos estados, assim como visto no cenário federal. Os temas que envolvem a estruturação e o funcionamento dos Sistemas Estaduais de Gerenciamento de Recursos Hídricos (SEGREHS) são aqueles que ocupam boa parte das preocupações dos órgãos reguladores. Também cabe destacar que se encontrou baixa correspondência das normas com os principais usos da água identificados nos estados, o que denota que a regulação estadual, com algumas exceções, tem se demonstrado pouco responsiva aos desafios presentes nas agendas hídricas estaduais.

A sobreposição de regras sobre a operacionalização desses instrumentos, em que frequentemente a ANA e o CNRH editaram normas sobre os mesmos temas e até mesmo sobre os mesmos instrumentos da política, é acompanhada, ao mesmo tempo, de uma inércia desses órgãos na regulação de outros temas importantes.

A análise da produção normativa dos órgãos reguladores permite, portanto, identificar se os reguladores de um espaço regulatório fragmentado se comportam de forma coordenada ou competitiva e, neste segundo caso, se a atuação concorrente promove excesso ou falta de regulação.

---

[79] Menos da metade das normas produzidas pelo CNRH e pela ANA versam sobre normas regulatórias propriamente ditas. A maioria das normas editadas por ambos os órgãos tratavam de organização interna e planejamento do Sistema Nacional de Gerenciamento de Recursos Hídricos (SINGREH). Maiores detalhes sobre essa produção normativa podem ser obtidos em Pavão, Salinas e Sampaio (PAVÃO, Bianca B. Medeiros; SALINAS, Natasha S. Caccia; SAMPAIO, Rômulo S. R. *Diagnóstico da regulação de águas no Brasil*. Rio de Janeiro: FGV Direito Rio, 2020) e por Salinas, Molhano e Vieira (SALINAS, Natasha Schmitt Caccia; MOLHANO, Leandro; VIEIRA, Décio. *Trabalhos Empíricos no Direito*: uma análise das teses, dissertações e artigos acadêmicos sobre o tema da regulação. *Revista de Estudos Empíricos em Direito*, vol. 10, 2023, p. 1-35.

2.1.3 Avaliação da transparência e eficiência dos processos de produção normativa

A análise da produção normativa permite avaliar também a performance do regulador, especialmente no que diz respeito à transparência e à eficiência na condução dos processos de produção normativa.

A transparência dos processos normativos é um requisito fundamental para garantir a legitimidade da tomada de decisão dos reguladores. Os riscos de que uma entidade reguladora tomar uma decisão arbitrária, que atenda apenas a interesses particulares em detrimento do interesse público, são maiores quando esta não age de forma transparente. Um processo normativo transparente é aquele que disponibiliza ao público informações completas e claras sobre todas as suas etapas. Para a satisfação desses critérios, o regulador deve não apenas publicar, em local de fácil acesso, as normas que produz, mas também os documentos prévios que subsidiaram a decisão de adotar a referida norma. A Lei nº 13.848/19 instituiu recentemente regras específicas de transparência ativa[80] para os processos normativos das agências reguladoras federais.[81] Por exemplo, essa lei estabelece, em seu art. 9º, §4º, que as agências devem disponibilizar em seu site, no prazo de 10 dias do encerramento das inscrições, as contribuições enviadas pelo público nas consultas e audiências públicas realizadas no curso dos processos normativos. Já os demais órgãos da Administração Pública estão sujeitos apenas a normas gerais, tais como as regras de transparência ativa e passiva previstas na Lei de Acesso à Informação e princípios constitucionais como o da publicidade.[82]

---

[80] A transparência ativa refere-se às informações voluntariamente disponibilizadas pela Administração Pública aos administrados e se contrapõe à transparência passiva, que diz respeito ao pedido de acesso a informações ainda não acessíveis pelo público alvo.

[81] Apenas onze entidades reguladoras são, por força da Lei nº 13.848/19, consideradas agências reguladoras. São elas: Agência Nacional de Energia Elétrica (Aneel); Agência Nacional do Petróleo, Gás Natural e Biocombustíveis (ANP); Agência Nacional de Telecomunicações (Anatel); Agência Nacional de Vigilância Sanitária (Anvisa); Agência Nacional de Saúde Suplementar (ANS); Agência Nacional de Águas (ANA); Agência Nacional de Transportes Aquaviários (Antaq); Agência Nacional de Transportes Terrestres (ANTT); Agência Nacional do Cinema (Ancine); Agência Nacional de Aviação Civil (Anac) e a recém criada Agência Nacional de Mineração (ANM).

[82] Sobre transparência ativa, a Lei nº 12.527/11 (lei que estabelece regras gerais sobre transparência) não trata especificamente das informações relativas aos processos normativos da Administração Pública. Essa lei institui, em seu art. 8º, apenas a obrigação de que qualquer órgão ou entidade pública apresente dados sobre (i) competência e estrutura organizacional; (ii) repasses ou transferências de recursos financeiros; (iii) despesas; (iv) processos licitatórios; (v) acompanhamento de programas, ações, projetos e obras; (vi) respostas a perguntas mais frequentes da sociedade.

Essas exigências legais reforçam a importância de se analisar a transparência da produção normativa dos órgãos reguladores. Para uma análise empírica da transparência, é preciso, portanto, que parâmetros bem definidos sejam adotados. Gregory Michener e Katherine Bersch,[83] por exemplo, consideram a visibilidade como a primeira condição para a realização plena da transparência. Para os autores, informações visíveis são aquelas cujo conteúdo é completo (no original, *completeness*) e que podem ser facilmente encontradas por quem as procura (no original, *findibility*). Informações que estejam inseridas, por exemplo, em um sítio de internet, mas que não possam ser facilmente localizadas pelos usuários, não satisfazem, portanto, a primeira condição de transparência.[84] Além da visibilidade, é preciso também verificar a qualidade das informações prestadas. Para Michener e Bersch, os dados devem permitir que as pessoas possam deles inferir conclusões. O critério de inferabilidade (*inferability*, no original), para os autores, é satisfeito quando os dados são suficientemente (i) desagregados (*disaggretaged*, no original), contendo nível de detalhamento suficiente;[85] (ii) verificáveis (*verified*, no original), cuja autenticidade possa ser confirmada por um terceiro; e (iii) simplificados (*simplified*, no original), sendo inteligíveis para um público maior.

Exemplos de trabalhos empíricos que analisam a transparência da produção normativa a partir de parâmetros semelhantes aos propostos por Michener e Bersch (2013) são aqueles desenvolvidos no âmbito do projeto Regulação em Números,[86] do Centro de Pesquisas em Direito e Economia (CPDE) da FGV Direito Rio. Esses estudos[87] averiguam, por exemplo, se as agências disponibilizam informações essenciais como estudos prévios à edição de normas, suas respostas

---

[83] MICHENER, Gregory; BERSCH, Katherine. Identifying Transparency. *Information Polity*, 18, 2013, p. 233-242.

[84] MICHENER, Gregory; BERSCH, Katherine. Identifying Transparency. *Information Polity*, 18, 2013, p. 233-238.

[85] O nível de detalhamento poderá ser alterado conforme o requerente da informação. Um cidadão leigo supostamente necessita de dados mais sistematizados ou menos complexos do que um pesquisador que busque por uma base de dados completa.

[86] Regulação em números é um projeto de pesquisa institucional da Escola de Direito do Rio de Janeiro da Fundação Getulio Vargas. Informações adicionais podem ser obtidas no site https://regulacaoemnumeros-direitorio.fgv.br/sobre-o-projeto.

[87] Cf.: por exemplo, CPDE (CENTRO DE PESQUISAS EM DIREITO E ECONOMIA – CPDE. *Mecanismos de Participação da Agência Nacional de Energia Elétrica (Aneel)*. Rio de Janeiro, 2020e), CPDE (CENTRO DE PESQUISAS EM DIREITO E ECONOMIA – CPDE. *Mecanismos de Participação da Agência Nacional de Transporte Terrestre (Antt)*. Rio de Janeiro, 2020h) e CPDE (CENTRO DE PESQUISAS EM DIREITO E ECONOMIA – CPDE. *Mecanismos de Participação da Agência Nacional de Vigilância Sanitária (Anvisa)*. Rio de Janeiro, 2020i).

às contribuições recebidas nas consultas e audiências públicas, seus atos de deliberação e o texto final da norma adotada. Analisa-se não apenas a disponibilidade, mas também a completude das informações prestadas nesses documentos.[88] Além disso, esses estudos têm analisado não só a completude, mas a clareza das informações prestadas pelas agências. São consideradas "não claras" as respostas das agências que não permitem identificar se ela aceitou ou rejeitou as sugestões/críticas de um participante.[89]

Já a eficiência do regulador na condução dos processos de produção normativa está relacionada a questões como o tempo de duração de edição de uma norma e o volume de normas editadas em determinado período (e.g., um ano).[90] Na análise da produção normativa dos órgãos reguladores das águas apresentada neste livro, observou-se que a ANA edita três vezes mais normas do que o CNRH, sendo que os temas e o número de normas editada por cada órgão varia consideravelmente a cada ano. Esses primeiros achados da pesquisa revelam a necessidade de se testar hipóteses para essa produção irregular/casuística.[91]

Algumas agências reguladoras vêm adotando agendas regulatórias que estabelecem quais assuntos deverão ser objeto de produção

---

[88] Os documentos mais completos e claros são aqueles que respondem de forma objetiva a cada contribuição oferecida, deixando evidente para os pesquisadores se as sugestões de cada contribuinte foram ou não acatadas pela agência. As respostas individualizadas das contribuições são fundamentais para que os pesquisadores possam saber se a agência acatou ou não as sugestões do contribuinte e, em caso negativo, porque sua contribuição não foi aceita. Nesse sentido, um problema recorrente em vários relatórios de análise de contribuição é a impossibilidade de se identificar o grupo de interesse quando a agência disponibiliza apenas o número do protocolo da contribuição.

[89] CENTRO DE PESQUISAS EM DIREITO E ECONOMIA – CPDE. *Mecanismos de Participação da Agência Nacional de Energia Elétrica (Aneel)*. Rio de Janeiro, 2020e; CENTRO DE PESQUISAS EM DIREITO E ECONOMIA – CPDE. *Mecanismos de Participação da Agência Nacional de Transporte Terrestre (Antt)*. Rio de Janeiro, 2020h; CENTRO DE PESQUISAS EM DIREITO E ECONOMIA – CPDE. *Mecanismos de Participação da Agência Nacional de Vigilância Sanitária (Anvisa)*. Rio de Janeiro, 2020i.

[90] A eficiência possui um conceito mais preciso, que relaciona os custos e os benefícios de uma determinada medida. Assumo, aqui, que processos normativos eficientes são aqueles que produzem, com qualidade, o maior número de normas possíveis ao menor tempo/custo.

[91] Em estudo realizado sobre a produção normativa do Conama, observou-se fenômeno semelhante. Identificou-se uma falta de planejamento e regularidade na produção normativa do órgão. Não só o número das resoluções editadas pelo conselho variou significativamente de ano para ano, havendo períodos em que a sua produção normativa foi praticamente inexistente, mas também a estrutura e o conteúdo dessas normas variaram consideravelmente (SALINAS, Natasha Schmitt Caccia. Dilema de agência na regulação ambiental: os efeitos perversos da delegação incondicionada de poderes normativos ao Conselho Nacional do Meio Ambiente – CONAMA. *Economic Analysis of Law Review*, v. 11, p. 157-180, 2020).

normativa durante um determinado período – normalmente um biênio ou um triênio. Nesses casos, será possível não só identificar quais normas foram produzidas em um determinado período, mas também se a agência as editou em conformidade com suas agendas.

O tempo de duração dos processos de produção normativa também pode ser utilizado como meio para avaliar a eficiência do regulador. É preciso, nesse sentido, investigar os fatores que impactam diretamente na duração desses processos, tornando-os mais rápidos ou morosos. Os referidos estudos do projeto Regulação em Números revelam tempos médios elevados para a duração das consultas públicas que subsidiam processos de produção normativa. Esses prazos são demasiadamente longos, sobretudo em razão da demora da agência para publicar o relatório de análise de respostas às contribuições recebidas nas referidas consultas públicas. Ressalva-se, no entanto, que esses estudos foram realizados antes da entrada em vigor da Lei Geral das Agências Reguladoras, que instituiu alguns prazos para os referidos processos de consultas públicas.[92] Caberá agora investigar se os prazos instituídos pela nova lei tornarão mais céleres as respostas oferecidas pela agência no âmbito das consultas públicas.[93]

Esses exemplos revelam a importância da análise de produção normativa para avaliar e investigar os fatores que influenciam o desempenho do regulador no exercício de sua atividade regulatória principal.

2.1.4 Análise da influência de grupos de interesse nos processos de produção normativa

Uma linha de pesquisa que também vem ganhando força no Brasil é a do estudo dos grupos de interesse nos processos de produção normativa. Grupos de interesse podem ser definidos como reuniões de pessoas que atuam, de forma coordenada, para influenciar uma decisão governamental.[94]

---

[92] A Lei nº 13.848/19 instituiu, por exemplo, prazo mínimo de 45 dias para o envio de manifestações em consultas públicas (art. 9º, §2º) e de 10 dias para disponibilizar, após o encerramento das consultas, as manifestações enviadas pelos participantes (art. 9º, §4º).

[93] Sobre o papel que prazos legislativos podem ter para estimular o comportamento dos reguladores, cf.: SALINAS, Natasha Schmitt Caccia. Impulsionando a administração a agir: o papel dos prazos administrativos nas leis sobre políticas públicas. *Revista Eletrônica sobre Reforma do Estado*, n. 41, p. 1-19, mar./mai. 2015).

[94] KERWIN, Cornelius; FURLONG, Scott R.; WEST, William. Interest Groups, Rulemaking, and American Bureaucracy. In: DURANT, Robert F. *The Oxford Handbook of American*

As leis-quadro que criaram as agências reguladoras e a recente Lei nº 13.848/19, usualmente referida como "Lei Geral das Agências Reguladoras", transplantaram para o Brasil um desenho institucional no qual grupos de interesse participam formalmente dos processos decisórios das agências, especialmente dos processos de produção normativa. Esses processos decisórios são participativos, na medida em que exigem a realização de consulta pública para discutir minutas de atos normativos que afetem direitos ou instituam obrigações de agentes econômicos regulados e usuários dos serviços regulados. Embora a Lei Geral das Agências Reguladoras só obrigue a realização de consulta para os casos de produção de normas, este mecanismo de participação é também usualmente utilizado pelas agências em etapas pré-normativas, seja para a formulação de sua agenda regulatória, seja para decidir se deverá ou não regular determinada matéria.[95]

O estudo de Silva,[96] que examinou o universo total de audiências públicas[97] realizadas pela Aneel entre 1998 e 2006, identificou uma predominância dos agentes econômicos regulados nas audiências públicas da Aneel. Estudos desenvolvidos no âmbito do projeto Regulação em Números têm mostrado que este fenômeno é observado apenas para parte das agências reguladoras. Agentes econômicos regulados representam o grupo de interesse mais participativo de agências como Aneel,[98] ANA,[99] Ancine,[100] CVM[101] e Antaq.[102] No entanto,

---

Bureaucracy. 2011. p. 1. Disponível em: https://www.oxfordhandbooks.com/view/10.1093/oxfordhb/9780199238958.001.0001/oxfordhb-9780199238958-e-25. Acesso em 5 out. 2020).

[95] Nas agências reguladoras de serviços públicos, as consultas e audiências públicas são também utilizadas para discutir editais de licitação e minutas de contratos administrativos, especialmente de contratos de concessão.

[96] SILVA, Mariana Batista. Mecanismos de participação e atuação de grupos de interesse no processo regulatório brasileiro: o caso da Agência Nacional de Energia Elétrica (Aneel). *Revista de Administração Pública*, v. 46, n. 4, p. 969-992, jul./ago. 2012.

[97] A Aneel denominava de audiência pública tanto mecanismos de participação presenciais quanto não presenciais. Foi apenas com o advento da Lei Geral das Agências Reguladoras que mecanismos presenciais passaram a ser denominados de consulta pública.

[98] CENTRO DE PESQUISAS EM DIREITO E ECONOMIA – CPDE. *Mecanismos de Participação da Agência Nacional de Energia Elétrica (Aneel)*. Rio de Janeiro, 2020e.

[99] CENTRO DE PESQUISAS EM DIREITO E ECONOMIA – CPDE. *Mecanismos de Participação da Agência Nacional de Águas (ANA)*. Rio de Janeiro, 2020a.

[100] CENTRO DE PESQUISAS EM DIREITO E ECONOMIA – CPDE. *Mecanismos de Participação da Agência Nacional de Cinema (Ancine)*. Rio de Janeiro, 2020d.

[101] CENTRO DE PESQUISAS EM DIREITO E ECONOMIA – CPDE. *Mecanismos de Participação da Comissão de Valores Mobiliários (CVM)*. Rio de Janeiro, 2020l.

[102] CENTRO DE PESQUISAS EM DIREITO E ECONOMIA – CPDE. *Mecanismos de Participação da Agência Nacional de Transporte Aquaviário (Antaq)*. Rio de Janeiro, 2020g.

nos processos decisórios de agências como Anac,[103] Antt,[104] Bacen[105] e Anvisa,[106] pessoas físicas participam em maior número do que os agentes regulados.

Os grupos de interesse que mais participam podem ou não ser aqueles que mais influenciam o processo regulatório. Por influência entende-se a capacidade que determinado grupo de interesse possui em ter suas contribuições aceitas pela agência reguladora após a realização da consulta pública. Uma agência não está obrigada a aceitar uma contribuição que receba no transcorrer de seus mecanismos participativos, bastando que motive sua decisão, manifestando se acolhe ou não a contribuição recebida.[107] As contribuições aceitas pela agência reguladora servem, portanto, de *proxies* para medir a influência dos grupos de interesse.

Em estudo envolvendo a Aneel, Silva[108] não observou um favoritismo do setor regulado para influenciar o processo regulatório, já que o percentual de contribuições aceitas e parcialmente aceitas era apenas ligeiramente superior ao percentual de aceitação das manifestações do grupo de consumidores. Além disso, cerca de 50% das contribuições realizadas por ambos os grupos foram rejeitadas pela agência reguladora. Em estudo realizado com a Anac, Baird e Fernandes[109] identificaram um certo favoritismo dos atores governamentais para influenciar o processo regulatório da Anac, fenômeno este também observado em outras agências como Anvisa[110] e

---

[103] CENTRO DE PESQUISAS EM DIREITO E ECONOMIA – CPDE. *Mecanismos de Participação da Agência Nacional de Aviação Civil (Anac)*. Rio de Janeiro, 2020b.

[104] CENTRO DE PESQUISAS EM DIREITO E ECONOMIA – CPDE. *Mecanismos de Participação da Agência Nacional de Transporte Terrestre (Antt)*. Rio de Janeiro, 2020h.

[105] CENTRO DE PESQUISAS EM DIREITO E ECONOMIA – CPDE. *Mecanismos de Participação do Banco Central (Bacen)*. Rio de Janeiro, 2020j.

[106] CENTRO DE PESQUISAS EM DIREITO E ECONOMIA – CPDE. *Mecanismos de Participação da Agência Nacional de Vigilância Sanitária (Anvisa)*. Rio de Janeiro, 2020i.

[107] No caso brasileiro, o ônus argumentativo das decisões das agências em seus mecanismos de participação é fraco. Embora a Lei de Processo Administrativo (Lei nº 9.784/99) estabeleça o dever da Administração de motivar suas decisões, não há sanções previstas no caso de ausência de motivação. Na prática, há significativa variação no modo como as agências motivam, quando o fazem, suas decisões no curso dos mecanismos de participação.

[108] SILVA, Mariana Batista. Mecanismos de participação e atuação de grupos de interesse no processo regulatório brasileiro: o caso da Agência Nacional de Energia Elétrica (Aneel). *Revista de Administração Pública*, v. 46, n. 4, p. 969-992, jul./ago. 2012.

[109] BAIRD, Marcelo Fragano; FERNANDES, Ivan Filipe de Almeida Lopes. Flying in Clear Skies: Technical Arguments Influencing ANAC Regulations. *Brazilian Political Science Review*, v. 8, n. 4, p. 70-92, 2014.

[110] CENTRO DE PESQUISAS EM DIREITO E ECONOMIA – CPDE. *Mecanismos de Participação da Agência Nacional de Vigilância Sanitária (Anvisa)*. Rio de Janeiro, 2020i.

Aneel.[111] Baird e Fernandes[112] concluem que, para a Anac, o favoritismo nas contribuições desses grupos de interesse se deve exclusivamente ao fato de que seus comentários são mais técnicos do que as sugestões propostas por outros grupos.

Embora os canais de atuação dos grupos de interesse sejam os mais diversos e incidam sobre todos os poderes – do Legislativo ao Judiciário, sempre houve uma prevalência de estudos sobre a atuação de grupos de interesse nas arenas legislativas, em especial no Congresso Nacional.[113] Os exemplos apresentados, apenas ilustrativos, revelam a importância de se analisar a atuação de grupos de interesse nos processos de produção normativa das entidades reguladoras.

2.1.5 Análise da racionalidade das normas regulatórias

A análise de produção normativa também é utilizada para compreender o nível de racionalidade das normas produzidas pela Administração Pública. No processo de produção normativa que incorpora essa dimensão de racionalidade, uma norma nada mais é do que o produto de uma escolha da solução mais adequada para a realização dos objetivos pretendidos pelo regulador. O regulador deve ainda escolher, dentre soluções alternativas, aquela que maximiza seus objetivos. Para que o regulador esteja apto a escolher a melhor opção, este deve dispor de informações que lhe permitam predizer os impactos ou os efeitos de cada alternativa. Uma vez selecionada a melhor alternativa, esta é incorporada ao texto normativo, que será aplicado pelo regulador. Já em vigor, a norma regulatória será avaliada quanto aos efeitos que produz. O avaliador deverá averiguar, com base em evidências, se os efeitos produzidos pela norma na sociedade correspondem aos objetivos previamente formulados pelo regulador. Se os efeitos da norma não estiverem de acordo com os objetivos normativos pretendidos, o texto normativo deverá ser reformulado.[114]

---

[111] CENTRO DE PESQUISAS EM DIREITO E ECONOMIA – CPDE. *Mecanismos de Participação da Agência Nacional de Energia Elétrica (Aneel)*. Rio de Janeiro, 2020e.

[112] BAIRD, Marcelo Fragano; FERNANDES, Ivan Filipe de Almeida Lopes. Flying in Clear Skies: Technical Arguments Influencing ANAC Regulations. *Brazilian Political Science Review*, v. 8, n. 4, p. 70-92, 2014.

[113] MANCUSO, W. P. *O lobby da indústria no Congresso Nacional*: empresariado e política no Brasil contemporâneo. São Paulo: Humanitas/Edusp, 2007; SANTOS, Manoel Leonardo Wanderley Duarte. *O parlamento sob influência*: o lobby da indústria na Câmara dos Deputados. Tese de Doutorado. Recife: Universidade Federal de Pernambuco, 2011. Disponível em: https://repositorio.ufpe.br/handle/123456789/1484. Acesso em 5 out. 2020.

[114] Sobre as etapas de produção normativa, vale a leitura de toda a obra organizada por Morand (MORAND, Charles-Albert (Org.). *Légistique Formelle et Matérielle*. Aix-En-Provence: Presse

Para que, portanto, uma norma jurídica seja considerada racional, não basta que ela tenha sido elaborada de acordo com os princípios e regras do ordenamento jurídico. As normas produzidas pelos reguladores podem ser vistas como instrumentos de realização de políticas públicas. Elas devem, como tais, servir aos propósitos para os quais foram elaboradas. Por exemplo, as normas editadas pelo CNRH e pela ANA devem ser avaliadas quanto à sua capacidade de promover os objetivos da política nacional de recursos hídricos.

De todas as etapas do percurso de produção normativa anteriormente explicitadas, a análise de impacto regulatório e a avaliação retrospectiva ganham destaque. A análise de impacto regulatório é realizada antes da edição da norma, e exige que se façam prognósticos sobre os possíveis efeitos que a norma produzirá, uma vez que seja aprovada. Já a avaliação retrospectiva avalia os efeitos reais da norma após sua aplicação.[115]

A análise de produção normativa encampa, deste modo, exercícios avaliativos *ex ante* ou *ex post*, a depender do objetivo do pesquisador. Na análise *ex ante*, há várias abordagens possíveis, como análise de custo-benefício, análise de custo-efetividade, dentre outras.[116] Independentemente da estratégia adotada, o fato é que a análise *ex ante* se baseará em simulações (e.g. custos e benefícios estimados de uma determinada solução regulatória), ao passo que a avaliação retrospectiva ou *ex post* se baseará na análise de dados reais (custo efetivo da solução adotada).

A avaliação de impacto regulatório e a avaliação retrospectiva são hoje exigências do regulador, por força de lei. Isso não retira, no entanto, a importância de que pesquisadores, externos à Administração

---

Universitaires d'Aix-Marseille, 1999). As fases desse processo de produção normativa guardam paralelo com as fases do ciclo de políticas públicas (THEODOULOU, Stella Z. How Public Policy is Made. *In*: CAHN, Matthew A.; THEODOULOU, Stella Z. (Ed.). *Public Policy*: the Essential Readings. Prentice Hall, 1995), as quais, por sua vez, foram formuladas com apoio da literatura sobre processos decisórios em organizações burocráticas (SIMON, Herbert. *Administrative Decision*: a study of decision-making processes in administrative organizations. 4. ed. Free Press, 1997).

[115] Sobre a avaliação retrospectiva, vale a leitura do trabalho de Jordão e Cunha (JORDÃO, Eduardo; CUNHA, Luiz Filippe. Revisão de estoque regulatório: a tendência de foco na análise de impacto regulatório retrospectiva. *Interesse Público*, a. 22, v. 123, p. 227-255, set./out. 2020).

[116] O inventário de algumas das possíveis metodologias a serem adotadas em AIR pode ser consultado em OCDE (ORGANIZAÇÃO PARA A COOPERAÇÃO E DESENVOLVIMENTO ECONÔMICO (OCDE). *Introductory Handbook for Undertaking Regulatory Impact Analysis – RIA*. 2008. Disponível em: https://www.oecd.org/gov/regulatory-policy/44789472.pdf. Acesso em 10 nov. 2020).

Pública, realizem estudos avaliativos tanto de forma pioneira – para normas ainda não editadas pelo regulador ou que não se submeteram à avaliação – quanto em caráter revisional – para averiguar se a avaliação realizada no curso de um processo normativo foi adequada.

2.2 Equívocos a serem evitados na análise de produção normativa

O pesquisador que fizer uso da análise de produção normativa deve evitar dois tipos de erros comuns – um metodológico e outro teórico. Sobre o primeiro, a análise de produção normativa é um método que requer o uso de técnicas de pesquisa empírica. A depender do problema de pesquisa colocado, deverão ser empregadas, para análise das normas regulatórias, técnicas de pesquisa de natureza qualitativa, quantitativa ou mista.

Métodos qualitativos, especialmente estudos de caso, são mais frequentes em pesquisas empíricas na área do direito, especialmente porque seus pesquisadores não recebem treinamento em métodos quantitativos.[117] A depender do problema de pesquisa colocado, no entanto, o estudo de caso pode não ser o método mais adequado. Por exemplo, quando o objetivo de uma pesquisa for o de averiguar a frequência com que o regulador extrapola os limites de sua competência normativa, o uso de estatística descritiva se fará mais apropriado. No diagnóstico sobre regulação federal das águas apresentado neste livro, verificou-se que apenas 3% da produção normativa da ANA foi precedida de audiências públicas. Para a produção deste número, foram analisadas todas as normas produzidas pela agência reguladora e contabilizadas aquelas precedidas desse mecanismo de participação.[118]

---

[117] Isso não significa, no entanto, que os pesquisadores do direito também estejam versados em métodos qualitativos. Há um "descompromisso metodológico" geral na área (EPSTEIN, Lee; KING, Gary. The rules of inference. *University of Chicago Law Review*, Chicago, v. 61, n. 1, p. 1-133, 2002). São poucos os estudos de caso que utilizam entrevistas, ou que incluem análises estatísticas produzidas a partir da construção de banco de dados próprio (SALINAS, Natasha Schmitt Caccia; MOLHANO, Leandro; VIEIRA, Décio. Trabalhos Empíricos no Direito: uma análise das teses, dissertações e artigos acadêmicos sobre o tema da regulação. *Revista de Estudos Empíricos em Direito*, vol. 10, 2023, p. 1-35.

[118] Tendo em vista que, à época da realização do estudo, a realização de consultas públicas prévias não era obrigatória, não há que se falar propriamente em desconformidade do processo normativo da agência à lei. No entanto, para a pretendida análise de conformidade, merece ser feita a replicação deste estudo em período posterior a setembro de 2019, quando a Lei Geral das Agências Reguladoras entrou em vigor e tornou as consultas públicas obrigatórias.

Nos estudos sobre mecanismos de participação em processos de produção normativa conduzidos pelo projeto Regulação em Números, calcula-se a frequência de participação de cada grupo de interesse nas consultas e audiências públicas realizadas por agências reguladoras. Como visto, os agentes econômicos regulados representam o grupo de interesse que mais participa das consultas públicas na Aneel,[119] ANA,[120] Ancine,[121] CVM[122] e Antaq,[123] ao passo que pessoas físicas ou consumidores são o grupo mais atuante nas agências Anac,[124] Antt,[125] Bacen[126] e Anvisa.[127]

Esses estudos envolvendo a análise de produção normativa, apenas exemplificativos, revelam a necessidade de adoção de estatística descritiva para se averiguar a frequência com que normas são ou não precedidas de mecanismos de participação e a frequência com que grupos de interesse participam dessa etapa do processo regulatório.

Mas se o objetivo da pesquisa for compreender as causas que levam reguladores e regulados a agirem de determinada forma, será necessário recorrer à estatística inferencial, em que são testadas relações de causa e efeito por meio de modelos estatísticos mais sofisticados. Baird e Fernandes[128] construíram um modelo dessa natureza para explicar porque as contribuições dos agentes econômicos regulados, em consultas públicas, têm maior probabilidade de serem aceitas pela Agência Nacional de Aviação Civil (Anac) do que as manifestações de autoria de outros grupos de interesse. Ao testarem diferentes hipóteses,

---

[119] CENTRO DE PESQUISAS EM DIREITO E ECONOMIA – CPDE. *Mecanismos de Participação da Agência Nacional de Energia Elétrica (Aneel)*. Rio de Janeiro, 2020e.

[120] CENTRO DE PESQUISAS EM DIREITO E ECONOMIA – CPDE. *Mecanismos de Participação da Agência Nacional de Águas (ANA)*. Rio de Janeiro, 2020a.

[121] CENTRO DE PESQUISAS EM DIREITO E ECONOMIA – CPDE. *Mecanismos de Participação da Agência Nacional de Cinema (Ancine)*. Rio de Janeiro, 2020d.

[122] CENTRO DE PESQUISAS EM DIREITO E ECONOMIA – CPDE. *Mecanismos de Participação da Comissão de Valores Mobiliários (CVM)*. Rio de Janeiro, 2020l.

[123] CENTRO DE PESQUISAS EM DIREITO E ECONOMIA – CPDE. *Mecanismos de Participação da Agência Nacional de Transporte Aquaviário (Antaq)*. Rio de Janeiro, 2020g.

[124] CENTRO DE PESQUISAS EM DIREITO E ECONOMIA – CPDE. *Mecanismos de Participação da Agência Nacional de Aviação Civil (Anac)*. Rio de Janeiro, 2020b.

[125] CENTRO DE PESQUISAS EM DIREITO E ECONOMIA – CPDE. *Mecanismos de Participação da Agência Nacional de Transporte Terrestre (Antt)*. Rio de Janeiro, 2020h.

[126] CENTRO DE PESQUISAS EM DIREITO E ECONOMIA – CPDE. *Mecanismos de Participação do Banco Central (Bacen)*. Rio de Janeiro, 2020j.

[127] CENTRO DE PESQUISAS EM DIREITO E ECONOMIA – CPDE. *Mecanismos de Participação da Agência Nacional de Vigilância Sanitária (Anvisa)*. Rio de Janeiro, 2020i.

[128] BAIRD, Marcelo Fragano; FERNANDES, Ivan Filipe de Almeida Lopes. Flying in Clear Skies: Technical Arguments Influencing ANAC Regulations. *Brazilian Political Science Review*, v. 8, n. 4, p. 70-92, 2014.

os autores identificaram que este fenômeno ocorre não por conta do grupo de interesse a que pertencem, mas sim em razão da maior tecnicidade de suas contribuições. Ou seja, esse estudo revelou que é a natureza técnica da contribuição, e não a característica do proponente, que mais influencia o processo decisório da agência.

Foge ao escopo deste trabalho analisar as técnicas de pesquisa que podem ser adotadas na análise de produção normativa. Cabe aqui apenas mencionar que a escolha da técnica deve ser aquela que confere robustez, validade e confiabilidade à pesquisa. Segundo Epstein e King,[129] pesquisas desta natureza devem: 1) identificar a população de interesse; 2) coletar o maior número de casos possível; 3) registrar o processo por meio do qual os dados foram observados; 4) coletar os dados de maneira a evitar viés de seleção.

Verifica-se, no entanto, que boa parte dos estudos produzidos no Brasil da área regulatória não observam esses requisitos: as proposições descritivas e causais realizadas se baseiam, frequentemente, em casos ilustrativos e explicações *ad hoc* selecionados de acordo com o interesse do pesquisador em fazer valer sua visão. A cultura manualística, desprovida de rigor metodológico, persiste nos trabalhos empíricos em direito, comprometendo, assim, sua qualidade.[130]

Além das exigências metodológicas, a análise de produção normativa exigirá também fundamentos teóricos que possibilitem ao pesquisador formular adequadamente o problema de pesquisa e as hipóteses a serem testadas.

Salinas, Molhano e Vieira[131] também identificaram que a literatura que compõe as referências bibliográficas das dissertações, teses e artigos acadêmicos sobre regulação é predominantemente jurídico-dogmática. Ocorre, no entanto, que esta literatura é insuficiente para oferecer modelos explicativos aos trabalhos empíricos envolvendo a análise de produção normativa. Para ilustrar essa afirmação, retoma-se o exemplo da análise de conformidade anteriormente mencionado. Trabalhos empíricos desta natureza normalmente estão lastreados em discussões dogmáticas sobre o poder normativo de agências, o poder

---

[129] EPSTEIN, Lee; KING, Gary. The rules of inference. *University of Chicago Law Review*, Chicago, v. 61, n. 1, p. 1-133, 2002. p. 99.

[130] SALINAS, Natasha Schmitt Caccia; MOLHANO, Leandro; VIEIRA, Décio. Trabalhos Empíricos no Direito: uma análise das teses, dissertações e artigos acadêmicos sobre o tema da regulação. *Revista de Estudos Empíricos em Direito*, vol. 10, 2023, p. 1-35.

[131] SALINAS, Natasha Schmitt Caccia; MOLHANO, Leandro; VIEIRA, Décio. Trabalhos Empíricos no Direito: uma análise das teses, dissertações e artigos acadêmicos sobre o tema da regulação. *Revista de Estudos Empíricos em Direito*, vol. 10, 2023, p. 1-35.

regulamentar e o princípio da legalidade.[132] No entanto, esta literatura não se mostra útil para explicar como o regulador irá se comportar diante de uma delegação de competências normativas. Para isso, uma possível teoria a ser utilizada é a da agência ou do príncipe-agente, utilizada para descrever e propor melhorias à relação entre principal e agente. No presente caso, o principal seria o legislador, e o agente, o regulador.[133] Foge ao escopo deste artigo aprofundar a análise sobre este e outros referenciais teóricos que poderiam ser utilizados para subsidiar a análise empírica de conformidade dos atos normativos. Fazemos apenas a observação de que uma análise exclusivamente dogmática tal como a referida anteriormente não será suficiente para explicar os motivos pelos quais o regulador age ou não em conformidade com as leis.

O mesmo pode ser dito sobre a análise de normas produzidas por uma pluralidade de reguladores. Uma análise constitucional ou legal de repartição de competências entre diversos órgãos responsáveis por regular determinada área é necessária, porém insuficiente, para explicar porque espaços regulatórios são altamente fragmentados. Como visto, há uma literatura específica que explica as causas da fragmentação regulatória, seja ela disfuncional ou não. A literatura aponta a fragmentação como problemática, sobretudo quando há redundância ou duplicidade de competências exercidas pelos atores que atuam no espaço regulatório. A duplicidade regulatória ocorre quando dois ou mais órgãos da Administração exercem competências idênticas ou que guardam relação entre si. Ela é mais evidente quando uma ou mais leis atribuem a mesma competência regulatória para duas agências distintas.[134] No entanto, a duplicidade pode decorrer também da atribuição de competências que não são idênticas, mas que se relacionam entre si. Leis que atribuem competências regulatórias

---

[132] Este é o caso, por exemplo, do trabalho anteriormente citado de Sundfeld e Arruda (SUNDFELD, Carlos Ari; CÂMARA, Jacintho Arruda. A eficácia dos limites legais à competência regulamentar econômica: o caso Ancine e as empresas estrangeiras. *Revista Brasileira de Direito*, Passo Fundo, v. 13, n. 3, p. 258-276, dez. 2017. Disponível em: https://seer.imed.edu.br/index.php/revistadedireito/article/view/1870/1473. Acesso em 10 nov. 2020).

[133] Weingast (WEINGAST, Barry R. The Congressional-Bureaucratic System: a Principal-Agente Perspective (with applications to the SEC). *Public Choice*, v. 44, p. 147-191, 1984), Moe (MOE, Terry M. The New Economics of Organization. *American Journal of Political Science*, v. 28 p. 739-777, 1984), Mccubbins, Noll e Weingast (MCCUBBINS, M. D; NOLL, Roger G; WEINGAST, Barry R. Administrative Procedures as Instruments of Political Control. *Journal of Law, Economics and Organization*, v. 3, n. 2, p. 243-277, 1987) são exemplos de trabalhos que contribuíram para o desenvolvimento dessa literatura.

[134] MARISAM, Jason. Duplicative delegations. *Administrative Law Review*, v. 63, n. 2, p. 181-244, 2011. p. 187.

genéricas a duas ou mais agências geram uma situação de incerteza acerca de a quem compete exercer determinada tarefa. A duplicidade regulatória é, portanto, inevitável,[135] e pode ou não decorrer de uma escolha intencional do legislador. Bendor[136] e Marisam,[137] no entanto, chamam a atenção para o fato de que a maioria das duplicidades não são intencionais[138] e decorrem de escolhas legislativas ou de decisões políticas incrementais. É preciso, portanto, recorrer à literatura sobre fragmentação regulatória para explicar suas causas e contornar os problemas dela decorrentes.

Esses exemplos revelam um fenômeno que nem sempre é claro para os pesquisadores da área do direito. Estudos empíricos que buscam, por exemplo, avaliar a efetividade das políticas regulatórias ou a eficácia das interações entre organizações e instituições dos ambientes regulatórios exigirão, necessariamente, um volume maior de referenciais teóricos de ciências sociais, o que não ocorre. Os trabalhos doutrinários clássicos de direito administrativo e econômico permanecem sendo a literatura dominante, que, como visto, não ajuda a compreender o comportamento dos reguladores.

Em resumo, a análise empírica da produção normativa pressupõe que normas jurídicas são mais do que fontes, às quais se deve recorrer para aplicar o direito a casos concretos. Normas são o resultado do comportamento de grupos sociais diversos que interagem entre si. No caso das normas regulatórias, estas são produto das relações travadas entre legisladores, reguladores, agentes regulados e membros da sociedade civil. A análise da produção normativa é, portanto, método de pesquisa que requer conhecimento e habilidades interdisciplinares e extrajurídicos. Sem eles não é possível analisar empiricamente a produção normativa.

---

[135] FREEMAN, Jody; ROSSI, Jim. Agency Coordination in Shared Regulatory Space. *Harvard Law Review*, v. 125, n. 5, p. 1131-1211, mar. 2012. p. 1136; AHDIEH, Robert B. Dialectical Regulation. *Connecticut Law Review*, v. 38, n. 5, p. 863-928, 2006. p. 879).

[136] BENDOR, Jonathan. *Parallel Systems*: redundancy in government. California: University of California Press, 1985. p. 41.

[137] MARISAM, Jason. Duplicative delegations. *Administrative Law Review*, v. 63, n. 2, p. 181-244, 2011. p. 184.

[138] Para esses autores, a duplicidade das normas raramente decorre de escolhas legislativas intencionais. Além disso, os autores não rejeitam, porém minimizam, a importância das narrativas, baseadas na teoria da escolha pública, que explica a duplicidade regulatória em razão de comportamentos racionais das agências para expandir suas competências e maximizar seu poder e orçamento.

ESTUDO EMPÍRICO SOBRE A REGULAÇÃO FEDERAL DAS ÁGUAS BRASILEIRAS: UMA ANÁLISE DA PRODUÇÃO NORMATIVA

Introdução

O tema das águas vem sendo amplamente debatido nos trabalhos acadêmicos, contudo, dentre as diversas perspectivas adotadas, o estudo da regulação do acesso às águas tem recebido menor enfoque. Há, portanto, lacunas significativas sobre a compreensão dos parâmetros que orientam a forma como o uso desse importante bem é realizado no contexto nacional, as quais merecem maior atenção.

No Brasil, dois órgãos reguladores principais atuam na regulação do acesso às águas em âmbito federal, o Conselho Nacional de Recursos Hídricos (CNRH) e a Agência Nacional de Águas e Saneamento Básico (ANA). Criados em momentos distintos, com características distintas, eles dividem algumas importantes atribuições no ambiente regulatório das águas doces nacionais, já que a definição de parâmetros e diretrizes sobre os usos e acesso às águas das bacias federais ficam a cargo dessas instituições.

O presente capítulo tem como objeto a investigação sobre a atividade reguladora dos órgãos reguladores federais das águas brasileiras. A metodologia adotada pautou-se na análise da sua produção normativa. Diante de um ambiente regulatório compartilhado por duas instituições com características tão distintas, sendo a ANA uma autarquia federal e agência reguladora e o CNRH um órgão colegiado com funções consultivas e deliberativas, buscou-se, a partir do estudo das normas por eles editadas, identificar os principais temas regulados, as eventuais lacunas regulatórias, a abrangência das normas publicadas e suas principais finalidades.

Parte-se do pressuposto que, ao se investigar o desempenho das instituições que estruturam e implementam uma determinada política, tais análises possibilitam identificar em que medida a regulação resultante (e parte) desta política se aproxima, modifica ou até mesmo se afasta dos objetivos postulados pelos marcos legais de um determinado setor. O conceito de regulação e as concepções derivadas dele sobre a atividade regulatória são atravessados por diferentes dimensões e podem ser estudados a partir de múltiplas perspectivas. O estudo adotou a perspectiva institucionalista e, portanto, parte da compreensão que é por meio das instituições que as políticas ganham concretude.[139] A partir desta perspectiva, as regras exercem papel elementar tanto no estudo da regulação, quanto no estudo das instituições.

Compreende-se a regulação como um esforço para alteração de comportamentos e, portanto, as regras exercem um papel importante para auxiliar no atingimento de seus objetivos. As instituições, a seu turno, são concebidas como aquelas que influenciam os comportamentos individuais e coletivos e também encontram nas regras um mecanismo para fazê-lo.[140] Assim, a metodologia do estudo teve foco no levantamento empírico e pautou-se em uma pesquisa sobre a produção normativa dos órgãos reguladores das águas federais. As normas foram sistematizadas em um banco de dados, principal ferramenta que subsidiou as análises pretendidas. A escolha das variáveis para compor o banco de dados buscou atender aos objetivos delimitados pela pesquisa, dialogando também com o referencial teórico adotado.

O presente capítulo foi organizado em três seções, além de sua introdução. Na primeira seção, discutiu-se como se organiza a operacionalização do modelo de regulação das águas brasileiro, no que consiste suas principais dificuldades e suas potencialidades.

---

[139] CRAWFORD, Sue E. S.; OSTROM, Elinor. A Grammar of Institutions. *The American Political Science Review*, v. 89, n. 3, p. 582-600, sep. 1995.

[140] CRAWFORD, Sue E. S.; OSTROM, Elinor. A Grammar of Institutions. *The American Political Science Review*, v. 89, n. 3, p. 582-600, sep. 1995; OSTROM, Elinor. *Understanding Institutional Diversity*. Princeton, NJ: Princeton University Press, 2005; OSTROM, Elinor. Background on the Institutional Analysis and Development Framework. *Policy Studies Journal*, v. 39, n. 1, p. 7-27, 2011; MCGINNIS, Michael D. An Introduction to IAD and the Language of the Ostrom Workshop: A Simple Guide to a Complex Framework. *Policy Studies Journal*, v. 39, n. 1, p. 169-183, 2011; NORTH, Douglas C. *Instituições, mudança institucional e desempenho econômico*. São Paulo: Três Estrelas, 2018.

Na sequência, foram apresentadas as características dos órgãos reguladores federais e suas formas de atuação. Na terceira seção, apresentou-se a metodologia que embasou o esforço empírico realizado pelo estudo e os resultados obtidos a partir do levantamento e da análise da produção normativa dos órgãos federais. Ainda na terceira seção também foram apresentadas as principais inferências possibilitadas pela pesquisa empírica para compreensão do modelo de regulação das águas no Brasil no âmbito federal.

3.1 Operacionalização da regulação do acesso à água no Brasil

O modelo brasileiro de regulação das águas é reconhecido por ter sido inspirado no sistema francês adotado em 1964,[141] trazendo importantes inovações para o contexto brasileiro. Tais inovações resultaram em modificações desconcentradas dos sistemas estaduais, ficando conhecida como "reforma das águas". Dentre as modificações mais relevantes adotadas como influência do movimento, a adoção da bacia hidrográfica como unidade de gerenciamento das águas, a previsão de espaços colegiados para a tomada de decisão e a cobrança pelo uso dos recursos são os elementos mais frequentemente destacados na literatura que trata do tema.

A reforma foi sedimentada com a publicação da Lei das Águas em 1997. Antes disso, vigia no Brasil um modelo que ficou marcado pela ênfase no aproveitamento das águas para a geração de energia e a normatização do domínio particular da água, cujas diretrizes eram previstas pelo Código das Águas, Decreto federal nº 24.643/1934. Além disso, a Constituição Federal de 1969 previa a competência privativa da União para legislar sobre as águas.[142]

Passados 40 anos desde a publicação do Código das Águas, especialistas e técnicos passaram a questionar as diretrizes do modelo, posto se demonstrarem insuficientes para auxiliar no enfrentamento dos dilemas presentes na gestão da água, sobretudo, quanto ao domínio historicamente exercido pelo setor de energia. Assim, deu-se início a um movimento de reforma, cujas preocupações caminhavam em direção

---

[141] Lei Francesa nº 64-1245, de 16 de dezembro de 1964.
[142] BARTH. Flávio Terra. Aspectos institucionais do gerenciamento de recursos hídricos. *In*: REBOUÇAS, Aldo Cunha *et al*. (Orgs.). *Águas Doces no Brasil*: capital ecológico, uso e conservação. São Paulo: Escrituras Editora, 1999.

à valorização do acesso múltiplo às águas, com o intuito de superar os dilemas tão presentes de setorialização dos usos da água. Conforme apontam Abers e Keck,[143] as ideias inovadoras ganharam espaços por meio de diversos grupos de trabalhos e oficinas, cujos membros eram, em grande parte, originários dos órgãos governamentais. O movimento em direção à reforma também recebeu influência das discussões que vinham sendo realizadas em âmbito internacional, podendo ser destacada como referência a Conferência Internacional sobre Água e Meio Ambiente, ocorrida em Dublin, no ano de 1992.[144]

A construção da reforma das águas, conforme dito, ocorreu de forma desconcentrada e foi atravessada por diferentes interesses, partindo das ideias desenvolvimentistas, passando pelos ideais de fomento à participação na formulação das políticas públicas, incluindo também, as concepções liberais advindas das influências do movimento de Gerenciamento Integrado de Recursos Hídricos (GIRH), que ganhou corpo principalmente em âmbito internacional.

Os estados de São Paulo e Ceará foram pioneiros na introdução de um modelo regulatório que trazia inovações em face ao marco regulatório vigente, tendo São Paulo exercido um papel protagonista na proposta que chegou ao Congresso Nacional visando substituir o Código das Águas. A proposta tramitou durante seis anos no Congresso, até que finalmente foi aprovada, ficando conhecida como "Lei das Águas", a Lei nº 9.433, de 8 de janeiro de 1997.

O modelo vigente, que tem a Lei das Águas como principal marco regulatório, é resultado de diferentes regramentos. Dentre eles, merece destaque os dispositivos constitucionais. Essa combinação de regras convergiu para a formação de um modelo com bastante complexidade e que encontra diversas dificuldades em sua aplicação e operacionalização. O art. 22, IV, da Constituição Federal prevê a competência privativa da União para legislar sobre águas e energia, podendo uma lei complementar autorizar os estados a também o fazerem sobre questões específicas da matéria. O art. 23, XI, da CF prevê que aspectos relacionados a registro, acompanhamento e fiscalização das concessões e explorações de recursos hídricos são, por sua vez, de competência concorrente entre a União, os estados, o Distrito Federal e os municípios.

---

[143] ABERS, Rebecca Neaera; KECK, Margaret E. *Autoridade prática*: ação criativa e mudança institucional na política das águas no Brasil. Rio de Janeiro: Editora Fiocruz, 2017.

[144] Para maiores detalhes sobre o processo da reforma, consultar: ABERS, Rebecca Neaera; KECK, Margaret E. *Autoridade prática*: ação criativa e mudança institucional na política das águas no Brasil. Rio de Janeiro: Editora Fiocruz, 2017.

Os arts. 20 e 26 da CF preveem uma divisão de titularidade das águas entre a União e os estados, sendo a natureza jurídica das águas brasileiras de bem público.[145]

Embora seja possível identificar uma preponderância da União na normatização sobre águas brasileiras, conforme apontam Aith e Rothbarth,[146] a descentralização federativa deve ser considerada, sobretudo, quanto à definição de aspectos estratégicos da regulação do uso e exploração dos recursos hídricos. Este e outros dilemas trazem bastante complexidade à regulação do uso e acesso às águas brasileiras. A previsão da dupla dominialidade das águas possibilitou aos diferentes estados da federação a previsão de modelos autônomos, possibilitando situações em que alguns deles trazem importantes inovações em relação aos instrumentos e aos mecanismos previstos na Lei das Águas, como o caso Cearense, cuja primeira versão da política estadual de águas datava de 1992.[147] Pode-se dizer que a conformação de sistemas estaduais autônomos anteriores à publicação de um "sistema nacional" deu origem a um modelo nacional com bastante complexidade quanto ao seu *design* institucional, quanto ao exercício das competências previstas nas diferentes normas e quanto à legitimação da autoridade prática dos atores envolvidos no processo de tomada de decisão sobre as águas brasileiras.

A autoridade prática pode ser compreendida como "o tipo de poder na prática gerado quando atores específicos (indivíduos ou organizações) desenvolvem capacidades e ganham reconhecimento dentro de uma determinada área política, o que lhes permite influenciar o comportamento de outros atores".[148] Assim, é importante também compreender a atuação das instituições no espaço regulatório e sua capacidade de influenciar os comportamentos.

Até 1997 não havia sido pensada uma Política Hídrica em âmbito nacional. Ela resultou da publicação da Lei das Águas, que também institui o Sistema Nacional de Gerenciamento de Recursos Hídricos (SINGREH), previsto pela primeira vez na CRFB de 1988. Na concepção

---

[145] AITH, Fernando Mussa Abujamra; ROTHBARTH, Renata. O Estatuto jurídico das águas no Brasil. *Estudos Avançados*, São Paulo, v. 29, n. 84, p. 163-177, mai./ago. 2015.
[146] AITH, Fernando Mussa Abujamra; ROTHBARTH, Renata. O Estatuto jurídico das águas no Brasil. *Estudos Avançados*, São Paulo, v. 29, n. 84, p. 163-177, mai./ago. 2015.
[147] Mais tarde atualizada pela Lei nº 14.844/2010.
[148] ABERS, Rebecca Neaera; KECK, Margaret E. *Autoridade prática*: ação criativa e mudança institucional na política das águas no Brasil. Rio de Janeiro: Editora Fiocruz, 2017. p. 31.

do Ministério do Meio Ambiente,[149] autarquia à qual o CNRH e a ANA foram vinculados desde a sua criação até 2019,[150] a Lei das Águas propôs uma divisão entre as entidades e os organismos que têm atribuição de formulação das políticas públicas e aquelas voltadas para sua execução. No entanto, na prática, encontra-se grandes dificuldades na operacionalização deste Sistema, seja na distinção entre os papéis de cada um dos órgãos que o integram, seja também na operacionalização da bacia hidrográfica como um recorte político-administrativo.[151]

O fato da operacionalização do SINGREH se apoiar na adoção da bacia hidrográfica como unidade de gerenciamento da Política é um dos principais pontos controversos sobre o marco legal e que divide a opinião dos especialistas. De um lado, alguns autores como Lanna[152] entendem que a bacia hidrográfica é um recorte adequado para apoiar a execução das políticas hídricas, já que é capaz de representar o ciclo hidrológico natural da água por meio da sua concepção sistêmica, incluindo as relações de causa-efeito sobre os diferentes usos das águas. Do outro, autores como Pires do Rio e Peixoto[153] entendem que adotar a bacia implica na supressão das fronteiras político-administrativas tradicionalmente instituídas, o que resulta em um desafio de cunho geoinstitucional para a regulação e a gestão das águas.

Com o intuito de acomodar o recorte da bacia, a Lei das Águas previu a criação de novas institucionalidades, cuja atuação foi vinculada a este recorte natural, a saber, os comitês de bacias hidrográficas. Os comitês são fóruns colegiados que reúnem as representações de três segmentos da sociedade na formulação e implementação das políticas hídricas: o governo, o setor produtivo/usuários e a sociedade civil. Eles foram concebidos enquanto instância de tomada de decisão sobre as águas brasileiras, a partir da influência de um movimento que ganhou maior fôlego na América Latina, sobretudo a partir dos anos 1980, em

---

[149] BRASIL. Ministério do Meio Ambiente. *SISNAMA – Sistema Nacional do Meio Ambiente*. Disponível em: http://www2.mma.gov.br/port/conama/estr1.cfm. Acesso em 12 abr. 2020.

[150] A Lei nº 13.844, de 18 de junho de 2019, alterou os artigos 36 e 45 da Lei nº 9.433/1997 e o artigo 3º da Lei nº 9.984/2000, modificando a vinculação do CNRH e da ANA do Ministério de Meio Ambiente para o Ministério de Desenvolvimento Regional.

[151] ASSUNÇÃO, Francisca Neta; BURSZTYN, Maria Augusta Assunção. As políticas das águas do Brasil. *In*: Encontro de Las Aguas. *Anais*. Santiago: Encontro de Las Aguas, 2001.

[152] LANNA, Antonio Eduardo Leão. *Gerenciamento de bacia hidrográfica*: aspectos conceituais e metodológicos. Brasília: IBAMA, 1995.

[153] PIRES do RIO, Gisela Aquino; PEIXOTO, Maria Naise. O. Superfícies de Regulação e conflitos de atribuição da gestão de recursos hídricos. *Território*, n. 10, p. 51-65, 2001.

que se buscava fomentar a participação social na tomada de decisão.[154] Assim, no final dos anos 1970 já eram identificadas experiências pioneiras de fóruns colegiados para debater a gestão das águas no país.[155]

O processo de instalação e funcionamento dos comitês de bacia hidrográfica no território brasileiro não se deu de maneira uniforme. Isso, porque além dos estados terem autonomia para a construção de seus regramentos no tocante às águas, o grau de maturidade dos sistemas institucionais estaduais varia conforme, pelo menos, três aspectos: suas diferentes trajetórias, a capacidade de resposta instalada das instituições e os principais desafios regionais enfrentados. Alguns estados, mesmo após vinte anos da publicação da Lei das Águas, padecem de incipiências, tanto na criação quanto no funcionamento desses espaços.

Abers e Keck[156] chamam a atenção para o fato de que a construção da autoridade prática dessas novas institucionalidades, os comitês de bacia hidrográfica, seja um processo atravessado de diversas nuances, as quais são responsáveis por determinar a maior ou a menor capacidade de se legitimaram como espaço de tomada de decisão. A previsão da figura legal dos comitês de bacia não é o único pressuposto para que eles se afirmem como um espaço de tomada de decisão, já que "desenhos institucionais não se tornam instituições por eles mesmos".[157] É necessário que estes espaços, após sua criação, legitimem também sua autoridade prática.

A Lei das Águas atribuiu aos comitês de bacia hidrográfica a tarefa de planejamento das águas de uma ou mais bacias sob sua jurisdição, que deve ser realizada com base e orientada pelas informações dispostas nos planos de recursos hídricos. Os planos de recursos hídricos são documentos orientadores do planejamento de

---

[154] SANTOS, Boaventura de Sousa; AVRITZER, Leonardo. Introdução: para ampliar o cânone democrático. *In*: SANTOS, Boaventura de Sousa (Org.). *Democratizar a democracia*: os caminhos da democracia participativa. 3. ed. Rio de Janeiro: Civilização Brasileira, 2005.

[155] Como exemplo de comitês de bacia precursores, pode ser citado o Comitê Especial de Estudos Integrados de Bacias Hidrográficas (CEEIBH), instituído em 1978 no âmbito do Departamento Nacional de Águas e Energia Elétrica (DNAEE) e da Secretaria Nacional de Meio Ambiente (Sema) do Ministério do Interior (Minter). Além deste, foram criados no mesmo ano os Comitês das bacias dos rios Paranapanema (CEEIPEMA), Guaíba (CEEIG), Jari (CEEIRJ) e São Francisco (CEEIVASF).

[156] ABERS, Rebecca Neaera; KECK, Margaret E. *Autoridade prática*: ação criativa e mudança institucional na política das águas no Brasil. Rio de Janeiro: Editora Fiocruz, 2017.

[157] ABERS, Rebecca Neaera; KECK, Margaret E. *Autoridade prática*: ação criativa e mudança institucional na política das águas no Brasil. Rio de Janeiro: Editora Fiocruz, 2017. p. 127.

uma determinada bacia (ou mais), os quais, geralmente, são elaborados pelas agências de bacia ou entidades delegatárias e aprovados pelos comitês de bacia hidrográfica. Pode-se dizer que as agências de bacia/ entidades delegatárias atuam como braço executivo dos comitês de bacia, pois estas instâncias não possuem personalidade jurídica. Aos Conselhos Estaduais de Recursos Hídricos (CERHs) foi incumbida a tarefa de delimitação dos principais parâmetros e diretrizes para orientar a gestão das águas estaduais, cuja fiscalização é realizada, via de regra, pelas agências ou órgãos ambientais estaduais.

A implementação da Política Nacional de Recursos Hídricos (PNRH) é realizada pelo CNRH e pela ANA, os quais exercem a competência sobre a regulação das águas federais, atuando também como órgãos coordenadores da PNRH em âmbito nacional, cujas atribuições incluem a coordenação e a articulação dos planejamentos regionais. Também compete ao CNRH e à ANA a regulação do acesso às águas das bacias hidrográficas federais, conforme já exposto.

A execução da PNRH se dá, fundamentalmente, por meio da aplicação dos instrumentos previstos no art. 5º da Lei das Águas, a saber: I – os Planos de Recursos Hídricos; II – o enquadramento dos corpos de água em classes, segundo os usos preponderantes da água; III – a outorga dos direitos de uso de recursos hídricos; IV – a cobrança pelo uso de recursos hídricos; V – a compensação a municípios; VI – o Sistema de Informações sobre Recursos Hídricos. As diretrizes para implementação desses instrumentos são previstas pelo CNRH e ANA em âmbito nacional e pelos CERHs e pelas agências ambientais estaduais no caso dos estados e do Distrito Federal. Em face à autonomia dos estados para legislar sobre as águas, em alguns casos há a previsão de instrumentos que visam a atender as especificidades regionais, como o já citado caso do Ceará, em que foi prevista a criação do instrumento da Alocação Negociada da Água.

Dois aspectos a respeito da implementação dos instrumentos previstos na PNRH merecem destaque. Em primeiro lugar, a baixa implementação de alguns instrumentos hídricos importantes no território brasileiro, como o enquadramento e a cobrança pelo uso das águas, chamando-se também a atenção sobre sua incipiência em algumas bacias de importante expressão no contexto nacional, como é o caso da região Centro-Oeste (principal celeiro nacional) e da região Amazônica do país, as quais dispõem dos maiores volumes de água superficial no país. O diagnóstico sobre o grau de implementação dos instrumentos da PNRH é realizado pela ANA e publicado periodicamente por meio do relatório "Conjuntura dos Recursos

Hídricos", cujo intuito é realizar um monitoramento da qualidade da gestão das águas em âmbito nacional.[158]

Em segundo lugar, destacam-se as crises hídricas que vêm sendo enfrentadas de forma cada vez mais crescente pelo país, como a crise hídrica vivenciada pela região Sul em 2020, a crise hídrica no Distrito Federal em 2016, a crise hídrica ocorrida entre 2014-2016 no estado de São Paulo e o acirramento da seca no estado do Ceará também no ano de 2016, para citar alguns exemplos mais recentes. Estes eventos têm demonstrado que os instrumentos previstos pelo marco regulatório em vigor oferecem soluções limitadas para o enfrentamento de situações críticas. Conforme apontado por Pavão,[159] este consiste em um dos principais desafios atuais na gestão e regulação das águas brasileiras.

3.2 Formulação e implementação das políticas hídricas

A análise sobre a atuação das instituições que estruturam a implementação de uma determinada política possibilita identificar em que medida a regulação se aproxima, modifica ou se afasta dos objetivos prospectados pelos marcos legais de um determinado setor. Essa análise se mostra relevante porque, se por um lado a discricionariedade dos reguladores é indispensável, por outro, seu exercício também permite modificar os objetivos concebidos pelos atores responsáveis pela formulação das políticas.[160]

No entanto, a separação das funções ditas "formulação" e "implementação" das políticas públicas, embora seja útil quando se adota uma perspectiva analítica, é de difícil demarcação, tanto do ponto de vista epistemológico quanto do ponto de vista prático. Há uma relação simbiótica entre elas, já que os objetivos e os programas das políticas são continuamente modificados e ajustados de acordo com as circunstâncias enfrentadas.[161]

---

[158] AGÊNCIA NACIONAL DE ÁGUAS (ANA). *Conjuntura dos Recursos Hídricos no Brasil.* Brasília, DF, 2017a. Disponível em: http://www.snirh.gov.br/portal/snirh/centrais-de-conteudos/conjuntura-dos-recursos-hidricos/relatorio-conjuntura-2017.pdf. Acesso em 15 jun. 2018.

[159] PAVÃO, Bianca Borges Medeiros. *As águas e suas correntezas*: regulação e crises hídricas no Brasil. Tese (Doutorado em Desenvolvimento Sustentável), Universidade de Brasília, Brasília, 2020.

[160] LIMA, Luciana Leite; D'ASCENZI, Luciano. Implementação de políticas públicas: perspectivas analíticas. *Revista de Sociologia e Política*, v. 21, n. 48, p. 101-110, dez. 2013.

[161] MAJONE, G Giandomenico; WILDAVSKY, Aaron. Implementation as Evolution. *In*: PRESSMAN, Jeffrey L. & WILDAVSKY, Aaron. (eds.). *Implementation*. 3 ed. Berkeley: University of California. 1984.

Assim, tanto a execução de uma política quanto a atividade regulatória dela decorrente podem ser concebidas como um processo interativo de formulação, implementação e reformulação de diretrizes, parâmetros e mecanismos.[162] Dada a natureza intencionalmente menos restritiva do processo de concepção das políticas, é atribuído aos órgãos reguladores certa discricionariedade, com o intuito de possibilitá-los estabelecer aparas que demonstrem ser necessárias no processo de sua execução-implementação.

Por isso, além de ser inevitável a discricionariedade dos implementadores das políticas, é desejável, já que esses atores detêm conhecimento das situações locais e podem adaptá-las, de forma que possam responder mais prontamente aos objetivos previamente formulados.[163] Tais ajustes podem, por um lado, ser fontes profícuas de inovação, e, por outro, ficam sujeitos às capacidades institucionais para que possam executá-las.

A implementação de uma determinada política é um processo contínuo de interação. Assim, pode-se dizer que tal implementação não ocorre de maneira estanque e deve pressupor também possibilidades de mudança sobre as formas como essas políticas foram idealizadas. Por isso, trata-se de uma estrutura de interação complexa, na medida em que tais mudanças não devem propiciar o desvio dos objetivos centrais postulados.[164] As interpretações sobre o processo de implementação variam de acordo com a abordagem adotada sobre os estudos das políticas públicas, se *bottow up* ou *top down*. No entanto, Sabatier,[165] ao fundir as melhores ideias das duas abordagens, identificou que um aspecto comum nas análises é a importância do estado da estruturação que orienta uma determinada política, isto é, o arcabouço legal e institucional que a ampara. Para o autor, este diagnóstico poderá ser um importante indicativo para apontar se as eventuais fragilidades identificadas decorrem de um problema estrutural, ou ainda, indicar se elas estão relacionadas à atuação descoordenada entre os órgãos que atuaram mais ativamente na concepção das políticas e aqueles cuja atuação se volta para a sua execução.

---

[162] MAZMANIAN, Daniel A.; SABATIER, Paul Armand. *Implementation and Public Policy*. Glenview: Scott Foresman, 1983.

[163] ELMORE, Richard F. Backward Mapping: Implementation research and policy decisions. *Political Science Quaterly*, v. 94, n. 4, p. 601-616, 1979.

[164] HILL, Michael. *The Public Policy Process*. Harlow: Pearson Longman, 2005.

[165] SABATIER, Paul Armand. Top-down and bottom-up approaches to implementation research: A critical analysis and suggested synthesis. *Journal of Public Policy*, v. 6, n. 1, p. 21–48, 1986.

No caso da atuação do CNRH e da ANA, uma primeira distinção importante refere-se ao espaço temporal entre a criação dos órgãos. A diferença de três anos, embora pouco representativa do ponto de vista temporal, tornou-se fato de grande relevo para as análises propostas. Isso, porque esse recorte temporal foi marcado por uma alteração na forma como o SINGREH havia sido incialmente concebido. Na Lei nº 9.433/1997, a estrutura da ANA ainda não havia sido prevista, de forma que o CNRH figurava como órgão regulador central em âmbito nacional. A ANA foi incorporada ao SINGREH em 2000, como reflexo da implementação da onda neoliberal que deu lugar à criação de diversas agências reguladoras federais no Brasil. Assim, os dois órgãos passaram a dividir algumas funções, tendo a ANA recepcionado atribuições de caráter mais técnico, enquanto o CNRH ficou designado a conduzir os debates em torno do planejamento e da formulação das políticas, como a condução do Plano Nacional de Recursos Hídricos e suas revisões.

Esta e outras mudanças observadas no marco regulatório das águas podem ser compreendidas como fruto de processos incrementais, em que novas estruturas são criadas sem que haja extinção das antigas. As mudanças incrementais na estruturação de uma determinada política são comuns e, por vezes, desejadas, porque as políticas públicas não se sucedem mecanicamente, isto é, não são substituídas umas pelas outras de forma linear. Os fatos/eventos e efeitos gerados podem permanecer em espaços e tempos diferenciados, sobrepondo-se, muitas vezes, combinando de forma sinérgica e imprevista, permanecendo ou sucedendo de forma aparentemente "desorganizada". Essa aparente desorganização pode, na verdade, ser entendida como parte de um processo comum na formulação de políticas setoriais.[166]

Contudo, as mudanças incrementais também são uma das responsáveis por gerar fragmentação regulatória ou até mesmo duplicidade regulatória. A duplicidade regulatória é inevitável e a maioria das duplicidades não é intencional, mas decorre, naturalmente, das modificações comuns aos processos políticos, como no caso das águas brasileiras.[167]

---

[166] SOUZA, Celina. Políticas públicas: uma revisão da literatura. *Sociologias*, a. 8, n. 16, p. 20-45, jul./dez. 2006.

[167] BENDOR, Jonathan. *Parallel Systems*: redundancy in government. California: University of California Press, 1985; FREEMAN, Jody; ROSSI, Jim. Agency Coordination in Shared Regulatory Space. *Harvard Law Review*, v. 125, n. 5, p. 1131-1211, mar. 2012; MARISAM, Jason. Duplicative delegations. *Administrative Law Review*, v. 63, n. 2, p. 181-244, 2011.

A Lei de criação da ANA, Lei nº 9.984/2000, previu as atribuições da Agência sem que as competências do CNRH fossem revistas, alteradas ou adaptadas, antes da criação desta nova instituição. Disso resultou que, na prática, algumas atribuições, como o estabelecimento das diretrizes para aplicação dos instrumentos previstos na Lei das Águas tenha sido designado a ambos os órgãos.[168] Diante desse fato, é importante demarcar que embora os órgãos tenham recepcionado funções semelhantes, eles têm naturezas distintas. Enquanto a ANA é uma autarquia em regime especial, o CNRH é um órgão em formato colegiado. Assim, não apenas suas naturezas, como também seus ritmos e ritos de atuação são bastante distintos.

3.2.1 O Conselho Nacional de Recursos Hídricos (CNRH)

O CNRH é um órgão colegiado de caráter consultivo e deliberativo, que compõe a estrutura regimental do Ministério de Desenvolvimento Regional (MDR).[169] As suas atribuições são previstas pela Lei das Águas, que foram posteriormente alteradas com a Lei de criação da ANA. Dentre as suas atribuições principais, destaca-se a articulação dos planejamentos entre as esferas nacionais, regionais, estaduais e os setores usuários elaborados pelas entidades competentes; a formulação e o acompanhamento do Plano Nacional de Recursos Hídricos; e o estabelecimento de diretrizes para atuação do SINGREH e das diretrizes complementares para implementação da Política Nacional de Recursos Hídricos.

Com a criação da ANA, o CNRH também passou a ser responsável por se manifestar quanto às propostas encaminhadas pela ANA, relativas ao estabelecimento de incentivos, inclusive financeiros, para conservação qualitativa e quantitativa de recursos hídricos e por definir os valores a serem cobrados pelo uso de recursos hídricos de domínio da União.

---

[168] De forma ilustrativa, o art. 35, VI, da Lei das Águas, atribuiu ao CNRH a competência para "estabelecer diretrizes complementares para implementação da Política Nacional de Recursos Hídricos, aplicação de seus instrumentos e atuação do Sistema Nacional de Gerenciamento de Recursos Hídricos". Já a Lei nº 9.984/2000 atribuiu à ANA, por meio do art. 3º, II, competência para "disciplinar, em caráter normativo, a implementação, a operacionalização, o controle e a avaliação dos instrumentos da Política Nacional de Recursos Hídricos".

[169] Importa mencionar que o CNRH e a ANA estavam vinculados à estrutura do Ministério do Meio Ambiente até o ano de 2018, contudo, com a publicação da Lei nº 13.844, de 18 junho de 2019, que alterou os art. 36 e 45 da Lei nº 9.433/1997, os órgãos passaram a ser subordinados ao Ministério de Desenvolvimento Regional.

O CNRH desenvolve suas atividades desde o ano de 1998, quando foi inicialmente regulamentado.[170] Em função da sua estrutura colegiada, a tomada de decisão é mediada em suas reuniões, que reúne os diferentes representantes de segmentos da sociedade.

A estrutura do CNRH é composta por quatro instâncias principais, o Plenário, as Câmaras Técnicas (CTs), a Comissão Permanente de Ética e sua Secretaria Executiva, que é exercida pelo órgão responsável pela gestão dos recursos hídricos, no âmbito do mesmo Ministério. O plenário do CNRH, instância máxima de deliberação, é composto por 36 representantes titulares e respectivos suplentes, dos quais integram representantes do governo, usuários da água, conselhos hídricos estaduais, comitês de bacia hidrográfica e sociedade civil, em diferentes proporções. Os mandatos dos conselheiros têm duração de três anos, sendo realizadas novas eleições ao final de cada mandato.

Em 2019, a estrutura do plenário do CNRH passou por modificações,[171] tendo sua composição sido alterada de 57 para 36 membros, representando modificações também nos percentuais de representatividade dos diferentes segmentos que compõem o plenário do CNRH. Nesse novo formato, a representatividade do poder público aumentou de 47,5% para 50% e a representatividade da sociedade civil, que já era baixa, caiu de 7% para 5,5%.

No gráfico a seguir é ilustrada a atual distribuição dos assentos do Plenário, segundo os diferentes segmentos. De acordo com seu regimento interno,[172] o Conselho realiza reuniões plenárias semestrais em caráter ordinário, podendo ocorrer reuniões extraordinárias sempre que convocadas pelo presidente ou por iniciativa de um terço de seus membros.

---

[170] O CNRH foi regulamentado por meio do Decreto nº 2.612, de 03 de junho de 1998, que foi posteriormente revogado pelo Decreto nº 6.413, de 11 de março de 2003.
[171] Regulamentadas por meio do Decreto nº 10.000, de 03 de setembro de 2019.
[172] Portaria nº 47 do Ministério de Meio Ambiente, de 08 de novembro de 2013.

GRÁFICO 1
Distribuição dos assentos do Conselho Nacional de Recursos Hídricos

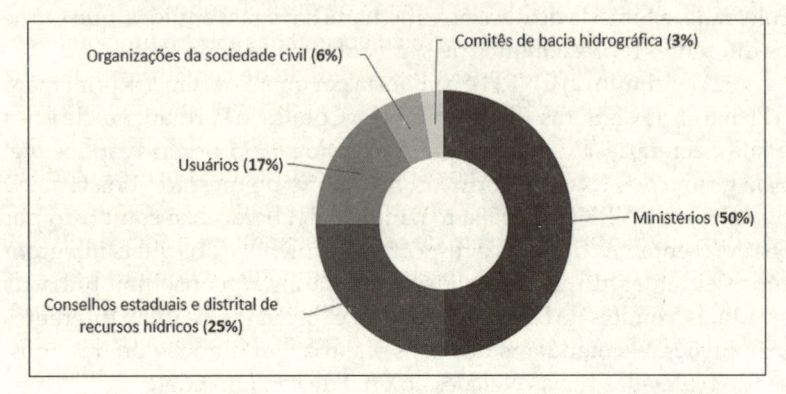

- Organizações da sociedade civil (6%)
- Comitês de bacia hidrográfica (3%)
- Usuários (17%)
- Ministérios (50%)
- Conselhos estaduais e distrital de recursos hídricos (25%)

Fonte: Elaboração própria, a partir de dados extraídos do Decreto nº 10.000/2019.

As CTs poderão ter caráter permanente ou temporário, sendo instituídas mediante proposta fundamentada do presidente ou de, no mínimo, quinze conselheiros. Formalmente, o Conselho poderá se manifestar a partir da formulação de resoluções, de moções ou comunicações. As resoluções, via de regra, têm o tema proposto em reunião Plenária, sendo na sequência analisadas e trabalhadas no âmbito de uma Câmara Técnica específica e, na sequência, é avaliada e referendada pela Câmara Técnica de Assuntos Legais e Institucionais, seguindo, então, para aprovação em reunião Plenária.

A previsão do Conselho, assim como das demais instâncias colegiadas previstas na Lei das Águas, expressa os anseios pela maior participação em instâncias formais de tomada de decisão e de espaços autônomos de participação da sociedade civil, que segundo Santos e Avritzer,[173] ganhou fôlego na América Latina a partir dos anos 1980. No Brasil, os conselhos foram gestados em um formato peculiar, reunindo tanto associações representantes da sociedade civil quanto representantes do governo. Esta especificidade é fruto da ação tanto de movimentos populares quanto de burocratas reformistas.[174] Os marcos dessa nova relação entre o governo e a sociedade foram instituídos

---

[173] SANTOS, Boaventura de Sousa; AVRITZER, Leonardo. Introdução: para ampliar o cânone democrático. *In*: SANTOS, Boaventura de Sousa (Org.). *Democratizar a democracia*: os caminhos da democracia participativa. 3. ed. Rio de Janeiro: Civilização Brasileira, 2005.

[174] ABERS; Rebecca Neaera; KECK, Margareth E. Representando a diversidade: Estado, sociedade e 'relações fecundas' nos conselhos gestores. *Caderno CRH*, v. 21, n. 52, p. 99-112, 2008.

na Constituição Federal de 1988, e, mais tarde, em 1997, a reforma das águas trouxe uma expressão dessa relação, quando instituiu os organismos colegiados para a tomada de decisão sobre as águas. Diversas potencialidades são mencionadas sobre o funcionamento desses espaços. Destaca-se a possibilidade de constituição de uma rede de atores que, se não fossem tais espaços, não se reuniriam para negociação dos interesses relativos à gestão da água.[175] Da mesma forma, dilemas vêm sendo identificados pela literatura que vem estudando os espaços colegiados no Brasil. Conforme sumarizado por Abers e Keck,[176] tais dilemas consistem no fato de os representantes da sociedade civil deixarem de representar os anseios do segmento, tendendo a agir de acordo com seus interesses pessoais, e devido à resistência dos representantes do Estado em compartilhar o poder de tomada de decisão.

Outro ponto que merece destaque é a natureza mais lenta para a tomada de decisão, já que suas ações ficam sujeitas à deliberação que ocorre em suas reuniões plenárias, que são semestrais. Com isso, é notável que o CNRH detém menor capacidade para a formulação de respostas rápidas ou para o subsídio de tomada de decisão mais prontamente. Assim, embora figure como órgão regulador na construção de importantes parâmetros, como a definição dos valores para orientar a cobrança pelo uso das águas em bacias, ele exerce mais frequentemente uma função de órgão de concepção das políticas hídricas.

3.2.2 A Agência Nacional de Águas e Saneamento Básico (ANA)

A Agência Nacional de Águas e Saneamento Básico (ANA) é uma autarquia de regime especial, com autonomia administrativa e financeira, vinculada ao Ministério do Desenvolvimento Regional (MDR). A Agência é presidida por uma diretoria colegiada, formada por cinco membros, sendo um diretor-presidente e quatro diretores, todos nomeados pelo Presidente da República e sabatinados pelo Senado Federal, com mandatos não simultâneos de quatro anos. A tomada de decisão da Agência acontece nas reuniões da diretoria colegiada, que, via de

---

[175] COSTA, Adriana Lustosa da; MERTENS, Frédéric. Governança, redes e capital social no Plenário do Conselho Nacional de Recursos Hídricos do Brasil. *Ambiente e Sociedade*, v. XVIII, n. 3, p. 153-170, jul./set. 2015.

[176] ABERS; Rebecca Neaera; KECK, Margareth E. Representando a diversidade: Estado, sociedade e 'relações fecundas' nos conselhos gestores. *Caderno CRH*, v. 21, n. 52, p. 99-112, 2008.

regra, acontecem semanalmente. Nelas são aprovadas as resoluções publicadas pela Agência.

A Agência foi criada no bojo da implementação das agências reguladoras federais brasileiras, no decorrer dos anos 1990 e início dos anos 2000. Conforme apontam Abers e Keck,[177] a ANA representa um tipo de burocracia insulada, já que foi criada em um contexto distinto daquele em que foi gestada a Lei das Águas, sendo incorporada ao SINGREH posteriormente.

O Sistema foi proposto de forma a não haver relação de hierarquia entre os entes,[178] contudo, a capacidade técnica acumulada pela ANA contribui para que, na prática, a agência sirva de modelo, influenciando para que as políticas e práticas que são direcionadas às bacias federais sejam adaptadas na gestão estadual.

A sua criação se deu como expressão da implementação dos ideais neoliberais da política engendrada pelo governo Fernando Henrique Cardoso, cujo objetivo principal era abrir os setores de prestação de serviços públicos e infraestrutura à participação da iniciativa privada. Dessa forma, o Estado passaria de protagonista da provisão dos serviços, para assumir um papel de atuação regulatória.

Essa criação insulada implicou em, pelo menos, duas consequências: em primeiro lugar, a incorporação posterior da ANA ao SINGREH ensejou algumas delegações duplicadas de competência sobre a regulação das águas em nível nacional, conforme já dito; em segundo lugar, ensejou também controvérsias e resistências, sobretudo por parte dos membros do CNRH, que temiam que a agência assumiria um papel centralizador no funcionamento do Sistema.

Embora a ANA tenha sido criada no bojo do pacote de criação das Agências Reguladoras Federais, apresentando características semelhantes às da maioria das agências criadas no mesmo contexto, as funções por ela desempenhada a distanciam da forma como as demais agências federais atuam no Brasil.[179] Isso porque, inicialmente, a ANA não regulava a prestação de um serviço público e o setor

---

[177] ABERS, Rebecca Neaera; KECK, Margaret E. *Autoridade prática*: ação criativa e mudança institucional na política das águas no Brasil. Rio de Janeiro: Editora Fiocruz, 2017.

[178] AITH, Fernando Mussa Abujamra; ROTHBARTH, Renata. O Estatuto jurídico das águas no Brasil. *Estudos Avançados*, São Paulo, v. 29, n. 84, p. 163-177, mai./ago. 2015.

[179] Com a publicação no novo marco do saneamento brasileiro, Lei Federal nº 14.026/2020, foram atribuídas novas competências à Agência, que a aproximaram mais das demais agências reguladoras federais brasileiras, incluindo a competência de regular a prestação de um importante serviço no território nacional, o saneamento básico.

de infraestrutura, mas o acesso a um bem natural, cujas atribuições estariam, segundo Peci,[180] voltadas a corrigir a presença de externalidade e problemas de coordenação da Política. Suas competências incluíam a operacionalização da PNRH e a fiscalização e regulação dos corpos d'água de domínio da União. A ANA somente se aproximou das funções exercidas pelas outras agências federais no ano de 2009, quando foi incluído no rol de suas atribuições a regulação e a fiscalização da prestação dos serviços de adução de água bruta e a irrigação em rios federais, caso estejam sob o regime de concessão. Portanto, nove anos após a sua criação.

Até o ano de 2018, a ANA não havia desenvolvido uma regulamentação transversal sobre a regulação desta atividade, mas regulamentos pontuais, tratando especificamente da concessão operada pela Companhia de Desenvolvimento dos Vales do São Francisco e do Paraíba (CODEVASF), que gere o Projeto de Integração do rio São Francisco com as Bacias do Nordeste Setentrional (PISF). O PISF consiste, atualmente, no principal projeto do país nestes moldes. Esse dado corrobora a reflexão de que a Agência não desenvolveu, ao longo da sua trajetória, uma vocação consolidada para regulação da prestação de serviços, estando mais voltada à regulação do acesso à água, sobretudo nas bacias hidrográficas federais, além da coordenação da Política em nível nacional.

No ano de 2010, passou a integrar seu leque de atividades, aquelas relativas à regulação de barragens e à organização e gestão do Sistema Nacional de Informações sobre Segurança de Barragens (SNISB). As barragens reguladas pela ANA são aquelas destinadas à acumulação de água para quaisquer usos, à disposição final ou temporária de rejeitos e à acumulação de resíduos industriais, localizadas em rios de domínio da União. Não estão incluídas no seu rol de competências a fiscalização de barragens destinadas à acumulação de rejeitos provenientes da atividade de mineração, sendo estas reguladas no escopo de atribuições da Agência Nacional de Mineração (ANM), em nível federal e em nível estadual, por agências reguladoras estaduais.

Em 2018, passou-se a discutir a possibilidade de uma nova ampliação no rol de competências regulatórias da Agência, propondo a incorporação da regulação do setor do saneamento. Foram editadas

---

[180] PECI, Alketa. Regulação comparativa: uma (des)construção dos modelos regulatórios. In: PECI, Alketa. (Org.). *Regulação no Brasil*: desenho, governança, avaliação. São Paulo: Editora Atlas, 2007.

medidas provisórias e projetos de Lei até que finalmente a atribuição da regulação do saneamento básico fosse de fato atribuída à agência, por meio da Lei nº 14.026/2020.

Decerto que a inclusão dessa nova atribuição alterará significativamente as atribuições da Agência. Em primeiro lugar, a inclusão de uma agenda regulatória deste porte, possivelmente, demandará uma mudança significativa no quadro efetivo de servidores da ANA. Além disso, alguns especialistas têm discutido sobre a desproporcionalidade que a aderência dessa nova competência adicionaria à coordenação do funcionamento do SINGREH, já que a ANA passaria a regular a prestação de um dos principais serviços prestados a partir da água no país, enquanto os demais setores, como serviços prestados pela indústria, serviços de geração de energia elétrica, manteriam sua regulação por outras instituições.

3.3 A atuação dos órgãos reguladores federais das águas: um levantamento da produção normativa

Embora a análise da regulação não se esgote no exercício normativo, o estudo das normas pode ser profícuo para identificar como o esforço regulatório vem sendo materializado pelas instituições que estruturam uma determinada política. No caso das águas, embora cada um dos órgãos tenha ritmos e ritos distintos para a edição das normas, ambos fazem uso deste instrumento como mecanismo regulatório.

Conforme já exposto, o estudo adotou uma perspectiva institucionalista e normativa para compreender a regulação das águas brasileiras, optando por identificar a atividade normativa de dois importantes órgãos reguladores do recurso em contexto nacional, o CNRH e a ANA. Como a regulação pode ser compreendida como um esforço para alteração de comportamentos, as regras figuram como uma das principais ferramentas para que se alcance as modificações desejadas. O enfoque nas instituições se dá pelo fato destas serem compreendidas como aquelas que influenciam os comportamentos individuais e coletivos. Assim, as regras constituem um mecanismo potencial para o alcance desse objetivo.

Estudiosos de diferentes linhas reflexivas do estudo das instituições compreendem que a concepção de regras se aproxima da ideia de regulamentação, desta forma, inclui-se nesta interpretação tanto as regras formais (normas e leis) quanto as regras informais (diretrizes).

Assim, para parte dos institucionalistas, as regras não precisam necessariamente resultar de procedimentos legais formais.[181]

Face ao fôlego do estudo, optou-se por delimitar o objeto da pesquisa às regras formais, isto é, leis, decretos, portarias ou outras tipologias de normas que tenham sido publicadas pelas instituições eleitas para o estudo. A principal fonte para o levantamento das normas editadas pelos órgãos foi o acesso aos seus respectivos sites – sítios digitais públicos.

Outra importante distinção metodológica faz-se necessária sobre os tipos de normas que foram alvo do levantamento empírico. Como o intuito era a análise das normas com efeito regulatório, normas como autorizações, outorgas, certificações ou moções não foram objeto da análise. O recorte temporal buscou recuperar a trajetória da regulação das águas em âmbito nacional, por isso foram levantadas normas desde a criação dos órgãos até 2019,[182] respeitando suas especificidades. Na tabela a seguir são apresentadas as informações sobre a coleta realizada.

TABELA 1
Dados da produção normativa levantada

Órgão	Recorte temporal	Fonte consultada	Quantidade de normas
CNRH	1998-2018 (20 anos)	www.cnrh.gov.br/resolucoes[183]	194
ANA	2001-2019 (18 anos)	www.ana.gov.br/resolucoes[184]	647
		Total	841

Fonte: Banco de dados do Projeto Regulação da Água, organizado pelos autores.

---

[181] CRAWFORD, Sue E. S.; OSTROM, Elinor. A Grammar of Institutions. *The American Political Science Review*, v. 89, n. 3, p. 582-600, sep. 1995; OSTROM, Elinor. *Understanding Institutional Diversity*. Princeton, NJ: Princeton University Press, 2005; OSTROM, Elinor. Background on the Institutional Analysis and Development Framework. *Policy Studies Journal*, v. 39, n. 1, p. 7-27, 2011; MCGINNIS, Michael D. An Introduction to IAD and the Language of the Ostrom Workshop: A Simple Guide to a Complex Framework. *Policy Studies Journal*, v. 39, n. 1, p. 169-183, 2011; NORTH, Douglas C. *Instituições, mudança institucional e desempenho econômico*. São Paulo: Três Estrelas, 2018.

[182] Importante mencionar que no caso do CNRH as normas publicadas no ano de 2019 não foram disponibilizadas pelo órgão em seu site, cuja última consulta foi realizada em 25 mar. 2020. Houve tentativas de contato com o órgão por meio de e-mail e telefone, para obtenção da produção normativa referente ao ano de 2019, sem sucesso. Dessa forma, não é possível afirmar se não houve produção de normas neste ano ou se ela ocorreu, mas não foi publicizada.

[183] Último acesso realizado em 25 mar. 2020.

[184] Último acesso realizado em 25 mar. 2020.

O total de normas levantadas correspondeu a 841 resoluções, as quais foram sistematizadas a partir de um banco de dados. O banco foi elaborado com base em dez variáveis selecionadas, no intuito de possibilitar a compreensão da frequência normativa, de seus objetivos, dos temas regulados e de sua distribuição no território. Não foi objeto de análise o processamento da norma, isto é, os ritos que traçavam o tempo de tramitação das normas e as instâncias pelas quais tramitaram. Na tabela 2 são apresentadas as variáveis que compuseram o banco de dados.

TABELA 2
Banco de dados da pesquisa

(continua)

Variável	Descrição	Entradas possíveis
Órgão	Informa qual instituição a produção normativa está vinculada.	- CNRH - ANA
Identificação	Informa o nome atribuído pelo órgão a uma determinada norma.	- Resolução (órgão) nº (número), de (dia) de (mês) de (ano)
Data	Informa a data em que a norma foi publicada no Diário Oficial da União (DOU), permitindo analisar o comportamento da produção normativa em marco temporal específico.	- Dia/mês/ano
Tema	Informa, sob a forma de um termo ou expressão, o conteúdo do ato normativo objeto da pesquisa. A indexação dos temas demanda análise, síntese e representação do texto que exprime seu conteúdo em expressões que sejam dotadas de especificidade, exaustividade e precisão.	- Administração e Planejamento - Adução de Água Bruta e Serviços Públicos de Irrigação - Agências de Água e Entidades Delegatárias - Fomento - Instrumentos da Política - Organismos colegiados - Segurança de Barragens - Uso da Água
Subtema	Especifica o conteúdo do ato normativo que é objeto de análise. A variável "subtema" permite atribuir maior especificidade ao conteúdo do tema tratado no ato normativo.	- Diversos

(conclusão)

Variável	Descrição	Entradas possíveis
Caracterização	Informa a finalidade ou o objetivo que a produção normativa visa a atender. Permitiu a distinção das normas com efeitos regulatórios daquelas com outras finalidades produzidas pelos órgãos.	- Estruturação do SINGREH - Incidência regulatória - Organização interna
Abrangência	Tem como intuito identificar o alcance territorial da norma produzida, isto é, se o alcance do ato normativo tem cunho nacional ou se os efeitos da norma são aplicados a uma região específica.	- Nacional - Regional
Região	Identifica qual região é abrangida pelas normas classificadas como "Regional". As regiões seguiram a Divisão Territorial Brasileira adotada pelo Instituto Brasileiro de Geografia e Estatística (IBGE). A entrada "várias" foi adotada visando compreender os casos em que a norma se referia a uma bacia hidrográfica que não obedecia aos limites adotados para organização do território brasileiro.	- Centro-Oeste - Nordeste - Norte - Sudeste - Sul - Várias
Ementa	Informa a ementa da norma. A "ementa" constitui um resumo do objetivo da norma, o qual é elaborado pelo próprio órgão. A variável "ementa" fornece, portanto, conteúdo para a construção de outras variáveis (e.g. tema, caracterização e abrangência territorial). Para o preenchimento do campo desta variável, copia-se *ipsis litteris* a ementa criada pelo órgão regulador.	Texto da ementa
Vigência	Informa se a norma está em vigor ou se foi revogada. Esta variável permite aferir a frequência da revogação de normas e identificar regularidade nos temas ou a finalidade das normas revogadas.	- Em vigor - Revogada

Fonte: Banco de dados do Projeto Regulação da Água, organizado pelos autores.

Um primeiro aspecto que merece ser destacado é que a produção normativa dos órgãos reguladores federais das águas não foi uniforme. Além da discrepância entre a quantidade de normas produzidas entre eles, também foi identificada uma irregularidade na frequência das normas publicadas por ambos. O total de normas produzidas pelo

CNRH, 194 normas, correspondeu a menos de um terço da produção normativa da ANA, que correspondeu a 647 normas. No gráfico 2 é apresentado o comportamento das normas em termos de quantidade e frequência ao longo da série temporal analisada.

GRÁFICO 2
Quantidade e frequência das normas publicadas pelo CNRH e pela ANA

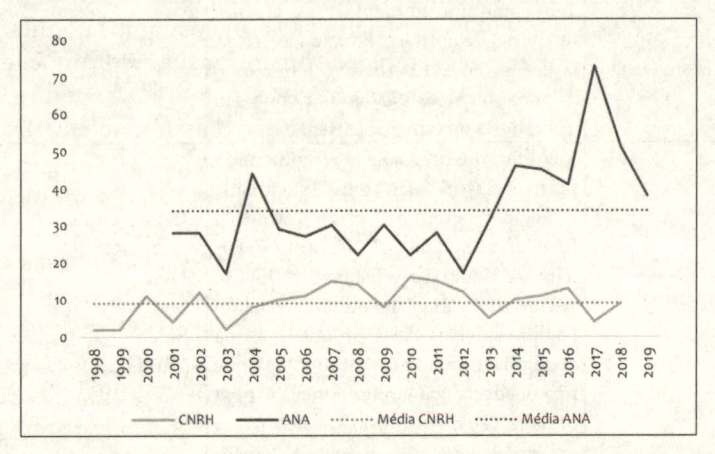

Fonte: Banco de dados do Projeto Regulação da Água (2019), organizado pelos autores.

A média anual de produção normativa do CNRH é de 9 normas, enquanto a média da ANA é de 34 normas. Embora o recorte temporal tenha variado, conforme já indicado, essa variação não foi suficiente para explicar a discrepância na quantidade das normas publicadas pelos órgãos. A diferença na natureza dos órgãos, que lhes confere ritos e ritmos distintos na edição das normas, pode ser considerada um dos fatores explicativos da discrepância identificada.

Nota-se, no entanto, que além da discrepância entre os órgãos, a frequência interna da produção normativa de cada órgão também oscilou, conforme pode ser observado no caso da ANA, nos anos 2012 e 2013, em que a produção saltou de 17 para 31 normas (acréscimo de 14 normas). No caso do CNRH, situação semelhante é observada entre os anos 2016 e 2017, em que a produção oscilou de 13 para 4 normas (diminuição de 9 normas). Não foi possível identificar eventos que explicassem tais oscilações, o que possibilitou inferir, a priori, que a elaboração dos atos normativos em ambos os órgãos se dá de forma casuística. Esse dado associa-se a uma ausência de planejamento regulatório, já que a ANA somente publicou sua agenda regulatória para o ano de 2019.[185]

Ao realizar o levantamento das normas editadas pelo CNRH e pela ANA é possível observar que, como de praxe, os órgãos não editam normas apenas com efeito regulatório, isto é, aquelas que estabelecem direitos, deveres e obrigações, prescrevem comportamentos, definem licitude ou ilicitude de condutas, estabelecem responsabilidades e ainda prescrevem sanções civis ou penais.[186] Os órgãos também editaram normas com o intuito, por exemplo, de organizar sua estrutura interna e, por isso, foi necessário classificar as normas quanto ao seu objetivo, de forma a permitir a distinção daquelas que não tinham como finalidade a regulação do acesso à água.

A partir dessa distinção, identificou-se que menos da metade da produção normativa dos órgãos se referia a normas regulatórias. A maior parte das normas editadas foram destinadas à organização interna dos órgãos, isto é, normas que tratavam de seus recursos humanos e materiais, calendários de reuniões, delegação de funções e competências, além de outras; e normas que visavam a organizar e a estruturar o Sistema Nacional de Gerenciamento de Recursos Hídricos (SINGREH), por meio da criação de comitês de bacia hidrográfica, delegação de competência para o exercício da função de Agências de Bacia, por exemplo. Ao analisar especificamente os temas das normas com efeito regulatório, que representou 41% (80) das normas editadas pelo CNRH e 42% (271) das normas da ANA, observou-se uma moderada coordenação entre os órgãos, conforme o gráfico 3, a seguir.

---

[185] Resolução ANA nº 05, de 15 de janeiro de 2019.
[186] PAVÃO, Bianca Borges Medeiros; SALINAS, Natasha Schmitt Caccia; VIGAR, Thauany do Nascimento. Regulação das águas: uma análise empírica da produção normativa dos órgãos reguladores federais. *Revista Brasileira de Políticas Públicas*, Brasília, v. 11, n. 1. p. 319-341, 2021.

GRÁFICO 3
Tema das normas regulatórias

CNRH	84%	13%	4%
		2%	
ANA	27%	67%	4%

■ Instrumentos da Política
■ Uso da água
■ Segurança de barragens
■ Adução de Água Bruta e Serviços Públicos de Irrigação

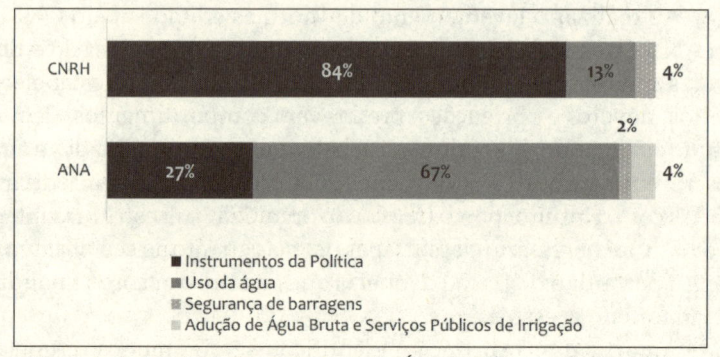

Fonte: Banco de dados do Projeto Regulação da Água (2019), organizado pelos autores.

Enquanto o CNRH ocupou-se, majoritariamente, da produção de normas para disciplinar o funcionamento dos instrumentos previstos no art. 5º Lei das Águas,[187] a ANA concentrou suas atividades elaborando normas para tratar os diferentes usos da água, já que a Lei das Águas prevê a garantia de usos múltiplos.[188] No entanto, apesar da moderada coordenação entre os órgãos, isto não foi impeditivo para que eles disciplinassem normas sobre o mesmo tema. Houve casos, por exemplo, em que tanto o CNRH quanto a ANA editaram parâmetros sobre a outorga, um dos instrumentos previstos na Lei das Águas. Esse aspecto será mais detalhado adiante.

Chama a atenção a baixa concentração de normas em dois temas que foram acrescidos às atribuições dos órgãos posteriormente à Lei das Águas e à lei de criação da ANA, são eles: "Segurança de barragens" e "Adução de Água Bruta e Serviços Públicos de Irrigação". O primeiro foi acrescido às competências do CNRH e da ANA em 2010, por meio da Lei nº 12.334/2010. O segundo, de competência exclusiva da ANA, foi acrescido ao seu rol de atribuições regulatórias em 2009, por meio da Lei nº 12.058/2009. Em que pese tais competências terem sido adicionadas posteriormente à criação dos órgãos, é sintomático que em pelo menos 9

---

[187] I – Os Planos de Recursos Hídricos; II – o enquadramento dos corpos de água em classes, segundo os usos preponderantes da água; III – a outorga dos direitos de uso de recursos hídricos; IV – a cobrança pelo uso de recursos hídricos; V – a compensação a municípios; VI – o Sistema de Informações sobre Recursos Hídricos.
[188] Art. 1º, IV – a gestão dos recursos hídricos deve sempre proporcionar o uso múltiplo das águas.

(nove) anos de atuação destes não foi possível identificar uma produção normativa expressiva para disciplinar tais temas, sobretudo quando comparado aos demais temas regulados.

Quando a ANA regulou sobre o tema da "Adução de Água Bruta e Serviços Públicos de Irrigação", ela editou apenas uma norma geral sobre a prestação do serviço, tratando dos procedimentos administrativos para aplicação de eventuais penalidades. As outras normas sobre o tema trataram especificamente sobre a operação do Projeto de Integração do São Francisco (PISF) e o Perímetro de Irrigação do Pontal que são, na atualidade, os principais projetos federais desta natureza.

Assim, a ANA não editou normas gerais de referência para a prestação desses serviços. Essa constatação corrobora a reflexão de Peci,[189] que compreende a ANA como uma agência que apresenta um perfil distinto das demais agências reguladoras federais, já que suas ações são concentradas na coordenação das políticas hídricas, diferentemente de agências como a Aneel ou a Anatel, por exemplo, que têm maior ênfase na edição de parâmetros para orientar a regulação da prestação de serviços. Essa característica da ANA também pode ser explicada pela própria natureza do objeto essencialmente regulado pela agência, que é o acesso a um bem. No entanto, com a absorção da competência do saneamento básico, por meio da Lei nº 14.026, de 15 de julho de 2020, a configuração da ANA deverá sofrer alterações significativas, aproximando-a mais do perfil das outras agências reguladoras federais.[190]

Como o CNRH e a ANA também têm como atribuição a regulação específica das águas das bacias federais, é esperado que boa parte das normas editadas por eles sejam direcionadas às especificidades regionais. Interessa, no entanto, identificar quais normas por eles elaboradas trazem parâmetros de referência para a regulação em âmbito nacional. Em que pese a autonomia dos estados para a edição de legislação estadual sobre recursos hídricos, é possível identificar que boa parte dos estados espelham seus sistemas estaduais no que é proposto em âmbito nacional.

---

[189] PECI, Alketa. Regulação comparativa: uma (des)construção dos modelos regulatórios. In: PECI, Alketa. (Org.). *Regulação no Brasil*: desenho, governança, avaliação. São Paulo: Editora Atlas, 2007.

[190] Sobre este tema, conferir: SAMPAIO, Patrícia Regina Pinheiro; SAMPAIO, Rômulo Silveira da Rocha. The challenges of regulating water and sanitation tariffs under a three-level shared-authority federalism model: The case of Brazil. *Utilities Policy*, v. 64, p. 1-11, jun./2020.

A análise do efeito da distribuição das normas permitiu identificar que no caso da ANA, a maior parte delas voltam-se para regiões específicas, já o CNRH tem normas majoritariamente nacionais. O gráfico 4 ilustra essa distribuição.

GRÁFICO 4
Distribuição dos efeitos territoriais das normas com efeitos regulatórios

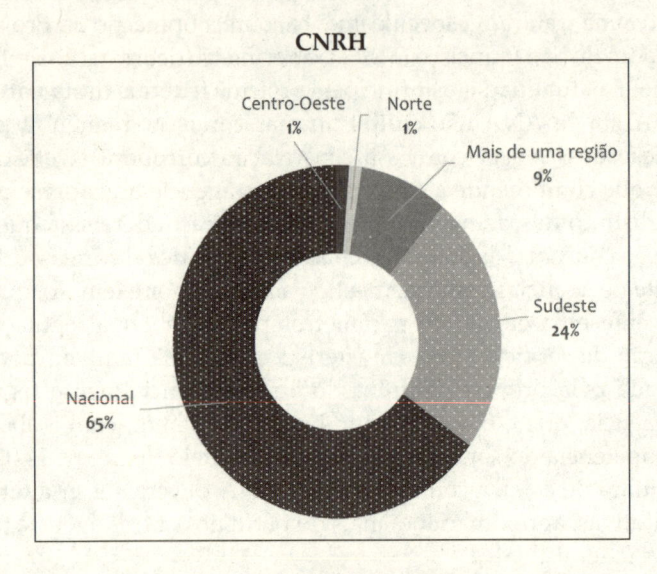

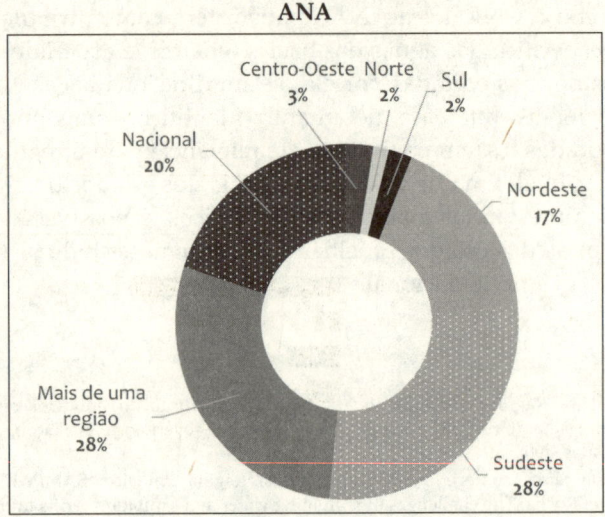

CNRH

- Centro-Oeste: 1%
- Norte: 1%
- Mais de uma região: 9%
- Sudeste: 24%
- Nacional: 65%

ANA

- Centro-Oeste: 3%
- Norte: 2%
- Sul: 2%
- Nacional: 20%
- Nordeste: 17%
- Mais de uma região: 28%
- Sudeste: 28%

Fonte: Banco de dados do Projeto Regulação da Água (2019), organizado pelos autores.

As regras editadas pela ANA trataram majoritariamente da regulação do acesso à água em bacias hidrográficas federais específicas, e embora estas regras sirvam para balizar casos semelhantes em outras regiões, seus efeitos não são generalizáveis para todo o país. Já o CNRH concentrou sua produção normativa em resoluções que estabeleceram parâmetros majoritariamente nacionais.

O CNRH estabeleceu critérios gerais para aplicação de instrumentos previstos na Lei das Águas, como a cobrança, o conteúdo mínimo para elaboração de planos de recursos hídricos e para o relatório Conjuntura, sendo este importante instrumento na transparência e difusão das informações sobre recursos hídricos no país. Além disso, também editou normas sobre outorga, tratando de usos insignificantes, lançamento de efluentes e outorga para atividades como mineração, instalação de barragens e sua interação com o procedimento de licenciamento ambiental. No gráfico 5 são apresentados os instrumentos para os quais o CNRH e a ANA editaram parâmetros gerais.

GRÁFICO 5
Normas sobre "Instrumentos da Política"

CNRH

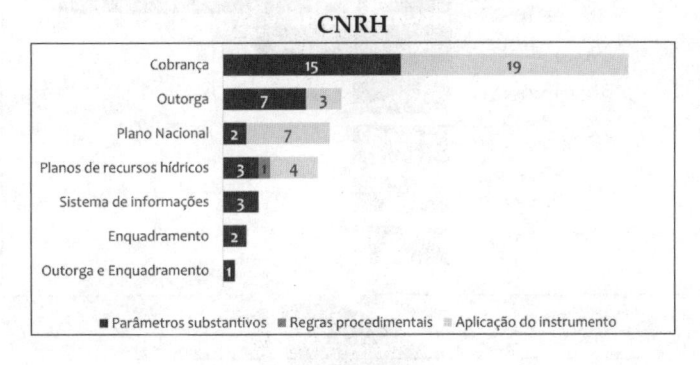

Instrumento	Parâmetros substantivos	Regras procedimentais	Aplicação do instrumento
Cobrança	15		19
Outorga	7	3	
Plano Nacional	2	7	
Planos de recursos hídricos	3	1	4
Sistema de informações	3		
Enquadramento	2		
Outorga e Enquadramento	1		

ANA

Instrumento	Parâmetros substantivos	Regras procedimentais	Aplicação do instrumento
Outorga	23	1	12
Sistema de informações	3	14	
Cobrança	6	4	
Reserva de Disponibilidade Hídrica	4	2	
Enquadramento	2		
Plano Nacional	1		

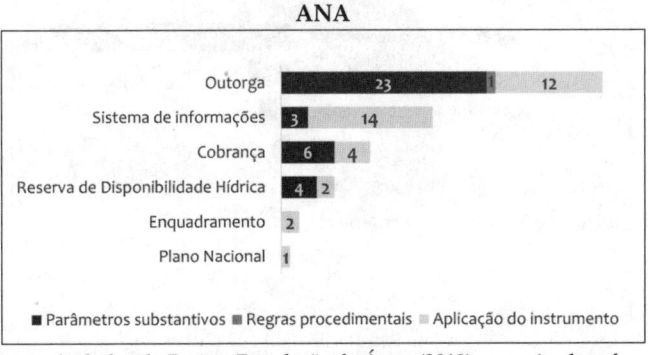

Fonte: Banco de dados do Projeto Regulação da Água (2019), organizado pelos autores.

Conforme pode ser observado no gráfico 5, a ANA editou importantes parâmetros sobre a aplicação da outorga no contexto nacional, como diretrizes para esgotamento sanitário e lançamento de efluentes. A outorga é o principal instrumento por meio do qual regula-se o acesso às quantidades de água nos rios e as condições para acessá-las. A depender da dominialidade dos rios, se federal ou estadual, a outorga será expedida pela ANA ou pelos órgãos ambientais estaduais, respectivamente.

A existência de parâmetros claros sobre os diferentes tipos de uso de água e sobre as diretrizes que orientarão a emissão das diferentes outorgas é de suma relevância para orientar a regulação do acesso às águas nacionais. Sobre as regras editadas quanto aos diferentes usos da água, no gráfico 6 a seguir são apresentados os temas regulados pelos órgãos identificados.

GRÁFICO 6
Normas sobre "Usos da Água"

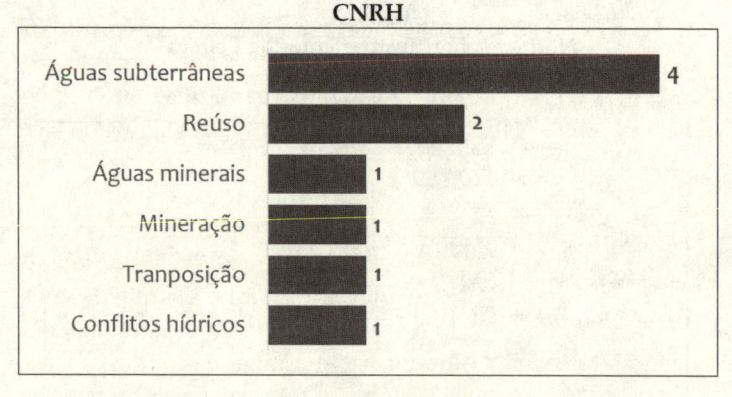

CNRH

Tema	Quantidade
Águas subterrâneas	4
Reúso	2
Águas minerais	1
Mineração	1
Tranposição	1
Conflitos hídricos	1

ANA

Tema	Parâmetros substantivos	Regras procedimentais
Operação de reservatórios	118	12
Restrição de uso	20	
Aproveitamento hidrelétrico	15	
Monitoramento	8	
Infrações e penalidades	2	
Grupo de assessoramento à crise hídrica	1	1
Irrigação	1	1
Criticidade hídrica	1	1

Fonte: Banco de dados do Projeto Regulação da Água (2019), organizado pelos autores.

Chama a atenção a baixa incidência regulatória para os temas "irrigação" e "criticidade hídrica", que trataram de casos específicos. Além disso, no caso da ANA, observou-se que a maior parte das normas foram direcionadas à edição de parâmetros para orientar o funcionamento de reservatórios federais. Quanto à edição de regras balizadoras nacionais, chama-se a atenção para os temas "monitoramento" e "aproveitamento hidrelétrico".

Conforme pode ser observado pelos gráficos apresentados, nem a ANA nem o CNRH regularam temas quanto à qualidade das águas. Quando trataram do instrumento enquadramento, adotaram como padrão para classificação dos corpos hídricos as classes definidas pelas Resoluções Conama nºs 357/2005, 396/2008 e 397/2008. O Conama é um órgão colegiado deliberativo, criado pela Política Nacional de Meio Ambiente (PNMA), que tem como atribuições a definição de parâmetros para o controle e a manutenção da qualidade do meio ambiente e a deliberação sobre as normas e padrões compatíveis com o meio ambiente ecologicamente equilibrado.

Antes ainda da criação do CNRH e da ANA, já havia sido imputado ao Conama a atribuição de regulamentação da qualidade das águas,[191] e com a criação dos novos órgãos reguladores, não houve transferência da competência do Conama para esses novos órgãos. Esse processo é comum na estruturação das políticas públicas, em que decisões incrementais prevalecem. Dessa forma, novas instituições são criadas sem que haja reorganização das funções pré-existentes. O incrementalismo produziu uma fragmentação de competências na agenda hídrica, resultando em uma segmentação da pasta, em que os temas atinentes à qualidade dos recursos hídricos têm sido regulados pelo Conama, enquanto os temas atinentes à quantidade são tratados pelo CNRH e pela ANA. Na tabela 3, a seguir, foram reunidas as normas editadas pelo Conama que tratam das águas.

---

[191] Art. 8º, VII da Lei nº 6.938/1981: "Estabelecer normas, critérios e padrões relativos ao controle e à manutenção da qualidade do meio ambiente, com vistas ao uso racional dos recursos ambientais, principalmente os hídricos".

TABELA 3
Tema das normas sobre recursos hídricos produzidas pelo Conama

Tema	Subtema	Quantidade
Uso da água	Gerenciamento de material dragado em águas	2
Qualidade	Classificação dos corpos d'água	1
Qualidade	Critérios para o enquadramento	1
Qualidade	Critérios para lançamentos de efluentes	1
Qualidade	Critérios para balneabilidade	1
Qualidade	Critérios para usos de produtos	1
Qualidade	Uso de lodo de esgoto para finalidade agrícola	2
Qualidade	Classificação das águas nacionais	1
	Total	10

Fonte: Banco de dados do Projeto Regulação da Água (2019), organizado pelos autores.

Além da fragmentação observada entre as competências para a determinação dos parâmetros de qualidade e quantidade sobre os usos da água, historicamente o setor das águas também detém um importante protagonismo do uso da água para geração de energia elétrica. Com a promulgação da Lei das Águas, buscou-se privilegiar o uso múltiplo das águas, de forma a balancear as pressões historicamente exercidas pelas atividades de produção agrícola e a geração de energia. Embora a redação da Lei das Águas possa ser interpretada como incentivadora ou promotora de um maior equacionamento dos usos da água, o ambiente regulatório fragmentado tem contribuído para a manutenção do protagonismo de determinados atores interessados na regulação das águas brasileiras.

CAPÍTULO 4

REGULAÇÃO DAS ÁGUAS ESTADUAIS E DISTRITAIS: UMA ANÁLISE A PARTIR DA PRODUÇÃO NORMATIVA

Introdução

No Brasil, o acesso à água é regulado a partir da dominialidade dos corpos hídricos, em que as bacias hidrográficas, unidade de gerenciamento da Lei das Águas,[192] podem ser classificadas como bacias federais ou estaduais.[193] Essa condição traz como implicação a possibilidade de configurações singulares sobre a forma como a água é regulada na esfera estadual, que poderá se pautar nas especificidades apresentadas nos diferentes territórios e também nas diversidades presentes nos diferentes ambientes institucionais estaduais.

O ambiente regulatório é composto por diferentes entes e instâncias decisórias. São importantes atores nesse ambiente as Assembleias Legislativas, que editam leis com diretrizes e normativos de um determinado segmento, as quais são importantes indicativos da forma como uma determinada política pública vai ser implementada. Além do Poder Legislativo, os órgãos do Poder Executivo incumbidos de aplicar os regramentos e realizar a fiscalização das atividades de um determinado segmento também exercem importante papel no ambiente regulatório.

---

[192] A Política de Águas no Brasil tem como principal marco a Lei nº 9.433/1997, conhecida como Lei das Águas.

[193] AITH, Fernando Mussa Abujamra; ROTHBARTH, Renata. O Estatuto jurídico das águas no Brasil. *Estudos Avançados*, São Paulo, v. 29, n. 84, p. 163-177, mai./ago. 2015.

Antes da promulgação da Lei das Águas, os órgãos ambientais eram os espaços tradicionais de tomada de decisão sobre os regramentos que orientavam a regulação do acesso e de uso das águas brasileiras, com exceção de algumas experiências estaduais pioneiras que já vinham desenhando ambientes regulatórios mais diversos e com a maior participação da sociedade civil, como é o caso dos organismos colegiados.

A Lei das Águas, somada aos dispositivos constitucionais da CRFB de 1988 que versam sobre as águas doces, são os principais marcos do "novo modelo regulatório das águas brasileiras" – que já não pode ser mais considerado tão novo assim. Juntos, são os principais marcos responsáveis pela orientação da configuração do Sistema Nacional de Gerenciamento de Recursos Hídricos (SINGREH). O funcionamento do SINGREH tem como unidade de gerenciamento a bacia hidrográfica e é operado a partir da dupla dominialidade do recurso, isto é, as bacias se dividem em bacias hidrográficas federais e estaduais. Em âmbito federal, atuam a Agência Nacional de Águas e Saneamento Básico (ANA) e o Conselho Nacional de Recursos Hídricos (CNRH), incumbidos da função de regular o acesso às águas das bacias hidrográficas federais, além de serem responsáveis por estabelecer parâmetros nacionais que orientam a regulação e a gestão deste importante bem.

Já no caso das bacias estaduais e do Distrito Federal, a Lei das Águas prospectou um ambiente em que foi atribuído importante papel aos Conselhos Estaduais de Recursos Hídricos (CERHs), os quais têm como competência o estabelecimento de parâmetros e diretrizes para orientar a regulação do acesso e do uso das águas estaduais e distritais.[194] Na prática, esses espaços passaram a coexistir com outras importantes institucionalidades, como os órgãos ambientais estaduais e as câmaras legislativas.

Assim, o *design* proposto pelos principais marcos que orientam a regulação das águas brasileiras criou um ambiente regulatório bastante fragmentado. Além das duas instâncias tradicionais de tomada de decisão, a saber, o Poder Executivo e o Poder Legislativo, também foram adicionadas as instâncias colegiadas, os CERHs, o que conferiu não apenas maior diversidade ao ambiente regulatório, como também maior complexidade para coordenar a ação das diferentes institucionalidades em um mesmo ambiente regulatório.

---

[194] AITH, Fernando Mussa Abujamra; ROTHBARTH, Renata. O Estatuto jurídico das águas no Brasil. *Estudos Avançados*, São Paulo, v. 29, n. 84, p. 163-177, mai./ago. 2015.

Além da diversidade institucional narrada, importante também destacar que, por vezes, não se encontra correlação clara ou direta sobre como a regulação é pensada em âmbito nacional e como ela é configurada nas esferas regionais. Este fato resulta, principalmente, da previsão de dupla dominialidade dos corpos hídricos e da autonomia estadual para legislar sobre as águas sob sua jurisdição. Assim, pode-se dizer que além de um ambiente institucional bastante diverso, também não há, necessariamente, homogeneidade na regulação das águas nacionais em termos de temas, instrumentos e principais órgãos atuantes.

Três fatores contribuíram de forma decisiva para essa configuração:

Em primeiro lugar, o fato de a Lei das Águas ter sido publicada somente no final dos anos 1990,[195] momento em que diversos estados já haviam desenhado suas políticas hídricas e seus respectivos sistemas hídricos estaduais, visando a atender suas especificidades. Este aspecto, sem dúvidas, contribuiu para a concepção de uma grande diversidade de sistemas estaduais, com características diferentes entre si e distintas do que foi proposto em âmbito federal. O movimento que defendia a necessidade de uma "reforma das águas" vinha tomando forma no país desde os anos 1970, e boa parte das iniciativas que convergiram para a publicação de uma lei que substituísse o Código de Águas (Decreto nº 24.643, de 10 de julho de 1934) tiveram gênese a partir de experiências estaduais, com destaque para o pioneirismo dos estados de São Paulo e do Ceará.

Um segundo ponto, refere-se ao fato de que os sistemas estaduais projetados antes da publicação da Lei das Águas direcionavam, em grande parte, centralidade para atuação das instâncias tradicionais de tomada de decisão, em que os órgãos ambientais estaduais e as Assembleias Legislativas exercem papel mais decisivo na edição das regras que orientavam a forma como a água era regulada naqueles territórios. Assim, quando os organismos colegiados foram sendo criados, eles já enfrentavam, desde a sua concepção, diversas dificuldades para se concretizar como espaços preferenciais de tomada de decisão sobre as águas, tal como proposto pela Lei das Águas. Estas dificuldades encontram largo registro na literatura que se propõe a discutir sobre os fóruns colegiados e processos participativos de tomada de decisão

---

[195] Importante mencionar que o Sistema Nacional de Gerenciamento de Recursos Hídricos foi mencionado pela primeira vez na Constituição Federal de 1988, tendo sido regulamentando oito anos mais tarde, pela Lei das Águas.

e sobre a governança nas águas brasileiras.[196] Elas também encontram importantes referências nos estudos que se propõem a discutir o problema da escala na tomada de decisão sobre o meio ambiente, haja vista que os recortes políticos administrativos quase nunca coincidem com os recortes físicos e naturais presentes nos sistemas ambientais.[197] Os organismos colegiados, como os comitês de bacia hidrográfica, por exemplo, foram gestados também com o objetivo de conferir maior aderência das políticas aos dilemas presentes no território, já que seu funcionamento responde ao recorte da bacia hidrográfica – recorte físico e biológico de funcionamento dos sistemas hídricos.

O terceiro ponto refere-se à autonomia federativa presente no desenho político administrativo brasileiro, que possibilita aos estados a edição de normas visando ao funcionamento de seus sistemas, os quais não necessariamente devem ser espelhados aos modelos vigentes em âmbito federal.

Diante das dificuldades já mapeadas, o presente capítulo tem o objetivo de contribuir, a partir de uma análise empírica sobre o ambiente regulatório das águas estaduais e distritais brasileiras, para ampliação da clareza sobre a forma como as águas vem sendo reguladas nas realidades regionais e também para auxílio na composição de um diagnóstico sobre as possíveis fragmentações e assimetrias presentes

---

[196] TATAGIBA, Luciana. Conselhos gestores de políticas públicas e democracia participativa: aprofundando o debate. *Revista de Sociologia e Política do Paraná*, Curitiba, n. 25, p. 209-213, nov. 2005; ABERS, Rebecca Neaera. Organizing for Governance: Building Collaboration in Brazilian River Basins. *World Development*, v. 35, n. 8, p. 1450-1463, 2007; ABERS; Rebecca Neaera; KECK, Margareth E. Representando a diversidade: Estado, sociedade e 'relações fecundas' nos conselhos gestores. *Caderno CRH*, v. 21, n. 52, p. 99-112, 2008; AVRITZER, Leonardo. Instituições participativas e desenho institucional: algumas considerações sobre a variação da participação no Brasil democrático. *Opinião Pública*, v. 14, n. 1, p. 43-64, jun./2008; ABERS, Rebecca Neaera *et al*. Inclusão, deliberação e controle: três dimensões de democracia nos comitês e consórcios de bacias hidrográficas no Brasil. *Ambiente & Sociedade*, v. XII, n. 1, p. 115-132, jan./jun. 2009; ALMEIDA, Carla; TATAGOBA, Luciana. Os conselhos gestores sob o crivo da política: balanços e perspectivas. *Serv. Soc. Soc.*, São Paulo, n. 109, p. 68-92, jan./mar. 2012; ABERS, Rebecca Neaera; KECK, Margaret E. *Autoridade prática*: ação criativa e mudança institucional na política das águas no Brasil. Rio de Janeiro: Editora Fiocruz, 2017; LAVALLE, Adrian Gurza *et al*. O que fazem os conselhos e quando o fazem? Padrões decisórios e o debate dos efeitos das Instituições Participativas. Dados, v. 59, n. 3, p. 609-650, 2016.

[197] BUIZER, Marleen *et al*. Governance, Scale and the Environment: the Importance of Recognizing Knowledge Claims in Transdisciplinary Arenas. *Ecology and Society*, v. 16, n. 1: 21, 2011; BERKERS, Fikret. Cross-scale intituttional linkages: perspectives from the bottow up. *In*: OSTROM, Elinor *et al*. (Eds.). *The drama of commons*. Washington: National Academy, 2002; CASH, David W.; MOSER, Susanne C. Linking global and local scales: designing dynamic assessment and management process. *In*: *Global Environmental Change*, n. 10, p. 109-120, 2000.

nos diferentes estados e seus efeitos na forma como a água vem sendo regulada no território brasileiro.

O estudo teve como ênfase o levantamento normativo, que foi realizado junto aos principais órgãos que exercem influência na edição de parâmetros que orientam a materialização da regulação nos diferentes estados e Distrito Federal. A análise voltou-se para os temas que vêm sendo regulados e para eventuais lacunas regulatórias, bem como para as influências recebidas pelos diferentes estados e pelo Distrito Federal acerca do ambiente regulatório prospectado em âmbito nacional. A perspectiva adotada pelo estudo é, portanto, institucionalista e normativa, tendo como enfoque a análise da atuação dos órgãos reguladores por meio das normas por eles editadas.

4.1 Governança e fragmentação no ambiente regulatório das águas brasileiras

A reestruturação da forma como a água passou a ser regulada no contexto nacional teve ênfase na publicação da Lei das Águas, importante marco regulatório do setor, que foi largamente orientada pelos preceitos da gestão integrada e da governança das águas. A publicação da Lei e todo o debate que antecedeu sua gênese sofreu forte influência das discussões que vinham ganhando fôlego em âmbito internacional, especialmente entre os anos 1970 e 1980, que buscavam discutir a água como um bem que deveria ser gerido a partir da multiplicidade dos sentidos que a atravessam e não apenas como um recurso, voltado para a sua função estritamente econômica. No Brasil, esse debate ficou conhecido como o movimento de reforma das águas, em que se passou a discutir a necessidade de realizar uma revisão no Código das Águas de 1934, que até então orientava a forma como as águas doces nacionais deveriam ser reguladas.

A Lei das Águas, publicada em 1997, recebeu, portanto, importante influência deste debate e se mostrou bastante aderente às reflexões que vinham sendo propostas e que reconheciam a complexidade da regulação desse bem. Assim, as concepções sobre a gestão integrada dos recursos hídricos e da própria governança aparecem em diversos objetivos, princípios e na própria estrutura de sistema de gestão das águas proposta pela Lei das Águas.

A gestão integrada é entendida como uma gestão abrangente, que requer a consideração de todos os elementos e processos contidos em um determinado sistema hídrico. A ideia de integração implica na interação entre os elementos mais significantes em um sistema hídrico, que incluem as interações físicas-naturais e sociais-políticas-culturais.[198] Assim, a gestão integrada dos recursos hídricos pode ser compreendida como uma perspectiva em que a noção de gestão deve abranger a articulação entre os aspectos institucionais e territoriais.

Já o conceito de governança não pode ser entendido apenas como uma construção ideológica, mas como exercício deliberado e contínuo de desenvolvimento de práticas cujo foco analítico está na noção de poder social que media as relações entre Estado, sociedade civil e agentes econômicos, e que podem ampliar os mecanismos de democracia participativa, na medida em que as práticas oriundas das mediações poderão provocar e promover espaços antes inexistentes de participação social.[199]

O conceito de governança abarca diversos preceitos sobre os quais não há um consenso ou ideologia sedimentada. Aspectos como o acesso às informações e a transparência dos dados como estratégias fundamentais para garantir o alcance da dita boa governança são frequentemente citados por diferentes autores que estudam o tema.[200]

A criação de instâncias colegiadas de tomada de decisão atreladas ao funcionamento do recorte da bacia hidrográfica foi uma das mais relevantes mudanças propostas pela promulgação da Lei das Águas e que demonstra a sua aderência aos preceitos supramencionados. Os comitês de bacia hidrográfica foram figuras institucionalizadas pela Lei das Águas, cuja atuação foi vinculada ao funcionamento da bacia hidrográfica – um recorte de natureza física. Assim, a sua criação respondia, de um lado, aos ideais da maior integração entre os aspectos institucionais e territoriais; e, de outro, aos preceitos da governança, reunindo diferentes atores para a tomada de decisão sobre as águas.

Além dos comitês, cuja atuação está relacionada ao recorte da bacia, a Lei também previu os conselhos de recursos hídricos, cujo intuito era o de reunir e integrar diferentes agentes e interesses no processo de tomada de decisão sobre as águas, mas agora de forma

---

[198] WATSON, Nigel. Integrated river basin management: a case for collaboration. *International Journal River Basin Management*, v. 2, n. 4, p. 243-257, 2004.
[199] EMPINOTTI, Vanessa Lucena *et al*. Transparência e a governança das águas. *Estudos avançados*, São Paulo, v. 30, n. 88, set./dez. 2016.
[200] IRIBARNEGARAY, Martín Alejandro; SEGHEZZO, Lucas. Governance, sustainability and decision making in water and sanitation management systems. *Sustainability Journal*, v. 4, p. 2922-2945, 2012; FRACALANZA, Ana Paula. Gestão das águas no Brasil: rumo à governança da água? *In*: RIBEIRO, Wagner da Costa (Org.). *Governança da água no Brasil*: uma visão interdisciplinar. São Paulo: Annablume; Fapesp; CNPq, 2009.

ainda mais transversal e não necessariamente diretamente relacionado ao funcionamento das bacias hidrográficas. Ambos os órgãos colegiados institucionalizados pela Lei das Águas, os conselhos de recursos hídricos e os comitês de bacia hidrográfica, expressam a tentativa de materialização desses importantes conceitos norteadores.

Embora a Lei das Águas tenha sido responsável por prever a criação dos órgãos colegiados em âmbito nacional, em nível estadual algumas experiências já vinham sendo concretizadas, pois recebiam a influência do debate sobre a reforma das águas brasileiras que se espalhava pelo território. Assim, na prática, a criação dos órgãos colegiados se deu de forma gradativa no país e algumas iniciativas foram datadas ainda nos anos 1980, sendo, portanto, anteriores à própria promulgação da Lei de Águas. É importante reconhecer, no entanto, que a Lei das Águas exerceu uma influência fundamental tanto na expansão da criação dos comitês e conselhos estaduais quanto na própria criação de instâncias colegiadas em âmbito federal, dada a dupla dominialidade das águas brasileiras.

Um importante aspecto sobre a propositura de novas institucionalidades por meio das leis-quadro, que são leis que têm como objetivo fundamentar preceitos e diretrizes sobre o funcionamento de um determinado setor ou segmento, é que, muitas vezes, as novas proposições trazidas por essas leis não são acompanhadas de uma revisão sistemática acerca das leis e marcos regulatórios direcionados a um determinado segmento. Essas mudanças são entendidas pela literatura que discute sobre políticas públicas, como mudanças incrementais, conforme modelo proposto por Lindblom.[201] [202]

As mudanças incrementais nas políticas públicas são entendidas como a adoção de novos padrões, instrumentos e a criação de novas instâncias sem a revisão das diretrizes e instâncias anteriormente criadas. Elas não só acentuam os problemas de sobreposições de competências, como também podem criar a duplicidade de competências na regulação de um determinado setor. Para Bendor[203] e Marisam,[204] a

---

[201] O texto publicado em 1959 pelo autor – "The science of 'muddling through'" – ganhou evidência entre os textos fundadores do modelo incrementalista.

[202] HEIJDEN, Jeroen Van Der. A short history of studying incremental institutional change: Does Explaining Institutional Change provide any new explanations? *Regulation & Governance*, v. 4, p. 230-243, 2010.

[203] BENDOR, Jonathan. *Parallel Systems*: redundancy in government. California: University of California Press, 1985.

[204] MARISAM, Jason. Duplicative delegations. *Administrative Law Review*, v. 63, n. 2, p. 181-244, 2011.

maioria das duplicidades não são intencionais e decorrem de escolhas legislativas ou de decisões políticas incrementais. No caso das águas brasileiras, pode-se dizer que as mudanças incrementais decorrentes das ferramentas e instâncias previstas pela Lei das Águas deram origem a um ambiente regulatório dotado de diferentes agentes reguladores, além de ter ocasionado também um ambiente fragmentado, conforme será mais bem discutido adiante.

Para Holley,[205] os desafios das mudanças incrementais passam pelas dificuldades apontadas pela aplicação da *hard law* clássica, que é baseada na abordagem normativa envolvendo o controle do governo na camada superior da estratificação hierárquica, em contraste com a "nova governança ambiental",[206] que inclui meios formais e informais de controle social, além da heterarquia, o que propicia um ambiente regulatório mais diverso, e que, no limite, também pode ser mais fragmentado.

Embora o sistema de tomada de decisão brasileiro seja pautado em um ideal de descentralização dos poderes e a teoria geral compreenda que a descentralização pode acarretar um esvaziamento das funções do governo central, Arretche[207] chama a atenção para o caso brasileiro, que vai na direção oposta da descentralização como uma implicação do esvaziamento das funções do governo central. Isso, porque conforme explica a autora,

> o sucesso de reformas do Estado de tipo descentralizador supõe uma expansão seletiva das funções do governo central, mais especificamente o fortalecimento de suas capacidades administrativas e institucionais na condução e regulação de políticas setoriais implementadas pelos governos subnacionais e do próprio processo de descentralização. Essa função se torna ainda mais relevante em países caracterizados por disparidades intrarregionais muito significativas, como é o caso do Brasil.[208]

Essa característica do contexto brasileiro, somada às mudanças incrementais no ambiente regulatório das águas, em que se previu a

---

[205] HOLLEY, Camerom. Linking Law and New Governance: examining gaps, hybrids, and integration in water policy. *Law & Policy*, v. 38, n. 1, p. 24-53, jan. 2016.

[206] HOLLEY, Cameron; GUNNINGHAM, Neil; SHEARING, Clifford. *The New Environmental Governance*. Abingdon: Earthscan, 2012.

[207] ARRETCHE, Marta. Mitos da Descentralização: mais democracia e eficiência nas políticas públicas. *Revista Brasileira de Ciências Sociais ANPOCS*, n. 31, a. 11, p. 44-66, jun. 1996.

[208] ARRETCHE, Marta. Mitos da Descentralização: mais democracia e eficiência nas políticas públicas. *Revista Brasileira de Ciências Sociais ANPOCS*, n. 31, a. 11, p. 44-66, jun. 1996. p. 60-61.

criação de novas institucionalidades sem a revisão das competências anteriormente existentes, propiciou um cenário em que tais instâncias, mesmo quando implementadas, apresentavam baixa capacidade de resposta e baixa aderência no cenário de tomada de decisão sobre as águas.

Este fenômeno foi denominado por Abers e Keck[209] como ausência de autoridade prática destas novas institucionalidades, os comitês de bacia e conselhos de recursos hídricos. A autoridade prática é entendida a partir de uma leitura weberiana de poder associada à legitimidade, sendo compreendida como "o tipo de poder gerado, na prática, quando atores específicos (indivíduos ou organizações) desenvolvem capacidades e ganham reconhecimento dentro de uma determinada área política, o que lhes permite influenciar o comportamento de outros atores".[210]

Embora as dificuldades apresentadas em um ambiente regulatório composto por diversos atores, cujas competências foram incorporadas em momentos distintos, a literatura que discute o tema da governança regulatória a partir da perspectiva institucionalista, defende que a presença de diferentes atores neste ambiente é fundamental para assegurar uma regulação mais eficiente e equânime.

Para Ostrom,[211] o bom funcionamento dos sistemas de governança denominados como policêntricos, entendidos como sistemas em que há a presença de diversos atores dotados de competências para a tomada de decisão sobre um determinado setor/bem, implica em uma maior interação entre os diferentes atores interessados. O sucesso dessas experiências, notadamente, vai depender da aderência e da responsividade dos arranjos institucionais organizados para especificidades políticas, institucionais e materiais do meio em que ele está inserido.[212] Para Ostrom,[213] a aderência dos arranjos institucionais e sua capacidade de responder às características do meio que se pretende

---

[209] ABERS, Rebecca Neaera; KECK, Margaret E. *Autoridade prática*: ação criativa e mudança institucional na política das águas no Brasil. Rio de Janeiro: Editora Fiocruz, 2017.

[210] ABERS, Rebecca Neaera; KECK, Margaret E. *Autoridade prática*: ação criativa e mudança institucional na política das águas no Brasil. Rio de Janeiro: Editora Fiocruz, 2017. p. 31.

[211] OSTROM, Elinor. The value-added of laboratory experiments for the study of institutions and common-pool resources. *Journal of Economic Behavior & Organization*, v. 61, n. 2, p. 149-163, 2006.

[212] OSTROM, Elinor. Background on the Institutional Analysis and Development Framework. *Policy Studies Journal*, v. 39, n. 1, p. 7-27, 2011.

[213] OSTROM, Elinor. Background on the Institutional Analysis and Development Framework. *Policy Studies Journal*, v. 39, n. 1, p. 7-27, 2011.

regular também são elementos fundamentais para assegurar a maior eficiência do seu funcionamento. Sobre este aspecto, pode-se destacar que a criação dos comitês de bacia também teve o intuito de relacionar a tomada de decisão ao recorte natural do recurso, a bacia hidrográfica – na tentativa de conferir maior aderência da tomada de decisão ao meio regulado.

A ideia do Estado como agente central na promoção da regulação vem sendo cada vez mais compreendida como uma concepção engessada acerca do ambiente regulatório. A abordagem descentralizada da regulação proposta por Black[214] traz uma concepção sobre a regulação que reconhece a pluralidade de atores presentes no espaço regulatório, o que reforça a importância de se discutir a governança para se pensar a regulação de um determinado bem.

A abordagem descentralizada não compreende a regulação como sinônimo do exercício das funções de comando-controle, em geral, operadas pelo Estado. Nesta perspectiva, outros organismos e órgãos são envolvidos e se sobrepõem no espaço regulatório e seu estudo torna-se fundamental para compreensão da atividade regulatória. O papel desempenhado por aqueles que são alvo da regulação e que estão interessados nos resultados que ela promove também são importantes aspectos a serem estudados, pois tais atores estão envolvidos no processo político da tomada de decisão e compõem o espaço regulatório. Conforme aponta Peters,[215] a pluralidade no ambiente regulatório é desejável, posto que os governos não são capazes de promover uma governança efetiva sem o apoio dos atores locais.

No tocante ao ambiente regulatório ambiental, esta premissa demonstra ser ainda mais aderente, face à larga complexidade desse ambiente, que é atravessado por atores com interesses distintos, os quais, na maior parte das vezes, são conflitantes. Além das dificuldades narradas acerca dos desafios para construção da autoridade prática das novas instâncias de tomada de decisão criadas no ambiente regulatório das águas, a própria pluralidade de sentidos pelos quais a água é atravessada, propicia um ambiente dotado de tensão e conflitos.

Importante reconhecer que a complexidade desse ambiente regulatório não se resume às águas, mas é inerente ao ambiente regulatório ambiental de forma mais ampla, cujo objeto se volta ao acesso

---

[214] BLACK, Julia. Critical reflections on regulation. *Australian Journal of Legal Philosophy*, v. 27, p. 271-289, 2002.
[215] PETERS, B. G. Institutional theory. *In*: BEVIR, Mark (Ed.). *The Sage Handbook of Governance*. London: Sage, 2011.

e à distribuição dos recursos naturais. Pensar a regulação da natureza inclui, necessariamente, compreender um "objeto" dotado de uma natureza multifacetada e de um campo de incertezas que inclui pensar as ferramentas tecnológicas capazes de reverter quadros de degradação, além da necessidade de lidar com os efeitos decorrentes da poluição e da devastação da natureza, que são cada vez mais crescentes e sobre os quais se tem pouca precisão.

Além da sua complexidade, também é importante reconhecer que o ambiente regulatório das águas não é entendido como um ambiente colaborativo. Tampouco, a regulação do acesso às águas pode ser considerada como um processo simples ou ameno.[216] O ambiente regulatório das águas é, em geral, atravessado por conflitos, pois a multiplicidade de interesses e de agentes que disputam o acesso às águas propicia vasta diversidade como, também, dificulta a consensualidade.

A dificuldade de criação do consenso também encontra importante explicação nos múltiplos interesses que se voltam para a água quando apropriada enquanto recurso (geração de energia, abastecimento humano, insumo para atividades produtivas, para citar alguns), pois esses interesses, quase sempre, são contrastantes. A escassez natural da água também deve ser considerada como um dos aspectos que corrobora para a criação de um ambiente competitivo. A água é um recurso cuja quantidade disponível na natureza é limitada e em razão da ação antrópica, a sua disponibilidade vem sendo drasticamente alterada, por meio de um fenômeno que pode ser compreendido como "escassez socialmente construída", o que tem contribuído para o acirramento das disputas sobre o elemento.[217]

Por fim, a natureza multiescalar dos problemas ambientais também é um dos dilemas que contribuem para a complexidade do ambiente regulatório ambiental e para as dificuldades em se promover

---

[216] FRANK, Beate. Formação e experiência: os organismos de bacia hidrográfica são capazes de lidar com a complexidade da gestão de recursos hídricos? *In*: ABERS, Rebecca. *Água e Política*: atores, instituições e poder nos organismos colegiados de bacia hidrográfica no Brasil. São Paulo: Annablume, 2010.

[217] SHIVA, Vandana. *Water wars*: privatization, pollution and profit. Cambridge: South End Press, 2001; WALTKINS, Kevin. *Human development report 2006 beyond scarcity*: power, poverty and the global water crisis. Summary. New York: UNDP, 2006; SWYNGEDOUW, Erik. The Political Economy and Political Ecology of the Hydro-Social. *Journal of Contemporary Water Research & Education*, n. 142, p. 56-60, aug. 2009; IORIS, Antonio Augusto Rossotto. Da foz às nascentes: análise histórica e apropriação econômica dos recursos hídricos no Brasil. *In*: ALMEIDA, Alfredo Wagner Berno de *et al*. (Org.). *Capitalismo globalizado e recursos territoriais*: fronteiras da acumulação no Brasil contemporâneo. Rio de Janeiro: Lamparina, 2010.

uma gestão integrada e dotada de governança. Conforme apontam Buizer *et al.*,[218] Berkes[219] e Cash e Moser,[220] a gestão dos sistemas ambientais enfrenta um importante problema de escala. Isto se dá, fundamentalmente, porque a escala de funcionamento dos sistemas socioecológicos não coincide com as escalas de tomada de decisão. Nesta mesma linha, Nesheim *et al.*,[221] já reconheciam que a boa governança vai estar associada à coordenação entre as dimensões institucionais e as diferentes escalas, por isso, pressupõe também uma integração intersetorial.

Assim, ainda que os diplomas legais reconheçam os recortes naturais como unidade de gerenciamento dos recursos naturais, como é o caso da legislação das águas que adota as bacias hidrográficas como recorte, na prática, encontra-se grandes dificuldades para se operacionalizar esta condição. A própria dificuldade de legitimar a autoridade prática das instâncias não tradicionais de tomada de decisão, criadas para serem mais aderentes ao funcionamento dos recortes físicos e naturais, conforme já discutido, pode ser entendida como um dos principais dilemas decorrentes do problema das múltiplas escalas.

Diante de tantas dificuldades, questiona-se por que a gestão integrada e a promoção da governança se sustentam como importantes aspectos a serem perseguidos quando se trata da regulação das águas. Pelo menos três questões podem ser consideradas. Em primeiro lugar, pode-se citar a potencialidade de se reduzir conflitos e aumentar a cooperação entre os atores. Em segundo lugar, o fato de tais preceitos propiciarem não somente um reforço à democracia, mas, especialmente, ao engajamento cívico. Por fim, destaca-se que os arranjos institucionais policêntricos e integrados têm maior potencialidade para solucionar problemas complexos.[222]

---

[218] BUIZER, Marleen *et al.* Governance, Scale and the Environment: the Importance of Recognizing Knowledge Claims in Transdisciplinary Arenas. *Ecology and Society*, v. 16, n. 1: 21, 2011.
[219] BERKERS, Fikret. Cross-scale intituttional linkages: perspectivos from the bottow up. *In*: OSTROM, Elinor *et al.* (Eds.). *The drama of commons*. Washington: National Academy, 2002.
[220] CASH, David W.; MOSER, Susanne C. Linking global and local scales: designing dynamic assessment and management process. *In*: *Global Environmental Change*, n. 10, p. 109-120, 2000.
[221] NESHEIM, Ingrid *et al.* The challenge and status of IWRM in four river basins in Europe and Asia. *Irrigation Drainage Systems*, v. 24, p. 205-221, 2010.
[222] HOLLEY, Cameron; GUNNINGHAM, Neil; SHEARING, Clifford. *The New Environmental Governance*. Abingdon: Earthscan, 2012; KARKKAINEN, Bradley. Collaborative Ecosystem Governance: scale, complexity, and dynamism. *Virginia Environmental Law Journal*, v. 21, p. 189–244, 2002.

Importante ponderar, no entanto, que ao mesmo tempo que a governança oportuniza a ampla participação dos sujeitos interessados na gestão de um determinado bem, incluindo as representações da sociedade civil, ela também abre espaço para que os usuários e os setores produtivos participem do processo, o que pode levar a problemas de captura de interesses, face à notável diferença entre as cotas de poder desses agentes interessados na tomada de decisão sobre as águas. No caso brasileiro, buscou-se lidar com essa questão a partir da definição, nos normativos, do percentual de representantes dos diferentes segmentos dentro dos organismos colegiados. Tal delimitação busca perseguir dois objetivos principais, quais sejam: que a participação dos órgãos de representação governamental não ultrapassasse a cinquenta por cento do total de membros dos colegiados; e que se assegure o percentual mínimo de representação da sociedade civil nesses espaços. A definição desse percentual varia por estado, conforme suas legislações.

Além de temas como (i) a relevância acerca do engajamento cívico na promoção de uma boa governança, (ii) a cultura, (iii) o regime político e organizacional de um determinado país, o tema da transparência também ganha relevo nas discussões sobre a promoção da governança. Frequentemente são realizadas aferições acerca do maior ou menor grau de governança de um país, a partir de indicadores que buscam agrupar os temas citados.[223]

Empinotti et al.[224] assinalam que, no ambiente de tomada de decisão sobre as águas, a gênese do conceito de governança esteve atrelada às preocupações sobre a corrupção e colocou em evidência a importância de se discutir e fortalecer questões sobre o acesso e a transparência nas informações, visando à promoção efetiva da governança das águas. Importante frisar, no entanto, que o ideário da governança tomou forma, inicialmente, como espaço de participação e, somente mais recentemente, passou a se discutir, de forma mais enfática, a transparência das informações como um aspecto central para alcance dos objetivos democráticos.

A transparência contempla tanto a disponibilidade da informação quanto a boa qualidade das informações que são disponibilizadas.

---

[223] ORGANIZAÇÃO PARA A COOPERAÇÃO E DESENVOLVIMENTO ECONÓMICO (OCDE). *Principles on water governance*. 2015. Disponível em: http://www.oecd.org/gov/regional-policy/OECD-Principles-on-Water-Governance-brochure.pdf. Acesso em 15 set. 2020.

[224] EMPINOTTI, Vanessa Lucena *et al*. Transparência e a governança das águas. *Estudos avançados*, São Paulo, v. 30, n. 88, set./dez. 2016.

Ostrom,[225] ao estudar o funcionamento dos arranjos institucionais, assinalou diversos princípios que devem ser percorridos para assegurar o seu bom funcionamento, dentre os quais, destacou o papel das regras e da disponibilidade das informações entre os atores envolvidos na gestão de um determinado bem. Importante salientar, no entanto, que na concepção da autora, as regras não devem ser concebidas a partir de uma visão estritamente legalista, mas compreendem tanto as regras formais (leis, normativos, documentos formais) e informais (diretrizes e princípios).

No tocante ao ambiente regulatório ambiental, o bom funcionamento dos arranjos institucionais pressupõe que as regras sejam compatíveis com o ambiente físico e biológico subjacente e que os participantes desenvolvam, monitorem, apliquem e alterem as regras em resposta a mudanças nas condições ambientais.[226] Assim, o conhecimento das regras e a possibilidade de operá-las também contribui não somente para o maior conhecimento acerca do meio que se pretende regular, como também para promover maior confiança entre os atores – aspecto este também de notável importância na promoção de uma governança eficiente.

A colaboração entre os diferentes agentes interessados na regulação do acesso às águas torna-se um dos elementos centrais e mais desafiadores do processo, especialmente por se tratar de um ambiente regulatório complexo, já que a água é atravessada por uma larga gama de significados e interesses. Para colaborar, é importante que os atores tenham acesso às informações, de forma que, assim, possam confiar no sistema de regras que está sendo partilhado.

Para Ostrom[227] e McGinnis,[228] atributos como a partilha de valores semelhantes entre os atores, a confiança, o repertório cultural acumulado e seu o capital social são os principais fatores a ensejar processos mais ou menos colaborativos.[229]

---

[225] OSTROM, Elinor. *Understanding Institutional Diversity*. Princeton, NJ: Princeton University Press, 2005.

[226] OSTROM, Elinor. *Understanding Institutional Diversity*. Princeton, NJ: Princeton University Press, 2005.

[227] OSTROM, Elinor. *Understanding Institutional Diversity*. Princeton, NJ: Princeton University Press, 2005.

[228] MCGINNIS, Michael D. An Introduction to IAD and the Language of the Ostrom Workshop: A Simple Guide to a Complex Framework. *Policy Studies Journal*, v. 39, n. 1, p. 169-183, 2011.

[229] OSTROM, Elinor. *Understanding Institutional Diversity*. Princeton, NJ: Princeton University Press, 2005; MCGINNIS, Michael D. An Introduction to IAD and the Language of the Ostrom Workshop: A Simple Guide to a Complex Framework. *Policy Studies Journal*, v. 39, n. 1, p. 169-183, 2011.

No contexto brasileiro, a carência de plataformas de informações confiáveis, consistentes e transparentes acerca dos recursos hídricos é um fato a ser considerado no estudo do ambiente regulatório das águas e na promoção de uma governança efetiva.[230] Notadamente, essa lacuna implica em dificuldades para que os tomadores de decisão possam apoiar suas ações.[231]

No contexto nacional, a Agência Nacional de Águas e Saneamento Básico (ANA) organiza o Sistema de Informações sobre os Recursos Hídricos, tendo como uma das suas principais ferramentas de divulgação o Relatório Conjuntura, que é publicado anualmente desde 2017. Além deste, a ANA reúne em seu site informações sobre o monitoramento das águas das bacias hidrográficas federais, informações sobre as outorgas federais expedidas e o repositório de leis e regramentos editados pela Agência que orientam a forma como os recursos hídricos vêm sendo regulados em âmbito nacional.

A partir de uma exaustiva pesquisa realizada nos diferentes sites dos órgãos estaduais ambientais responsáveis pela regulação dos recursos hídricos, CERHs e Assembleias Legislativas estaduais e distrital, identificou-se que a realidade estadual no tocante à transparência e à acessibilidade dos dados sobre as águas é bastante discrepante e destoa da situação da ANA na maior parte dos estados, que apresenta maior grau de acessibilidade e de transparência das informações. Enquanto alguns estados, como São Paulo e Ceará, por exemplo, possuem uma base de dados organizada e disponível para o acesso de diferentes públicos, outros, como é o caso do Acre, não apresentam informações básicas, como o indicativo da existência de uma política estadual e de outros normativos que regulam o acesso às águas. Essa constatação soma-se aos desafios já listados sobre a promoção de uma governança regulatória das águas eficiente e precisa ser ponderado na compreensão da atual situação do ambiente regulatório das águas brasileiras.

Embora do ponto de vista do acesso às informações tenha se encontrado grande discrepância sobre o ambiente regulatório federal e os ambientes estaduais e distrital, do ponto de vista institucional,

---

[230] EMPINOTTI, Vanessa Lucena *et al*. Transparência e a governança das águas. *Estudos avançados*, São Paulo, v. 30, n. 88, set./dez. 2016.
[231] IRIBARNEGARAY, Martín Alejandro; SEGHEZZO, Lucas. Governance, sustainability and decision making in water and sanitation management systems. *Sustainability Journal*, v. 4, p. 2922-2945, 2012.

o estudo de Costa *et al.*[232] indicou que no ambiente legal se observa vasta homogeneização entre as legislações federais e estaduais, o que, a princípio, pode operar como um importante elemento para operacionalização de uma gestão dos recursos hídricos integrada. No tópico a seguir apresentaremos a pesquisa empírica realizada, com o intuito de possibilitar um diagnóstico mais aprofundado acerca do ambiente regulatório estadual.

4.2 Diagnóstico da regulação das águas estatais e distritais: uma análise a partir da produção normativa

Para realizar um diagnóstico sobre a atual situação da regulação das águas estaduais e distritais, o estudo pautou-se no levantamento normativo. A principal fonte para o levantamento das normas editadas pelos estados foi o acesso aos sites dos órgãos ambientais estaduais responsáveis pela regulação das águas, dos CERHs e das Assembleias Legislativas, que variou conforme as particularidades de cada estado. Como o intuito da análise foi o de levantar as normas com efeito regulatório, normas como autorizações, outorgas, certificações ou moções não foram objeto da análise. A pesquisa parte do pressuposto da compreensão das normas regulatórias como aquelas que estabelecem direitos, deveres, responsabilidades e obrigações, que prescrevem comportamentos, sanções civis ou penais e definem a licitude ou a ilicitude de condutas.[233]

O recorte temporal buscou recuperar a trajetória dos órgãos promotores da regulação das águas em âmbito estadual, por isso ele variou conforme alguns fatores, a saber (i) a data das primeiras normas editadas; (ii) os tipos de estruturas administrativas que dão suporte à regulação da água; e (iii) os tipos de parâmetros quantitativos e qualitativos sobre o recurso, de acordo com as especificidades regionais. O recorte adotado variou entre os estados, tendo o levantamento iniciado em datas distintas, conforme as especificidades de cada estado, mas sempre encerrado no ano de 2019.

---

[232] COSTA, Mayla Cristina *et al.* Lógicas institucionais e formação da governança de recursos hídricos: análise do caso brasileiro. *Revista de Gestão Organizacional*, v. 6, n. 4, p. 99-119, set./dez. 2013.

[233] PAVÃO, Bianca Borges Medeiros; SALINAS, Natasha Schmitt Caccia; VIGAR, Thauany do Nascimento. Regulação das águas: uma análise empírica da produção normativa dos órgãos reguladores federais. *Revista Brasileira de Políticas Públicas*, Brasília, v. 11, n. 1. p. 319-341, 2021.

O maior recorte temporal encontrado foi em São Paulo, pois a primeira norma que tratava dos recursos hídricos identificada datava do ano de 1970, quando foi aprovado o regulamento da proteção dos Recursos Hídricos do Estado de São Paulo contra agentes poluidores. O menor recorte temporal identificado no estudo foi em Roraima, cuja primeira norma identificada tratava da publicação da Política Estadual de Recursos Hídricos, publicada em 2006. Importante chamar a atenção para o Acre, pois apenas a Política Estadual de Recursos Hídricos – Lei nº 1.500/2003 – foi identificada nas buscas.[234] Na tabela 4, a seguir, são apresentadas as informações sobre a coleta realizada.

TABELA 4
Informações sobre as normas estaduais e distrital acerca de recursos hídricos

(continua)

Região	Estado	Recorte temporal	Quantidade de normas
Centro-Oeste	DF	1989 a 2019 (30 anos)	102
	GO	1988 a 2019 (31 anos)	112
	MS	1996 a 2019 (23 anos)	89
	MT	1992 a 2019 (27 anos)	173
		Subtotal	476
Norte	AC	2003	1
	AM	2001 a 2019 (18 anos)	19
	AP	2002 a 2019 (17 anos)	13
	PA	1990 a 2019 (29 anos)	41
	RO	2002 a 2019 (17 anos)	19
	RR	2006 a 2019 (13 anos)	4
	TO	1997 a 2019 (22 anos)	92
		Subtotal	189
Nordeste	AL	1978 a 2019 (32 anos)	84
	BA	1995 a 2019 (24 anos)	150
	CE	1987 a 2019 (32 anos)	156
	MA	1993 a 2019 (26 anos)	72
	PB	1996 a 2019 (23 anos)	61
	PE	1997 a 2019 (22 anos)	111
	PI	2000 a 2019 (19 anos)	22
	RN	1996 a 2019 (23 anos)	28
	SE	1997 a 2019 (22 anos)	46
		Subtotal	692

---

[234] Importante esclarecer que além de buscas nos sítios digitais dos órgãos ambientais, nas Assembleias Legislativas e nos Conselhos de Recursos Hídricos, quando existentes, também foram realizados pedidos de acesso às informações por meio dos sistemas estaduais de acesso à informação. Contudo, no caso do Acre, não obtivemos respostas aos pedidos realizados, de forma que a única norma identificada nos sítios digitais públicos foi a supracitada Lei.

(conclusão)

Região	Estado	Recorte temporal	Quantidade de normas
Sudeste	ES	2000 a 2019 (19 anos)	86
	MG	1992 a 2019 (27 anos)	607
	RJ	1985 a 2019 (34 anos)	309
	SP	1970 a 2019 (49 anos)	324
		Subtotal	1.326
Sul	PR	1973 a 2019 (46 anos)	170
	RS	1981 a 2019 (38 anos)	437
	SC	1981 a 2019 (38 anos)	98
		Subtotal	705
		TOTAL	3.426

Fonte: Banco de dados do Projeto Regulação da Água, organizado pelos autores.

O total de normas levantadas correspondeu a 3.426, tendo sido elas sistematizadas a partir de um banco de dados. O banco foi elaborado com base em dez variáveis selecionadas, no intuito de subsidiar o alcance dos objetivos da pesquisa, quais sejam: identificar a frequência normativa; o objetivo das normas publicadas; os temas regulados e a distribuição dos efeitos regulatórios das normas no território (se se aplicam a uma bacia hidrográfica específica ou a todo o estado). Importante esclarecer que, em face ao escopo da pesquisa, o rito de processamento da norma, isto é, o seu tempo de tramitação e as instâncias pelas quais tramitou, não foi objeto específico deste estudo. Na tabela 5 são apresentadas as variáveis que compuseram o banco de dados, seguidas de uma breve descrição e das possíveis entradas de dados no banco.

TABELA 5
Banco de dados da pesquisa

(continua)

Variável	Descrição	Entradas de dados possíveis
Órgão	Informa qual instituição a produção normativa está vinculada.	Identificação das Assembleias legislativas, órgãos ambientais estaduais e Conselhos de Recursos Hídricos dos respectivos estados.
Identificação	Informa o nome atribuído pelo órgão para uma determinada norma.	Resolução (órgão) nº (número), de (dia) de (mês) de (ano).
Data	Informa a data em que a norma foi publicada no Diário Oficial da União (DOU), permitindo analisar o comportamento da produção normativa em marco temporal específico.	Dia/mês/ano.

(continua)

Variável	Descrição	Entradas de dados possíveis
Tema	Informa, sob a forma de um termo ou expressão, o conteúdo do ato normativo objeto da pesquisa. A indexação dos temas demanda análise, síntese e representação do texto que exprime seu conteúdo em expressões que sejam dotadas de especificidade, exaustividade e precisão.	Temas identificados: - Administração e Planejamento - Adução de Água Bruta e Serviços Públicos de Irrigação - Agências de Água e Entidades Delegatárias - Comitês de bacia hidrográfica - Fundo de Recursos Hídricos - Instrumentos da Política - Programas de fomento da ANA - Segurança de Barragens - Usos da Água
Subtema	Especifica o conteúdo do ato normativo que é objeto de análise. A variável "subtema" permite atribuir maior especificidade ao conteúdo do tema tratado no ato normativo.	Não houve limitação do número de subtemas e as entradas tinham como objetivo ampliar as especificidades dos temas tratados pelas normas.
Caracterização	Informa a finalidade ou o objetivo que a produção normativa visa a atender. Permitiu a distinção das normas com efeitos regulatórios daquelas com outras finalidades produzidas pelos órgãos.	- Estruturação do SEGREH - Incidência regulatória - Organização interna
Abrangência	Tem como intuito identificar o alcance territorial da norma produzida, isto é, se o alcance do ato normativo tem cunho nacional ou se os efeitos da norma são aplicados a uma região específica.	- Estadual - Regional
Região	Identifica qual ou quais bacias hidrográficas são abrangidas pelas normas classificadas como "Regional", conforme a classificação da Divisão Hidrográfica Estadual/Distrital.	Identificação das regiões ou bacias hidrográficas às quais as normas estavam vinculadas, para o caso de normas cujo efeito territorial não se aplicava a todo o estado.
Ementa	Informa a ementa da norma. A "ementa" constitui um resumo do objetivo da norma, o qual é elaborado pelo próprio órgão. A variável "ementa" fornece, portanto, conteúdo para a construção de outras variáveis (e.g. tema, caracterização e abrangência territorial). Para o preenchimento do campo desta variável, copia-se *ipsis litteris* a ementa criada pelo órgão regulador.	Reprodução do texto da ementa da norma.

(conclusão)

Variável	Descrição	Entradas de dados possíveis
Vigência	Informa se a norma está em vigor ou se foi revogada. Esta variável permite aferir a frequência da revogação de normas e identificar regularidade nos temas ou a finalidade das normas revogadas.	- Em vigor - Revogada

Fonte: Banco de dados do Projeto Regulação da Água, organizado pelos autores.

As dez variáveis eleitas para composição do banco de dados tiveram o intuito de subsidiar a caracterização do diagnóstico da atividade regulatória em cada um dos diferentes estados, de forma a possibilitar que seja feita a diferenciação do ente responsável pela edição da norma, do seu tema, sua finalidade e sua abrangência. As normas foram agrupadas a partir de 9 (nove) temas, cujo intuito era apresentar o principal assunto tratado pelos normativos. Buscou-se limitar a classificação a até dez temas, visando garantir a maior padronização possível em termos de comparação entre os estados. Na variável "subtema", no entanto, não foi delimitada a necessidade de padronização, de forma a possibilitar maior especificação sobre os assuntos tratados pela norma.

A variável "caracterização da norma" teve como objetivo distinguir as normas regulatórias das demais, identificando-se a sua finalidade. Foram observados três tipos principais de normas: (i) Estruturação do SEGREH: aquelas voltadas para a organização dos sistemas de gerenciamento estaduais e distrital e que buscavam estabelecer diretrizes sobre o funcionamento dos órgãos, a divisão hidrográfica dos estados, além de definir regras para a promoção da gestão integrada dos recursos hídricos; (ii) Organização interna: normas cujo objetivo central era estabelecer e estruturar o funcionamento do(s) órgão(s) regulador(es), isto é, definir acerca dos recursos humanos e materiais, do calendário de reuniões, além de outras questões ligadas ao seu funcionamento; (ii) Incidência regulatória: normas nas quais foram identificados parâmetros e diretrizes sobre a forma como o acesso e a distribuição da água era regulado no estado ou no Distrito Federal. Notadamente, as atenções da pesquisa voltaram-se para as normas caracterizadas pela variável "incidência regulatória".

Conforme pôde ser observado na tabela 4, não houve uniformidade na produção normativa entre os estados. Este fato já era esperado, haja vista a elevada diversidade institucional presente nos diferentes estados, especialmente no tocante à competência para edição de normas e regras sobre o uso das águas. Além desta diversidade, as próprias especificidades regionais ajudaram a explicar a ausência de uma homogeneidade nos dados.

Outro ponto que merece destaque é que foi observada uma relevante variação na quantidade de normas editadas entre os estados de uma mesma região, indicando, a priori, que a regionalidade não significou um fator de relevo para a ocorrência de maior uniformidade no comportamento quantitativo da edição de normas. Os dados também apontaram para o fato de que a regionalidade não operou expressivamente sobre a temporalidade das normas, que variou em até 13 (treze) anos entre a edição da primeira norma que tratava das águas em estados de uma mesma região, conforme pôde ser observado na região Nordeste. A exceção foram as regiões Centro-Oeste e Sul, que apresentaram um comportamento temporal mais homogêneo, fato que será mais bem explorado nos itens a seguir.

Outro dado importante sobre o levantamento empírico refere-se à disponibilidade dos dados. Houve 5 (cinco) estados, 18,5% do total, em que as normas não se encontravam em fácil acesso, isto é, não estavam dispostas em sítios digitais públicos. Este aspecto operou como um dificultador para o levantamento empírico, podendo ser destacado os seguintes estados em que tal situação foi identificada: Acre, Alagoas, Amapá, Goiás e Maranhão. O caso do Acre merece distinção dentre os demais, isso porque no site do Instituto de Meio Ambiente do Acre (IMAC), órgão ambiental estadual, os links que se propunham a disponibilizar as leis[235] e decretos[236] relativos à gestão dos recursos hídricos do estado estavam em branco no momento em que a consulta foi realizada. Como mais um agravante da falta de transparência da gestão dos recursos hídricos no estado, o espaço disponibilizado pelo IMAC para contato e solicitação de informações apresentou erro na data em que o site foi acessado. Diante dos fatos, dois pedidos de acesso à informação[237] foram encaminhados à SEMA, solicitando informações tanto sobre a produção normativa dos órgãos gestores,[238] quanto da Assembleia Legislativa daquele estado.[239] No entanto, nenhuma resposta foi recebida por parte dos órgãos estaduais.[240]

---

[235] Disponível em: http://www.imac.ac.gov.br/leis.html. Acesso em 16 jun. 2020.
[236] Disponível em: http://www.imac.ac.gov.br/decretos.html. Acesso em 15 jun. 2020.
[237] Por meio do Sistema Eletrônico do Serviço de Informação ao Cidadão. Disponível em: http://esic.ac.gov.br/sistema/site/index.html?ReturnUrl=%2fsistema%2f. Acesso em 15 jun. 2020.
[238] Realizado em 3 mar. 2020, sob o protocolo de nº 720 000003202070.
[239] Realizado em 3 mar. 2020, sob o protocolo de nº 720 000002202025.
[240] O prazo para respostas aos recursos realizados era 23 de março de 2020. Sem sucesso e sem possibilidade de ingressar com novos recursos pelo Sistema, novos pedidos foram

A partir deste diagnóstico, optou-se por ingressar com pedidos embasados nos dispositivos previstos pela Lei de Acesso à Informação (LAI) – Lei nº 12.527, de 18 de novembro de 2011 – aos órgãos envolvidos na edição de normas hídricas de cada um dos estados estudados, com vistas a ampliar o escopo da pesquisa e assegurar, dentro do possível, que os dados analisados se referissem ao mais próximo do universo total de normas publicadas sobre o tema, dentro do recorte proposto pela pesquisa. Na tabela a seguir são listados os estados em que as normas sobre a regulação das águas não foram integralmente disponibilizadas em sítio público, tendo parte delas apenas sido obtida por meio de LAI:

TABELA 6
Estados nos quais as informações acerca das normas sobre as águas foram obtidas por meio de LAI

Estado	Órgão	Disponível em sítios digitais públicos	%	Obtidas por meio de LAI	%	TOTAL (continua)
AL	CRH	61	100,0%	–	–	61
AL	Assembleia Legislativa	13	81,2%	3	18,8%	16
AL	Órgão estadual ambiental (SEMARH)	0	–	7	100,0%	7
AP	CRH	–	–	8	100%	8
AP	Assembleia Legislativa	2	50%	2	50%	4
AP	Órgão estadual ambiental (SEMA-AP)	5	83,3%	1	16,7%	6

realizados em 15 de junho de 2020, com prazos de resposta previstos para 6 de julho de 2020, os quais também não foram atendidos.

(conclusão)

Estado	Órgão	Disponível em sítios digitais públicos	%	Obtidas por meio de LAI	%	TOTAL
MA	CRH	58	98,3%	1	1,7%	59
MA	Assembleia Legislativa	0	–	4	100%	4
MA	Órgão estadual ambiental (SEMA-MA)	3	42,9%	4	57,1%	7
GO	CRH	28	37,3%	43	57,3%	75
GO	Assembleia Legislativa			–		34
GO	Órgão estadual ambiental (SEMA-MA)			–		10

Fonte: Banco de dados do Projeto Regulação da Água, organizado pelos autores.

Importante notar que houve casos em que a produção normativa estava parcialmente disponível nos sítios digitais públicos, contudo, chama a atenção o fato de que no caso de alguns órgãos, como o Conselho de Recursos Hídricos do Amapá, a Assembleia Legislativa do Maranhão e a Secretaria do Estado do Meio Ambiente e Recursos Hídricos de Alagoas, as normas sobre os recursos hídricos foram obtidas integralmente por meio de pedidos de acesso à informação e não estavam disponibilizadas nos sítios públicos na data em que o levantamento foi realizado. Esse dado merece distinção em face da importância atribuída à transparência na promoção da "dita" boa governança, conforme já discutido.

4.2.1 Centro-Oeste

A região Centro-Oeste é a região brasileira que concentra o maior uso consuntivo de água no país, o que pode ser explicado pela concentração do desenvolvimento de atividades que integram a cadeia nacional de produção de carne e grãos – atividades que, notadamente, demandam grandes volumes de água para o seu desenvolvimento. As atividades denominadas como uso animal e a irrigação são aquelas consideradas as mais hidrointensivas no contexto nacional, conforme as informações da ANA sobre usos consuntivos[241] da água no Brasil no ano de 2020.

GRÁFICO 7
Dados sobre a retirada de água (m³/s) no Brasil (2020)

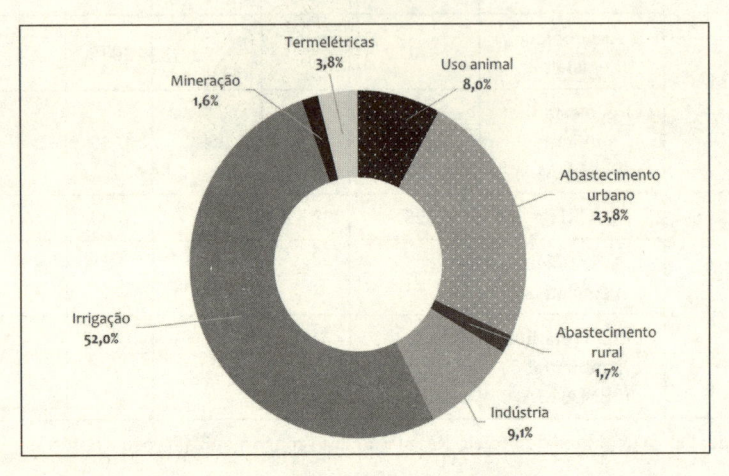

- Termelétricas 3,8%
- Uso animal 8,0%
- Mineração 1,6%
- Abastecimento urbano 23,8%
- Irrigação 52,0%
- Abastecimento rural 1,7%
- Indústria 9,1%

Fonte: Dados extraídos de ANA,[242] referentes ao ano de 2020.

As categorias "Uso animal" e "Irrigação" somaram 60% da água retirada dos corpos hídricos no contexto nacional no ano de 2020. Na região Centro-Oeste, observa-se que esse percentual é ainda maior, somando 68,2%, conforme demonstrado pelo gráfico a seguir, indicando a ênfase que tais atividades recebem na região.

---

[241] Usos da água que envolvem a retirada de uma determinada quantidade ou vazão de água de um corpo hídrico, como, por exemplo, abastecimento público.

[242] USOS CONSULTIVOS DA ÁGUA NO BRASIL (1931-2030). Dados disponíveis em: https://app.powerbi.com/view?r=eyJrIjoiNmFhMjA4NmQtY2Y4Yy00OWE4LTkyNzEtOTk2MTY4MTQzMTliIiwidCI6ImUwYmI0MDEyLTgxMGItNDY5YS04YjRkLTY2N2ZjZDFiYWY4OCJ9. Acesso em 20 set. 2020.

GRÁFICO 8
Dados sobre a retirada de água (m³/s) na região Centro-Oeste (2020)

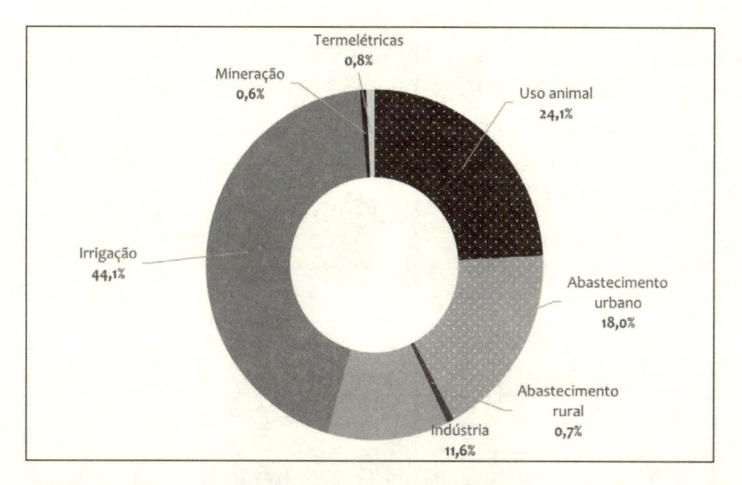

- Termelétricas: 0,8%
- Mineração: 0,6%
- Uso animal: 24,1%
- Irrigação: 44,1%
- Abastecimento urbano: 18,0%
- Abastecimento rural: 0,7%
- Indústria: 11,6%

Fonte: Dados extraídos de ANA,[243] referentes ao ano de 2020.

Além do diagnóstico sobre a distribuição dos principais usos da água na região, para ampliar a compreensão sobre a situação da regulação das águas nos estados do Centro-Oeste, foi realizado também um levantamento sobre a situação dos Sistemas Estaduais de Gerenciamento de Recursos Hídricos (SEGREHS) nos diferentes estados. A previsão de dupla dominialidade das águas no território nacional propiciou uma grande autonomia aos estados para projeção de seus sistemas hídricos, de forma que tanto a sua estruturação quanto o grau de implementação dos seus instrumentos, bem como a consequente capacidade de resposta dos órgãos reguladores das águas pode variar entre os estados. Assim, buscou-se levantar informações sobre as instâncias de tomada de decisão sobre as águas nos estados da região, seguido também do levantamento sobre o grau de implementação dos instrumentos hídricos em cada um dos estados, conforme apresentado nas tabelas 7 e 8 a seguir.

---

[243] USOS CONSULTIVOS DA ÁGUA NO BRASIL (1931-2030). Dados disponíveis em: https://app.powerbi.com/view?r=eyJrIjoiNmFhMjA4NmQtY2Y4Yy00OWE4LTkyNzEtOTk2MTY4MTQzMTliIiwidCI6ImUwYmI0MDEyLTgxMGItNDY5YS04YjRkLTY2N2ZjZDFiYWY4OCJ9. Acesso em 20 set. 2020.

TABELA 7
Sistemas de Recursos Hídricos Estaduais – região Centro-Oeste

Estado	Política Estadual	Órgão de recursos hídricos	Conselho de Recursos Hídricos	Comitês de Bacia	Fundo de Recursos Hídricos
Distrito Federal	Lei Estadual nº 2.725/2001	Agência Reguladora de águas, Energia e Saneamento do Distrito Federal (ADASA)	Conselho de Recursos Hídricos (CRH), regulamentado pelos Decretos nº 4.613/2003 e nº 24.674/2004	3 CBHs	Não possui
Goiás	Lei Estadual nº 13.123/1997	Secretaria de Estado de Meio Ambiente e Desenvolvimento Sustentável (SEMAD)	Conselho Estadual de Recursos Hídricos (CERH) regulamentado pelos Decretos nº 6.999/2009 e nº 8.449/2015	9 CBHs	Não possui
Mato Grosso	Lei Estadual nº 6.945/1997	Secretaria de Estado de Meio Ambiente do Estado do Mato Grosso (Sema)	Conselho Estadual de Recursos Hídricos (CEHIDRO), regulamentado pelos Decretos nº 3.952/2002 e nº 1163/2017	10 CBHs	Não possui
Mato Grosso do Sul	Lei Estadual nº 2.406/2002	Instituto de Meio Ambiente de Mato Grosso do Sul (IMASUL)	Conselho Estadual dos Recursos Hídricos (CERH), regulamentado pelos Decretos nº 11.621/2004 e nº 14.217/2015	3 CBHs	Não possui

Fonte: Banco de dados do Projeto Regulação da Água (2021), organizado pelos autores.

A região Centro-Oeste traz como peculiaridade o fato de nenhum dos estados ter criado e regulamentado o Fundo de Recursos Hídricos. Os Fundos são destinados à captação de recursos em decorrência dos usos das águas estaduais e exercem um papel importante no funcionamento dos SEGREHs, pois possibilitam destinar recursos financeiros a projetos específicos de recuperação da qualidade de águas em bacias e regiões mais críticas nos diferentes estados, além de também possibilitar o fomento a boas práticas. Os recursos financeiros destinados aos Fundos são, em geral, provenientes da cobrança pelo uso da água bruta no estado, que funciona como uma espécie de pagamento de *royalties* pelo usuário, como contrapartida sobre a retirada de um determinado volume de água do seu curso natural, ou mesmo, em alguns casos, quando não há a retirada, pelas alterações que um determinado tipo de uso gera no curso natural dos corpos hídricos, como ocorre com as hidrelétricas.

Os recursos financeiros provenientes da arrecadação pelos usos das águas podem ser estratégicos para o bom funcionamento do SE-GREH, podendo ser destinados para recuperação de áreas degradadas, e também possibilitar que novas alternativas aos dilemas já existentes sejam vislumbradas – o enfrentamento de crises hídricas, cada vez mais recorrente, é um exemplo de possíveis usos dos recursos com essa finalidade. O funcionamento dos Fundos se ancora, portanto, na lógica da geração e internalização de externalidades, já que os recursos oriundos da cobrança pelas águas podem propiciar a internalização dos custos de eventuais externalidades negativas ocasionadas pelo uso da água, como também podem produzir novas externalidades positivas.

No tocante ao grau de implementação dos instrumentos hídricos, observa-se que os estados tiveram avanços distintos, especialmente o estado de Goiás, que apresentou apenas dois instrumentos já concluídos e implementados.

TABELA 8
Situação de implementação dos instrumentos hídricos
na região Centro-Oeste

Estado	Plano de Recursos Hídricos	Outorga	Cobrança	Enquadramento	Sistema de informações
Distrito Federal	Concluído	Implementada	Não implementada	Trechos de rio já enquadrados	Implementado
Goiás	Concluído	Implementada	Não implementada	Não implementado	Não regulamentado
Mato Grosso	Concluído	Implementada	Não implementada	Implementado	Implementado
Mato Grosso do Sul	Concluído	Implementada	Não implementada	Implementado	Implementado

Fonte: Banco de dados do Projeto Regulação da Água (2021), e Relatório Conjuntura.[244]

Embora os SEGREHs da região Centro-Oeste tenham sido implementados com pouca diferença temporal entre eles, somado ao fato de que o número de normas editadas sobre as águas também apresentou pouca discrepância entre os estados da região, nota-se que esses fatores não foram determinantes para indicar o mesmo grau de maturidade entre os diferentes sistemas. Notadamente, Goiás destoa dos demais.

A relação entre os principais usos da água e a caracterização das atividades desenvolvidas na região consiste em um importante ponto de partida a ser considerado no estudo sobre a forma como a água vem sendo regulada nesta porção do território brasileiro. Neste tocante, foi relevante identificar os principais temas das normas sobre as águas publicadas pelos estados da região Centro-Oeste, com vistas a verificar se os principais temas regulados coincidem com as principais demandas hídricas estaduais. Para tal, as normas foram classificadas com base na leitura das suas ementas, conforme apresentado em item anterior. O gráfico a seguir ilustra os temas identificados por meio do levantamento das normas.

---

[244] BRASIL. Agência Nacional das Águas. *Relatório da ANA apresenta situação das águas do Brasil no contexto de crise hídrica*. 2017. Disponível em: https://www.ana.gov.br/noticias/relatorio-da-ana-apresenta-situacao-das-aguas-do-brasil-no-contexto-de-crise-hidrica. Acesso em 15 mai. 2020.

GRÁFICO 9
Temas das normas sobre as águas nos estados do Centro-Oeste

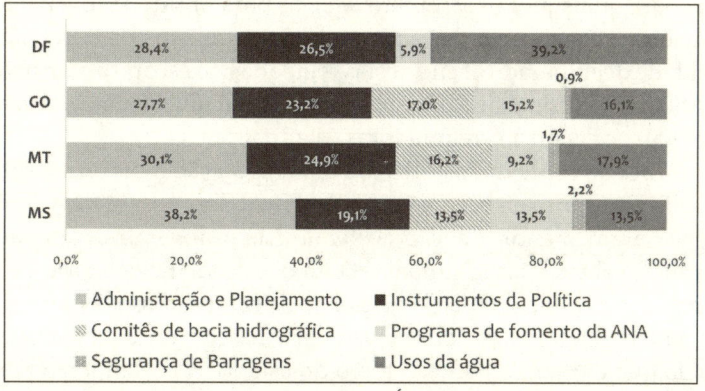

Estado	Administração e Planejamento	Instrumentos da Política	Comitês de bacia hidrográfica	Programas de fomento da ANA	Segurança de Barragens	Usos da água
DF	28,4%	26,5%	5,9%			39,2%
GO	27,7%	23,2%	17,0%	15,2%	0,9%	16,1%
MT	30,1%	24,9%	16,2%	9,2%	1,7%	17,9%
MS	38,2%	19,1%	13,5%	13,5%	2,2%	13,5%

Fonte: Banco de dados do Projeto Regulação da Água (2019), organizado pelos autores.

Conforme esperado, o tema que recebeu maior atenção nos diferentes estados foi "Administração e Planejamento". O tema reuniu as normas que tratavam da organização e funcionamento da estruturação dos sistemas hídricos estaduais, como, por exemplo, atribuição de competências entre os diferentes órgãos, o funcionamento e os calendários de reuniões dos Conselhos Estaduais de Recursos Hídricos (CERHs), além de outras normas que visassem orientar o funcionamento dos SEGREHs. O Distrito Federal representou, no entanto, exceção quanto à tendência identificada, tendo concentrado a maior parte da sua produção normativa no tema "Usos da Água".

Na sequência, observou-se que o tema "Instrumentos da Política" também recebeu atenção dos estados. Foram agrupadas nesta categoria todas as normas que orientavam a forma como os instrumentos previstos nas Leis das Águas Estaduais foram regulados e vêm sendo aplicados nos diferentes estados, como os planos de bacia hidrográfica e as outorgas, por exemplo.

O tema que recebeu menor atenção nos estados da região foi "Segurança de Barragens", com destaque para o Distrito Federal, que não editou nenhuma norma sobre esta atividade no período estudado. Historicamente, o tema sobre a segurança de barragens recebeu menor atenção na agenda regulatória das águas, tanto do ponto de vista normativo quanto do ponto de vista institucional. Como fatores que contribuem para esse cenário, pode-se citar o fato de a ANA somente ter recebido a competência para a regulação de barragens no ano de 2010, treze anos, portanto, após a publicação da Lei das Águas.

Importante ressaltar que as barragens reguladas pela ANA e pelos órgãos ambientais estaduais são aquelas destinadas à acumulação de água para quaisquer usos, exceto aquelas para fins de aproveitamento hidrelétrico e as destinadas à acumulação de rejeitos provenientes da atividade de mineração, sendo estas reguladas no escopo de atribuições da Agência Nacional de Mineração (ANM), em nível federal e em nível estadual, por agências reguladoras estaduais.

Face ao contexto histórico de uma regulação mais tardia sobre o tema da segurança de barragens em âmbito federal, os estados também direcionaram menor atenção ao tema. Além dos enfrentamentos já narrados, cabe destacar também o fato destacado no relatório de avaliação do Progestão do Ipea,[245] no estado do Mato Grosso,[246] que indicou que a meta referente ao aperfeiçoamento da segurança de barragens é aquela que demanda maior esforço do estado, especialmente porque é necessária a articulação entre os órgãos que compõem o sistema de gerenciamento de recursos hídricos e os órgãos de outros setores da estrutura estatal, como setores de infraestrutura e de licenciamento ambiental.

Ao classificar as normas a partir dos seus objetivos, observou-se que as normas regulatórias não concentraram a maior parte das normas editadas pelos estados sobre os recursos hídricos, com exceção do Distrito Federal. Conforme ilustrado no gráfico a seguir, a maior parte das normas destinou-se à organização interna dos órgãos e à estruturação dos Sistemas Estaduais de Gerenciamento de Recursos Hídricos (SEGREHS). Essas normas juntas concentram cerca de 60% do total de normas que são editadas nos estados da região Centro-Oeste, com exceção do Distrito Federal, que apresentou uma tendência de maior concentração de normas regulatórias.

---

[245] O Programa de Consolidação do Pacto Nacional pela Gestão de Águas (Progestão), regulamentado pela Resolução ANA nº 379, de 21 de março de 2013, consiste em um Programa de fomento da ANA, com o objetivo de fortalecer os sistemas estaduais de gerenciamento de recursos hídricos (SEGREHS), com vistas a intensificar o processo de articulação e a ampliar os laços de cooperação institucionais, no âmbito do Sistema Nacional de Gerenciamento de Recursos Hídricos (Singreh).

[246] INSTITUTO DE PESQUISA ECONÔMICA APLICADA (IPEA). *Programa de Consolidação do Pacto Nacional pela Gestão de Águas – Estado do Mato Grosso*. Brasília: IPEA, 2017b.

GRÁFICO 10
Finalidade das normas sobre águas nos estados do Centro-Oeste

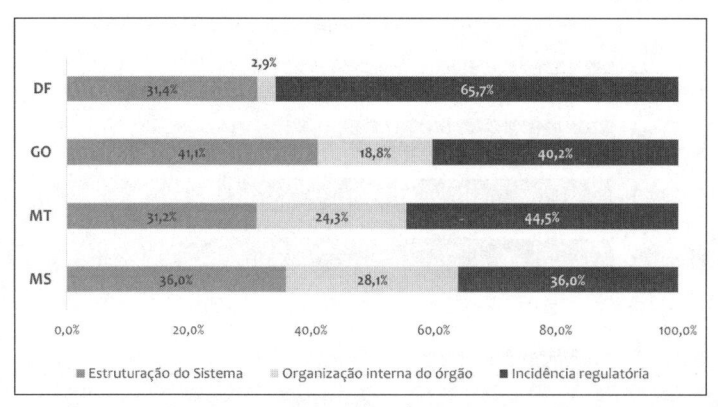

	Estruturação do Sistema	Organização interna do órgão	Incidência regulatória
DF	31,4%	2,9%	65,7%
GO	41,1%	18,8%	40,2%
MT	31,2%	24,3%	44,5%
MS	36,0%	28,1%	36,0%

Fonte: Banco de dados do Projeto Regulação da Água (2019), organizado pelos autores.

Esse dado pode ser explicado a partir de, pelo menos, dois aspectos. Em primeiro lugar, o próprio rito de cada um dos órgãos que editam as normas e a necessidade de organização dos seus funcionamentos internos, como a gestão de pessoal e de recursos, que poderá variar segundo suas demandas específicas. Em segundo lugar, a própria necessidade de estruturação dos SEGREHs, cuja composição dos órgãos e suas competências pode variar de estado para estado, e concentra uma parcela significativa de normas.

Conforme já discutido em item anterior, há grande fragmentação no ambiente regulatório das águas estaduais, já que as normas de regulação sobre o acesso e uso das águas podem ser editadas por diferentes órgãos. Assim, embora a Lei das Águas tenha imputado aos CERHs a atribuição de definir as diretrizes para aplicação dos instrumentos que orientam o funcionamento das políticas hídricas estaduais, na prática, outros órgãos também editam normas que regulam o acesso às águas estaduais – como as Assembleias Legislativas e os órgãos ambientais estaduais. No gráfico a seguir, as normas foram classificadas quanto aos órgãos responsáveis pela sua edição.

GRÁFICO 11
Origem das normas regulatórias sobre águas nos estados do Centro-Oeste

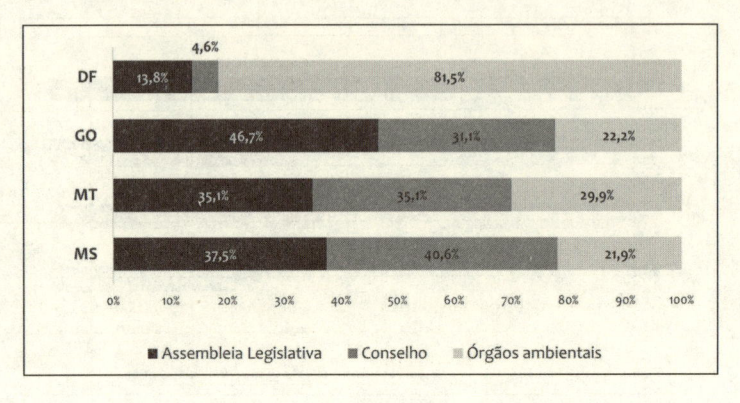

Estado	Assembleia Legislativa	Conselho	Órgãos ambientais
DF	13,8%	4,6%	81,5%
GO	46,7%	31,1%	22,2%
MT	35,1%	35,1%	29,9%
MS	37,5%	40,6%	21,9%

Fonte: Banco de dados do Projeto Regulação da Água (2019), organizado pelos autores.

Observa-se que Mato Grosso do Sul foi o estado que apresentou maior protagonismo dos CERHs na edição de normas regulatórias, enquanto o Distrito Federal teve atuação destoante dos órgãos ambientais. Ao classificar as normas regulatórias por temas, observou-se ainda maior diversidade no espaço regulatório das águas dos estados do Centro-Oeste, em que o protagonismo da produção normativa variou por temas em cada estado, conforme disposto na tabela 9.

TABELA 9
Distribuição das normas regulatórias por temas e órgãos – Centro-Oeste

Estado	Tema	Assembleia Legislativa	CERH	Órgãos ambientais
Distrito Federal	Instrumentos da Política	14,8%	18,5%	66,7%
	Segurança de Barragens	–	–	–
	Usos da água	12,5%	–	87,5%
Goiás	Instrumentos da Política	30,8%	50,0%	19,2%
	Segurança de Barragens	–	–	100,0%
	Usos da água	72,2%	5,6%	22,2%
Mato Grosso	Instrumentos da Política	7,0%	48,8%	44,2%
	Segurança de Barragens	–	66,7%	33,3%
	Usos da água	77,4%	12,9%	9,7%
Mato Grosso do Sul	Instrumentos da Política	11,8%	64,7%	23,5%
	Segurança de Barragens	–	–	100,0%
	Usos da água	75,0%	16,7%	8,3%

Fonte: Banco de dados do Projeto Regulação da Água (2019), organizado pelos autores.

No caso do Distrito Federal, o protagonismo do órgão regulador das águas distritais, a Agência Reguladora de Águas, Energia e Saneamento do Distrito Federal (ADASA), é evidente, ao lado de uma participação tímida do Conselho de Recursos Hídricos (CRH-DF). O protagonismo da ADASA pode ser entendido pela sua reconhecida capacidade técnica, especialmente na edição de normas sobre o funcionamento dos reservatórios de água do Distrito Federal.[247] Pavão,[248]

---

[247] CAPODEFERRO, Morganna Werneck et al. Mecanismos adotados pelo Distrito Federal no combate à crise hídrica. In: XXXVI Congreso Interamericano de Ingeniería Sanitaria y Ambiental. Guayaquil. Equador: Associação Interamericana de Engenharia Sanitária e Ambiental, 2018.
[248] PAVÃO, Bianca Borges Medeiros. As águas e suas correntezas: regulação e crises hídricas no Brasil. Tese (Doutorado em Desenvolvimento Sustentável), Universidade de Brasília, Brasília, 2020.

ao estudar a crise hídrica enfrentada pelo Distrito Federal em 2016, identificou um histórico de baixa participação dos órgãos colegiados na tomada de decisão, que pode ser explicado por pelo menos três fatores: sua organização recente, a baixa cultura de participação social no Distrito Federal e a centralidade que a agência reguladora distrital exerce por deter maior capacidade técnica e informacional sobre a gestão das águas distritais. Com as crises hídricas, o cenário de baixa legitimidade desses espaços colegiados como lócus para a gênese de parâmetros importantes para orientar a regulação foi agravado, pois o argumento da urgência para que soluções fossem compostas no enfrentamento da crise passou a servir também como fator legitimador de uma maior centralização na tomada de decisões.

Também chama a atenção o fato de que cerca de 46,7% das normas regulatórias do estado de Goiás tenham como origem a Assembleia Legislativa, conforme indicado no gráfico 11. Os temas mais regulados pela Assembleia foram "Usos da Água" e "Instrumentos da Política", importantes temas na cartela regulatória das águas brasileiras. Neste caso, importa discutir as possíveis implicações ou efeitos sobre o fato de a Assembleia Legislativa ser o principal órgão editor das normas com efeito regulatório sobre as águas do estado, diante dos órgãos ambientais ou dos CERHs.

Dentre os possíveis efeitos da maior expressividade da Assembleia Legislativa na edição de normas regulatórias sobre as águas, pode-se citar o atravessamento político ao qual a Assembleia Legislativa fica sujeita, a depender da bancada política que está à frente da queda de forças comum ao funcionamento e dinâmica desta instância. Esse aspecto também se soma à pouca tradição técnica da instância, cuja natureza é mais vocacionada para funcionar como uma arena de debate, tendo, portanto, ferramentas e instrumentos mais restritos para auxiliá-la a definir parâmetros técnicos. No caso da regulação do acesso e usos que envolvem a natureza, as especificidades técnicas ganham importante destaque, conforme assinala Sampaio em obra indicada nesta nota de rodapé.[249]

No caso de Goiás, conforme já citado, o que se nota é que a arena política tem exercido importante papel na edição de regramentos técnicos, como normas sobre diretrizes e parâmetros para acesso aos diferentes "Usos da água". No caso do Mato Grosso, encontrou-se

---

[249] SAMPAIO, Rômulo Silveira da Rocha. Regulação Ambiental. *In*: GUERRA, Sérgio (Org.). *Regulação no Brasil*: uma visão multidisciplinar. 1. ed. Rio de Janeiro: FGV Editora, 2014. v. 1.

cenário semelhante, no qual a Assembleia Legislativa foi responsável pela edição de 77,4% das normas publicadas sobre o tema, conforme indicado na tabela 9.

Já no Mato Grosso Sul, o cenário foi bastante heterogêneo. Enquanto o CERH regulou mais normas sobre "Instrumentos da Política", no tema "Segurança de Barragens" houve destaque para a atuação dos órgãos ambientais. Já as normas sobre "Usos da água" tiveram como protagonista a atuação da Assembleia Legislativa. Não foi possível identificar evidências, por meio do levantamento empírico, que explicassem tal diversidade, contudo, a heterogeneidade encontrada reforça o argumento já exposto e largamente discutido na literatura, que trata da gestão e da regulação das águas no contexto brasileiro e indica a ampla fragmentação presente no ambiente regulatório das águas brasileiras.

Além da análise sobre as principais instâncias reguladoras, também buscou-se identificar quais usos foram mais regulados em comparação com os dados da ANA em 2020 disponíveis em seu site[250] que indicam as principais retiradas de água na região. Observa-se, nesse caso, um cenário em que nem sempre a regulação dos usos nos estados da região estudada se voltou para os principais usos consuntivos identificados pela ANA, conforme demonstram os gráficos 12 a 15 seguir:

GRÁFICO 12
Usos da água regulados no Distrito Federal

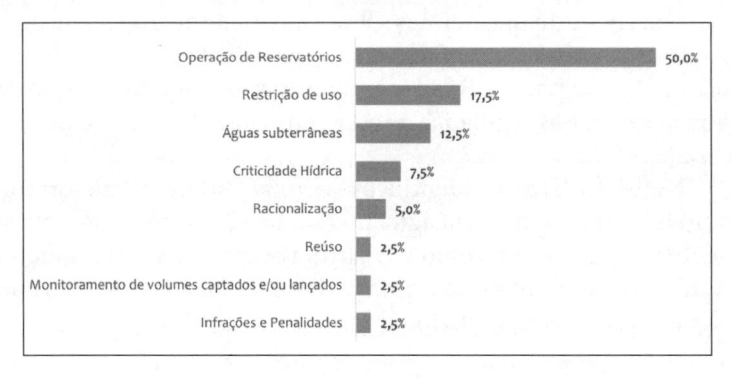

Uso	%
Operação de Reservatórios	50,0%
Restrição de uso	17,5%
Águas subterrâneas	12,5%
Criticidade Hídrica	7,5%
Racionalização	5,0%
Reúso	2,5%
Monitoramento de volumes captados e/ou lançados	2,5%
Infrações e Penalidades	2,5%

Fonte: Banco de dados do Projeto Regulação da Água (2019), organizado pelos autores.

---

[250] BRASIL. Ministério do Meio Ambiente e Mudança do Clima. Agência Nacional das Águas. *Portal Gov.br*, 2020. Disponível em: https://www.gov.br/ana/pt-br. Acesso em 18 ago. 2021.

No caso do Distrito Federal, observa-se uma preocupação voltada para a operação dos reservatórios, que são as principais fontes de abastecimento da população que reside na região. Essa ênfase encontra larga relação com o principal uso da água no Distrito Federal, que está associado ao abastecimento público. Já no estado de Goiás, dentre os principais usos da água, a regulação se volta para situações de criticidade e para as atividades de aquicultura, pesca e psicultura, conforme gráfico a seguir:

GRÁFICO 13
Usos da água regulados no estado de Goiás

Categoria	%
Criticidade Hídrica	33,3%
Aquicultura, Pesca e Piscicultura	33,3%
Águas subterrâneas	11,1%
Águas Pluviais	11,1%
Monitoramento de volumes captados e/ou lançados	5,6%
Empreendimentos potencialmente poluidores	5,6%

Fonte: Banco de dados do Projeto Regulação da Água (2019), organizado pelos autores.

Cabe destacar que normas sobre a atividade de irrigação e outros tipos de uso animal, que caracterizam o principal uso do estado e são também as principais atividades econômicas estatais, não apareceram dentre as categorias reguladas no estado de Goiás, a partir da pesquisa realizada.

No Mato Grosso, identificou-se uma cartela regulatória que incluiu importantes usos da água no estado, como irrigação e abastecimento público. Assim como o Distrito Federal, a cartela regulatória do estado se apresentou de forma mais aderente aos principais usos da água praticados nos estados.

GRÁFICO 14
Usos da água regulados no estado de Mato Grosso

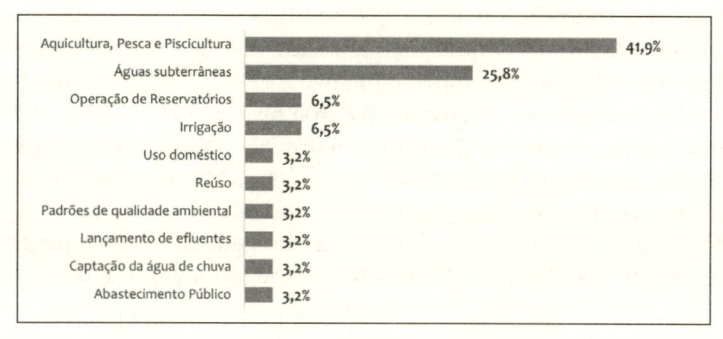

Uso	%
Aquicultura, Pesca e Piscicultura	41,9%
Águas subterrâneas	25,8%
Operação de Reservatórios	6,5%
Irrigação	6,5%
Uso doméstico	3,2%
Reúso	3,2%
Padrões de qualidade ambiental	3,2%
Lançamento de efluentes	3,2%
Captação da água de chuva	3,2%
Abastecimento Público	3,2%

Fonte: Banco de dados do Projeto Regulação da Água (2019), organizado pelos autores.

Por fim, no Mato Grosso do Sul, os principais usos regulados foram as atividades de "Aquicultura, Pesca e Psicultura", cujas normas identificadas foram integralmente editadas pela Assembleia Legislativa. Outros dois temas foram identificados sobre os usos das águas, a saber, "Consumo humano e dessedentação de animais", cuja única norma identificada foi editada pela Assembleia Legislativa, e o tema "Águas subterrâneas", que teve normas editadas pela Assembleia Legislativa, CERH-MS e pela Secretaria de Estado do Meio Ambiente, do Planejamento, da Ciência e Tecnologia (SEMAC-MS).

GRÁFICO 15
Usos da água regulados no estado de Mato Grosso do Sul

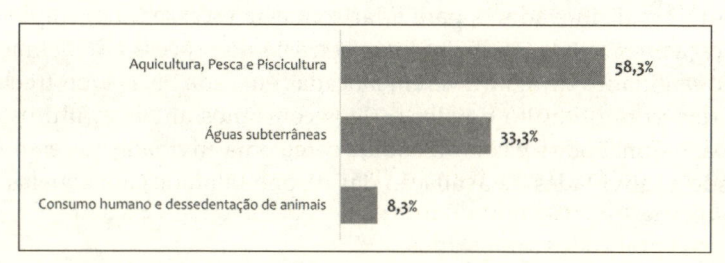

Uso	%
Aquicultura, Pesca e Piscicultura	58,3%
Águas subterrâneas	33,3%
Consumo humano e dessedentação de animais	8,3%

Fonte: Banco de dados do Projeto Regulação da Água (2019), organizado pelos autores.

Identificou-se, neste caso, uma regulação bem enxuta e focada em usos que envolvem especificamente as atividades de pesca – cultura bastante praticada no estado. Os dados sobre as normas regulatórias da região Centro-Oeste demonstraram que embora esta seja a região que concentra os maiores usos consuntivos de água do país, nem sempre a edição de normas regulatórias foi totalmente aderente aos principais problemas da agenda das águas estaduais, compreendendo, em alguns casos, somente parte deles.

Somado a esse fato, observou-se uma ampla fragmentação no espaço regulatório das águas, em que temas "chave" como "Usos da água" vêm sendo regulados por instâncias distintas no mesmo estado e nem sempre nas instâncias mais vocacionadas para edição de parâmetros técnicos, como no caso de Goiás e Mato Grosso. Também chamou a atenção a participação mais tímida dos CERHs na edição de normas regulatórias, com ênfase no Distrito Federal, cuja participação do Conselho de Recursos Hídricos não chegou a representar 5% do total de normas regulatórias editadas. Esse aspecto denota uma baixa governança no ambiente regulatório das águas na região.

4.2.2 Nordeste

A região Nordeste tem sua relação com a água marcada pelo estigma da escassez e, mais especificamente, pelas secas sazonais. Grande parte dos estados nordestinos sofrem anualmente com a seca e esta condição climática, ao contrário do esperado, vem operando positivamente na forma como a água vem sendo gerida na região, pois tem exercido um importante papel como impulsionadora na busca por uma maior eficiência no funcionamento e desenho dos sistemas hídricos estaduais. Assim, estados como o Ceará, que detém ampla trajetória de convivência com as secas sazonais, desenvolveram, além de robustos sistemas de infraestrutura hídrica, ferramentas e mecanismos institucionais inovadores para lidar com essa escassez, a exemplo da alocação negociada da água,[251] que consiste no processo de definição de quantidades de água a serem alocadas em cada bacia e/ou trechos de rios, com o intuito de atender aos consumos atuais e futuros de água. Assim, pode ser compreendida como uma atividade que engloba desde as atividades de avaliação das disponibilidades até aquelas de realocação.[252]

---

[251] ABREU, Inah Maria de. *Alocação negociada da água no Ceará*: proposta metodológica para a tomada de decisão em cenário de escassez. Tese (Doutorado em Desenvolvimento e Meio Ambiente), Universidade Federal do Ceará, Fortaleza, 2015.

[252] PINHEIRO, Maria Inês Teixeira *et al*. Conflitos por águas e alocação negociada: o caso dos Carás no Ceará. *Revista de Administração Pública (RAP)*, v. 45, n. 6, p. 1656-1672, nov./dez. 2011.

Diante da notável especificidade da região Nordeste, buscou-se analisar a distribuição da retirada de águas nos estados da região. Neste caso, observou-se que, assim como no contexto nacional, a irrigação consiste no principal uso destinado às águas nordestinas. Cabe assinalar, no entanto, que o uso animal, a seu turno, apresentou percentual menos expressivo do que quando comparado à região Centro-Oeste (8,0%).

GRÁFICO 16
Dados sobre a retirada de água (m³/s) no Nordeste (2020)

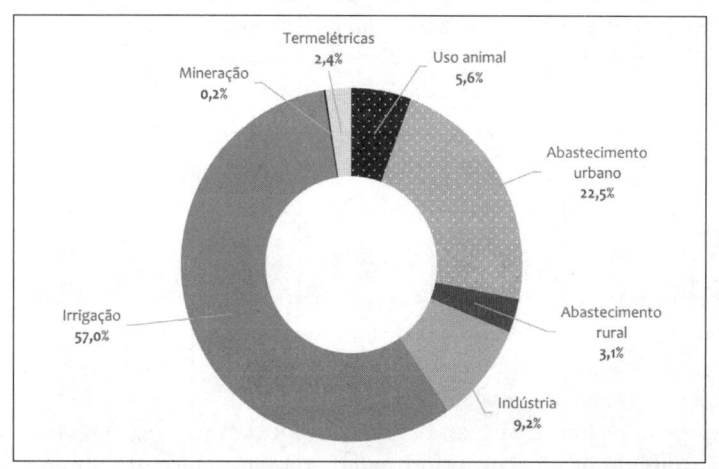

- Termelétricas 2,4%
- Mineração 0,2%
- Uso animal 5,6%
- Abastecimento urbano 22,5%
- Irrigação 57,0%
- Abastecimento rural 3,1%
- Indústria 9,2%

Fonte: Dados extraídos de ANA,[253] referentes ao ano de 2020.

A concentração do uso das águas para irrigação pode ser explicada pelo expressivo desenvolvimento da fruticultura irrigada na região.[254] Em segundo lugar, destaca-se o tema do abastecimento urbano e rural, que revelou ser o segundo principal desafio presente nas agendas hídricas estaduais. Para identificar a situação dos SEGREHs nos estados da região Nordeste, foi realizado um levantamento sobre os principais órgãos reguladores e a composição dos sistemas hídricos estaduais, conforme disposto na tabela 10 a seguir.

---

[253] USOS CONSULTIVOS DA ÁGUA NO BRASIL (1931-2030). Dados disponíveis em: https://app.powerbi.com/view?r=eyJrIjoiNmFhMjA4NmQtY2Y4Yy00OWE4LTkyNzEtO-Tk2MTY4MTQzMTliIiwidCI6ImUwYmI0MDEyLTgxMGItNDY5YS04YjRkLTY2N2ZjZDF iYWY4OCJ9. Acesso em 20 set. 2020.

[254] BUAINAIN, Antonio Marcio; GARCIA JUNIOR, Ruiz. Polos de Irrigação no Nordeste do Brasil: desenvolvimento recente e perspectivas. *Confins*, n. 23, 2015.

TABELA 10
Sistemas de Recursos Hídricos Estaduais – região Nordeste

(continua)

Estado	Política Estadual	Órgão de recursos hídricos	Conselho de Recursos Hídricos	Comitês de Bacia	Fundo de Recursos Hídricos
Alagoas	Lei Estadual nº 5.965/1997	Secretaria do Estado do Meio Ambiente e Recursos Hídricos de Alagoas (SEMARH)	Decretos nº 37.784/1998 e nº 658/2002	5 CBHs	Fundo Estadual de Recursos Hídricos (FERH), regulamentado pelo Decreto Estadual nº 532/2002
Bahia	Lei Estadual nº 6.855/1995	Instituto do Meio Ambiente e Recursos Hídricos (INEMA)	Lei nº 7.354/1998 e Decreto nº 12.120/2010	15 CBHs	Fundo Estadual de Recursos Hídricos da Bahia (FERHBA), criado pela Lei Estadual nº 8.194, de 21 de janeiro de 2002, e alterado pelas Leis Estaduais nº 11.612/2009 e nº 12.377/2011
Ceará	Lei Estadual nº 11.996/1992	Companhia de Gestão dos Recursos Hídricos (COGERH)	Decreto nº 23.039/1994	12 CBHs	Fundo Estadual de Recursos Hídricos (FUNORH), criado pela Lei Estadual nº 12.245/1993 e regulamentado pelo Decreto Estadual nº 23.047/1994
Maranhão	Lei Estadual nº 8.149/2004	Secretaria de Estado do Meio Ambiente e Recursos Naturais (Sema)	Decretos nº 21.821/2005 e nº 30.191/2014	02 CBHs	Fundo Estadual de Recursos Hídricos (FERH), criado pela Lei Estadual nº 8.148/2004, regulamentado pelo Decreto Estadual nº 10.411/2015
Paraíba	Lei Estadual nº 6.308/1996	Agência Executiva de Gestão das Águas do Estado da Paraíba (AESA)	Decreto nº 18.824/1997 e Lei nº 8.446/2007	03 CBHs	Fundo Estadual de Recursos Hídricos (FERH), criado pelas Leis Estaduais nº 6.308/1996 e nº 8.466/2007, regulamentado pelo Decreto Estadual nº 31.215/2010

(conclusão)

Estado	Política Estadual	Órgão de recursos hídricos	Conselho de Recursos Hídricos	Comitês de Bacia	Fundo de Recursos Hídricos
Pernambuco	Lei Estadual nº 11.426/1997	Secretaria de Infraestrutura e Recursos Hídricos de Pernambuco (SEINFRA)	Decreto nº 20.269/1997	07 CBHs	Fundo Estadual de Recursos Hídricos, criado pela Lei nº 12.984/2005
Piauí	Lei Estadual nº 5.165/2000	Secretaria de Estado do Meio Ambiente e Recursos Hídricos do Piauí (SEMAR)	Decreto nº 10.880/2002	02 CBHs	Fundo Estadual de Recursos Hídricos (FERH), criado pela Lei Estadual nº 5.165/2000 e regulamentado pelo Decreto Estadual nº 12.212/2006
Rio Grande do Norte	Lei Estadual nº 6.908/1996	Instituto de Gestão das Águas do Estado do Rio Grande do Norte (IGARN)	Decreto nº 13.284/1997	03 CBHs	Fundo Estadual de Recursos Hídricos, criado pela Lei Estadual nº 5.165/2000 e regulamentado pelo Decreto nº 12.212/2006
Sergipe	Lei Estadual nº 3.870/1997	Secretaria de Estado do Meio Ambiente e dos Recursos Hídricos (SEMARH)	Decreto nº 18.099/1999	03 CBHs	Fundo Estadual de Recursos Hídricos (FUNERH), criado pela Lei Estadual nº 3.870/1997 e regulamentado pelo Decreto Estadual nº 27.410/2010

Fonte: Banco de dados do Projeto Regulação da Água (2021), organizado pelos autores.

Conforme se pode notar, os estados da região Nordeste estruturaram os seus sistemas hídricos entre os anos 1990 e início dos anos 2000, com destaque para o Ceará, que foi o pioneiro, tendo implementado seu sistema hídrico ainda antes da publicação da Lei das Águas, em 1997. Todos os estados possuem órgãos ambientais implementados e em funcionamento, que atuam como reguladores das águas, assim como os Conselhos de Recursos Hídricos e comitês de bacia hidrográfica. Chama a atenção o fato de todos os estados do Ceará também apresentarem Fundo de Recursos Hídricos.

Quanto à situação de implementação dos instrumentos hídricos na região Nordeste, o levantamento indicou situações bastante diversas.

TABELA 11
Situação de implementação dos instrumentos hídricos na região Nordeste

Estado	Plano de Recursos Hídricos	Outorga	Cobrança	Enquadramento	Sistema de informações
Alagoas	Implementado	Implementada	Não possui	Trechos de rio já enquadrados	Não regulamentado
Bahia	Implementado	Implementada	Implementada	Trechos de rio já enquadrados	Implementado
Ceará	Implementado	Implementada	Implementada	Não possui	Implementado
Maranhão	Implementado	Implementada	Não possui	Trechos de rio já enquadrados	Implementado
Paraíba	Em atualização	Implementada	Implementada	Não possui	Não regulamentado
Pernambuco	Em elaboração	Implementada	Não possui	Não possui	Implementado
Piauí	Implementado	Implementada	Regulamentada	Não possui	Implementado
Rio Grande do Norte	Em revisão	Implementada	Não possui	Trechos de rio já enquadrados	Não regulamentado
Sergipe	Implementado	Implementada	Não possui	Não possui	Não regulamentado

Fonte: Banco de dados do Projeto Regulação da Água (2021) e Relatório Conjuntura.[255]

---

[255] BRASIL. Agência Nacional das Águas. *Relatório da ANA apresenta situação das águas do Brasil no contexto de crise hídrica*. 2017. Disponível em: https://www.ana.gov.br/noticias/relatorio-da-ana-apresenta-situacao-das-aguas-do-brasil-no-contexto-de-crise-hidrica. Acesso em 15 mai. 2020.

Em primeiro lugar, é importante ressaltar que, com exceção de Pernambuco, todos os estados já possuem Planos Estaduais de Recursos Hídricos (PERHs), em alguns casos, em atualização ou em revisão. O PERH consiste em um documento orientador das ações prioritárias na gestão das águas de um determinado estado, além também de reunir importantes informações sobre o diagnóstico e prognósticos da situação das águas estaduais em termos de qualidade, quantidade, usos prioritários, mapeamento de conflitos hídricos e outros elementos. A inexistência dos PERHs, ou ainda a sua desatualização, implica a eficiência da promoção da gestão e regulação dos recursos hídricos de uma determinada região. No caso da região Nordeste, cujos SEGREHs remontam dos anos 1990, é esperado que os PERHs já estejam implementados. A situação de Pernambuco, portanto, merece atenção nas análises que se sucedem.

Os PERHs possibilitam a organização e a sistematização das informações sobre a gestão e a regulação das águas nos estados. Além deles, também é importante ressaltar o papel dos Sistemas de Informação, que representam importante ferramenta de gestão e transparência sobre as águas. Ademais, possibilitam, ainda, o fomento a uma gestão mais integrada. A ANA chama a atenção, por meio dos relatórios de acompanhamento do Programa Progestão, para diversas ações e programas de fomento ao fortalecimento dos SEGREHs, que estimula que os estados adotem um sistema único para a gestão e o cadastro dos usuários de água estaduais – o Cadastro Nacional de Usuários de Recursos Hídricos (CNARH). A adoção do CNARH pelos estados não é obrigatória, haja vista a sua autonomia na gestão dos recursos hídricos sob sua jurisdição, contudo, pode ser compreendida como uma prática importante na promoção de uma gestão mais integrada e transparente da água no contexto nacional. No caso do Nordeste, chama a atenção o fato de, pelo menos, um terço dos estados ainda não possuir a regulamentação dos seus Sistemas de Informação.

Quanto à Cobrança pelo uso da água e o Enquadramento dos corpos hídricos, a realidade nordestina demostrou que ainda há poucos avanços. O dado da região Nordeste vai ao encontro da realidade nacional, que denota que em ambos os instrumentos se tem identificado lacunas mais persistentes quanto aos avanços de sua implementação. A não implementação da cobrança implica na ausência de uma ferramenta monetária importante para manutenção dos SEGREHs. Já os Enquadramentos de corpos hídricos são instrumento de planejamento, logo, sua ausência ou implementação incipiente dificulta a construção de metas mais realistas sobre a situação desejada para os corpos hídricos estaduais.

Ao estudar a regulação das águas nos estados por meio das normas publicadas, observou-se, como esperado, uma concentração de normas com o intuito de organizar o funcionamento e a estrutura dos sistemas hídricos estaduais. Tais normas foram concentradas na categoria "Administração e Planejamento", conforme pode ser observado no gráfico a seguir.

GRÁFICO 17
Temas das normas sobre as águas nos estados do Nordeste

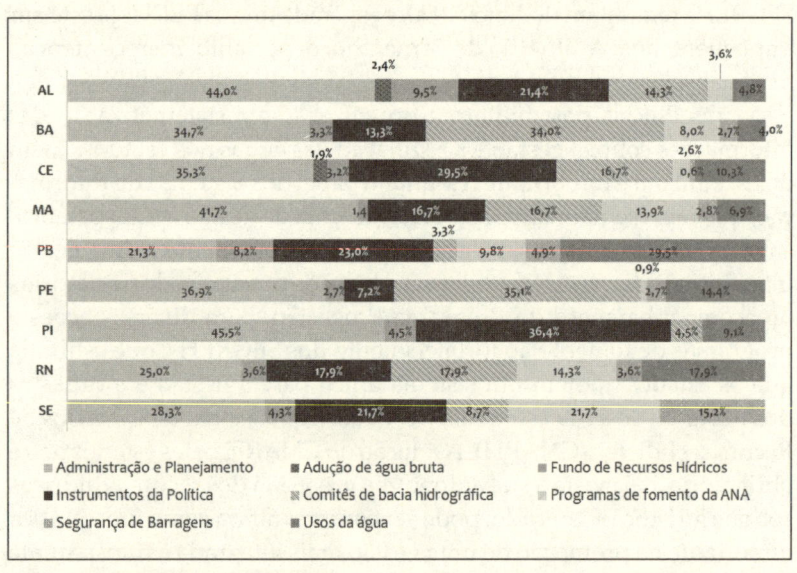

Estado	Administração e Planejamento	Adução de água bruta	Fundo de Recursos Hídricos	Instrumentos da Política	Comitês de bacia hidrográfica	Programas de fomento da ANA	Segurança de Barragens	Usos da água
AL	44,0%		2,4%	9,5%	21,4%	14,3%	3,6%	4,8%
BA	34,7%	3,3%		13,3%	34,0%	8,0%	2,7%	4,0%
CE	35,3%	1,9%	3,2%	29,5%	16,7%	2,6%	0,6%	10,3%
MA	41,7%	1,4%		16,7%	16,7%	13,9%	2,8%	6,9%
PB	21,3%	8,2%	3,3%	23,0%	9,8%	4,9%	29,5%	
PE	36,9%	2,7%	0,9%	7,2%	35,1%	2,7%		14,4%
PI	45,5%			4,5%	36,4%	4,5%		9,1%
RN	25,0%	3,6%		17,9%	17,9%	14,3%	3,6%	17,9%
SE	28,3%	4,3%		21,7%	8,7%	21,7%		15,2%

Fonte: Banco de dados do Projeto Regulação da Água (2019), organizado pelos autores.

Em segundo lugar, ganha destaque a edição de normas sobre o funcionamento dos "Instrumentos da Política", que são os instrumentos previstos nas legislações estaduais e que orientam a forma como a água será regulada em cada um dos estados, podendo ser citadas a outorga e a cobrança pelo uso da água bruta como exemplos (vide tabela 11).

O levantamento das normas, somado ao levantamento sobre a estrutura e o funcionamento dos SEGREHs, revelou que os estados nordestinos apresentam graus distintos de amadurecimento dos seus sistemas hídricos estaduais. Este dado corrobora o diagnóstico feito pela ANA sobre o avanço do Programa Progestão, que apresenta dados sobre o funcionamento dos SEGREHs.[256]

A partir do gráfico 17 também é possível notar que o estado do Sergipe não editou normas sobre os usos da água no estado, o que corrobora com a constatação de que a regulação normativa demonstrou ser menos responsiva aos dilemas presentes. É no âmbito da regulação do acesso aos usos da água que diversas questões se apresentam, em termos de definição de prioridades e parâmetros, além de eventuais conflitos hídricos. A ausência de normas desta natureza representa uma lacuna substantiva sobre a forma como a regulação da água vem sendo realizada no estado.

Ao classificar as normas quanto à sua finalidade, a concentração de normas regulatórias demonstrou ser igual ou inferior à metade do total de normas sobre as águas em quase todos os estados nordestinos, com exceção da Paraíba.

GRÁFICO 18
Finalidade das normas sobre águas nos estados do Centro-Oeste

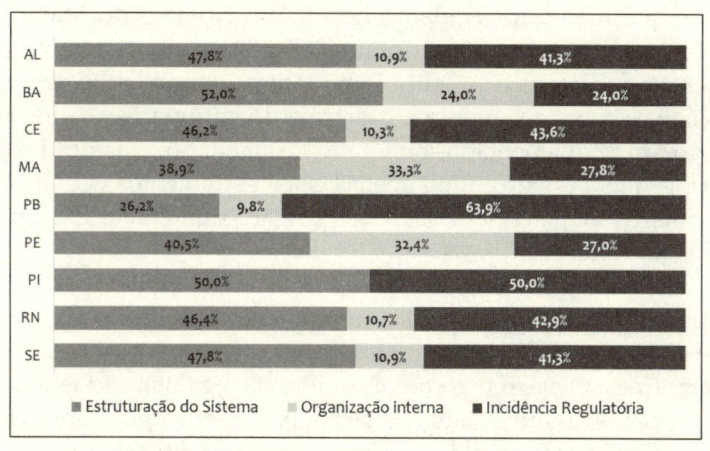

Estado	Estruturação do Sistema	Organização interna	Incidência Regulatória
AL	47,8%	10,9%	41,3%
BA	52,0%	24,0%	24,0%
CE	46,2%	10,3%	43,6%
MA	38,9%	33,3%	27,8%
PB	26,2%	9,8%	63,9%
PE	40,5%	32,4%	27,0%
PI	50,0%		50,0%
RN	46,4%	10,7%	42,9%
SE	47,8%	10,9%	41,3%

Fonte: Banco de dados do Projeto Regulação da Água (2019), organizado pelos autores.

O cenário apresentado no gráfico 18 demonstra que apesar de boa parte dos esforços normativos dos estados ser direcionada para edição de regras que visam à estruturação e ao funcionamento dos

---

[256] AGÊNCIA NACIONAL DE ÁGUAS (ANA). *Programa de Consolidação do Pacto Nacional pela Gestão das Águas (Progestão)*. 2021. Disponível em: https://progestao.ana.gov.br/. Acesso em 18 ago. 2021.

sistemas hídricos, há uma preocupação com o ambiente regulatório e com a edição de parâmetros e *standards,* visando orientar a forma como as águas estaduais devem ser acessadas, que merece ser destacada, uma vez que o percentual de normas regulatórias foi superior a 40% em dois terços dos estados da região.

No caso da Paraíba, a concentração de normas com finalidade regulatória foi ainda superior àquelas que visavam à "Estruturação do Sistema", representando 63,9% das normas editadas. Os casos destoantes, nos quais o baixo percentual de normas regulatórias ficou evidente, foram observados na Bahia, no Maranhão e em Pernambuco.

No caso da Bahia, observou-se a edição de parâmetros orientando a aplicação de instrumentos de gestão das águas tais como outorga, cobrança, sistemas de informação, enquadramento e planos de recursos hídricos. No entanto, identificou-se a ausência de parâmetros para orientar importantes usos da água no estado, como, por exemplo, o abastecimento público e o uso agrícola dos recursos hídricos. Essa lacuna evidencia como o baixo percentual regulatório identificado também se traduz como uma incipiência em termos dos principais temas que merecem regulação no estado. No caso do Maranhão, observa-se que a incipiência regulatória está concentrada tanto na ausência de parâmetros sobre importantes instrumentos de gestão das águas, como a cobrança e o sistema de informações – que ainda não foram regulamentados no estado –, quanto no tema dos usos da água, já que o estado editou apenas cinco regramentos visando criar parâmetros sobre três temas, a saber: irrigação, qualidade das águas e águas subterrâneas.

O estado de Pernambuco se destacou pela falta de edição de parâmetros para aplicação dos instrumentos de gestão das águas, tendo apenas editado regras para aplicação da outorga e de sistema de informações. O baixo percentual de normas regulatórias identificado em Pernambuco indica uma incipiente parametrização sobre a forma como os instrumentos hídricos são aplicados no estado.

Os instrumentos de recursos hídricos consistem em importantes ferramentas que visam orientar a gestão das águas e a aplicação efetiva das políticas hídricas. A ausência de parâmetros que norteiam sua aplicação é indicativa de uma fragilidade tanto do ponto de vista regulatório quanto do ponto de vista da execução das políticas hídricas estaduais.

As normas também foram classificadas quanto aos entes responsáveis pela sua edição, visando compreender o grau de fragmentação do ambiente regulatório dos estados. O gráfico 19, a seguir, ilustra essa distribuição.

GRÁFICO 19
Origem das normas regulatórias sobre águas nos estados do Nordeste

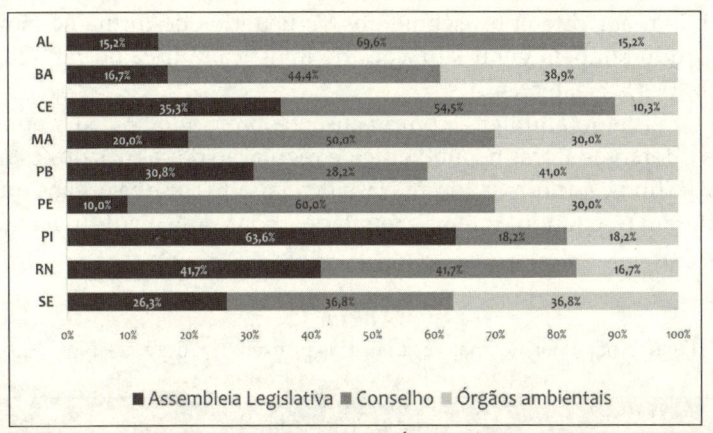

Estado	Assembleia Legislativa	Conselho	Órgãos ambientais
AL	15,2%	69,6%	15,2%
BA	16,7%	44,4%	38,9%
CE	35,3%	54,5%	10,3%
MA	20,0%	50,0%	30,0%
PB	30,8%	28,2%	41,0%
PE	10,0%	60,0%	30,0%
PI	63,6%	18,2%	18,2%
RN	41,7%	41,7%	16,7%
SE	26,3%	36,8%	36,8%

Fonte: Banco de dados do Projeto Regulação da Água (2019), organizado pelos autores.

A partir deste último gráfico, observa-se que, com exceção da Paraíba e do Piauí, os Conselhos Estaduais de Recursos Hídricos (CERHs) foram os principais responsáveis pela publicação das normas regulatórias nos estados da região. No caso específico da Paraíba, que foi o estado com maior concentração de normas regulatórias, o dado sobre a menor participação do Conselho indica que, neste caso, embora o maior esforço regulatório seja evidente, ele não necessariamente veio acompanhando de maior participação social.

A respeito da constatação da relevante atuação dos CERHs na edição das normas regulatórias em alguns estados da região Nordeste, uma primeira percepção permite pressupor que este achado figura como indicativo de uma cultura participativa mais expressiva na tomada de decisão sobre as águas dos estados nordestinos, diferente, por exemplo, do que foi visto nos estados do Centro-Oeste, em que as Assembleias Legislativas ocuparam posição de destaque. Contudo, também é importante compreender que tipos de normas vêm sendo gestadas nestes espaços. O estado do Piauí foi aquele que mais destoou dos demais, pois teve as normas regulatórias com origem majoritariamente advindas do Legislativo.

A baixa participação dos CERHs na edição dos parâmetros sobre a regulação das águas pode implicar baixo controle social a respeito dos parâmetros que balizam o acesso às águas e o funcionamento dos instrumentos de gestão dos recursos hídricos. Em que pese a desejável participação de órgãos técnicos na edição de parâmetros de qualidade ambiental para a gestão do recurso, uma regulação pautada em um baixo controle social pode ocasionar que os parâmetros editados não atendam aos diferentes segmentos de usuários de forma equânime, podendo também gerar situações de injustiça hídrica ou reforço das situações já existentes.

Visando ampliar a compreensão sobre como se deu a atuação dos diferentes atores no ambiente de regulação das águas dos estados nordestinos, as normas foram classificadas a partir dos órgãos que as editaram e segundo os temas regulados, conforme disposto na tabela a seguir.

TABELA 12
Distribuição das normas regulatórias por temas e órgãos – Nordeste

(continua)

Estado	Tema	Assembleia Legislativa	CERH	Órgãos ambientais
Alagoas	Adução de água bruta	50,0%	–	50,0%
	Fundo de Recursos Hídricos	12,5%	87,5%	–
	Instrumentos da Política	38,9%	27,8%	33,3%
	Segurança de Barragens	–	–	–
	Usos da água	50,0%	50,0%	–
Bahia	Fundo de Recursos Hídricos	60,0%	40,0%	–
	Instrumentos da Política	5,0%	65,0%	30,0%
	Segurança de Barragens	–	–	100,0%
	Usos da água	16,7%	66,7%	16,7%

(continua)

Estado	Tema	Assembleia Legislativa	CERH	Órgãos ambientais
Ceará	Adução de água bruta			100,0%
	Fundo de Recursos Hídricos	80,0%	20,0%	0,0%
	Instrumentos da Política	41,3%	50,0%	8,7%
	Segurança de Barragens	–	–	100,0%
	Usos da água	25,0%	75,0%	–
Maranhão	Fundo de Recursos Hídricos	100,0%	–	–
	Instrumentos da Política	8,3%	83,3%	8,3%
	Segurança de Barragens	–	–	100,0%
	Usos da água	20,0%	50,0%	30,0%
Paraíba	Fundo de Recursos Hídricos	60,0%	40,0%	–
	Instrumentos da Política	42,9%	50,0%	7,1%
	Segurança de Barragens	–	–	100,0%
	Usos da água	22,2%	11,1%	66,7%
Pernambuco	Fundo de Recursos Hídricos	–	100,0%	–
	Instrumentos da Política	–	50,0%	50,0%
	Segurança de Barragens	–	–	100,0%
	Usos da água	18,8%	68,8%	12,5%
Piauí	Fundo de Recursos Hídricos	100,0%	–	–
	Instrumentos da Política	75,0%	25,0%	–
	Segurança de Barragens	–	–	–
	Usos da água	–	–	100,0%

(conclusão)

Estado	Tema	Assembleia Legislativa	CERH	Órgãos ambientais
Rio Grande do Norte	Fundo de Recursos Hídricos	100,0%	–	–
	Instrumentos da Política	20,0%	60,0%	20,0%
	Segurança de Barragens	–	–	100,0%
	Usos da água	60,0%	40,0%	–
Sergipe	Fundo de Recursos Hídricos	100,0%	–	–
	Instrumentos da Política	30,0%	70,0%	–
	Segurança de Barragens	–	–	100,0%
	Usos da água	–	–	–

Fonte: Banco de dados do Projeto Regulação da Água (2019), organizado pelos autores.

Ao consultar a tabela 12, nota-se que o tema mais regulado pelos CERHs foi "Instrumentos da Política". A Paraíba, que teve a maior concentração de normas regulatórias, apresentou um ambiente regulatório bastante fragmentado em relação aos diferentes temas regulados, pois enquanto "Segurança de barragens" foi regulado apenas pelo órgão ambiental, os demais temas apresentaram divisão entre as diferentes institucionalidades. No caso do Piauí, em que a Assembleia Legislativa foi a principal editora das normas regulatórias no estado, é interessante notar que o tema dos "Usos da Água" foi regulado integralmente por outro ente, o órgão ambiental estadual, o que pode ser explicado pela tecnicidade exigida para definição de parâmetros sobre o tema.

Gunningham[257] defende que somente por meio de um ambiente colaborativo é possível construir instrumentos e estratégias regulatórias eficientes para regular os recursos naturais. Assim, com a centralização do papel da edição de importantes normas regulatórias em instituições com aguçado caráter técnico, as normas ficaram sujeitas à captura dos interesses hegemônicos e à menor aderência às demandas sociais minoritárias, resultando em uma regulação menos reflexiva dos desafios presentes no ambiente regulatório.

---

[257] GUNNINGHAM, Neil. The new collaborative environmental governance: the localization of regulation. *Journal of Law and Society*, v. 36, n. 1, p. 145-166, 2009.

Embora os CERHs tenham apresentado destaque na edição dos parâmetros que fundamentam a aplicação dos instrumentos hídricos nos estados nordestinos, a baixa participação desta instância na edição de normas sobre os usos da água é um indicativo da menor reflexividade do ambiente regulatório nordestino. Casos como Alagoas e Sergipe são ainda mais preocupantes, posto que nenhuma norma sobre os usos da água foi editada. Nos demais estados, ao olhar especificamente para os usos da água regulados, observa-se que, embora tenham sido editadas normas sobre este tema, importantes usos ainda são incipientemente regulados nos estados, conforme demonstrado na tabela 13 a seguir.

TABELA 13
Tipos de usos da água regulados nos estados nordestinos

(continua)

Estado	Tema	%
Alagoas	Águas subterrâneas	100%
Bahia	Águas subterrâneas	50,0%
	Fiscalização	16,7%
	Monitoramento	16,7%
Ceará	Águas subterrâneas	12,5%
	Aquicultura, Pesca e Piscicultura	18,8%
	Fiscalização	6,3%
	Obras de oferta hídrica	6,3%
	Operação de reservatórios	50,0%
	Reuso	6,3%
Maranhão	Águas subterrâneas	40,0%
	Irrigação	20,0%
	Lançamento de efluentes	20,0%
	Qualidade	20,0%

(conclusão)

Estado	Tema	%
Paraíba	Águas subterrâneas	5,6%
	Carro-pipa	11,0%
	Criticidade hídrica	16,7%
	Monitoramento	11,0%
	Obras de oferta hídrica	5,6%
	Operação de reservatórios	27,8%
	Restrição de uso	16,7%
	Uso doméstico	5,6%
Pernambuco	Águas subterrâneas	68,7%
	Fiscalização	25,0%
	Monitoramento	6,3%
Piauí	Águas subterrâneas	100,0%
Rio Grande do Norte	Águas subterrâneas	100,0%

Fonte: Banco de dados do Projeto Regulação da Água (2019), organizado pelos autores.

Conforme já informado, o estado de Sergipe não apresentou normas sobre o tema dos "Usos da água". Os estados do Ceará e Paraíba foram os que apresentaram maior especificidades sobre as regras que tratam dos usos da água. Estes também foram os únicos estados que apresentaram regramentos sobre a operação dos reservatórios hídricos. Pode-se perceber que a maior especificidade regulatória coincidiu com os estados que apresentaram maior grau de maturidade em seus sistemas hídricos, conforme indicado nos relatórios do Progestão elaborados pela ANA.[258]

---

[258] AGÊNCIA NACIONAL DE ÁGUAS (ANA). *O Progestão no Ceará*: síntese do primeiro ciclo do Programa (2013-2016). 2017c. Disponível em: https://progestao.ana.gov.br/mapa/ce/progestao_ce_2015.pdf. Acesso em 18 set. 2020; AGÊNCIA NACIONAL DE ÁGUAS (ANA). *O Progestão na Paraíba*: síntese do primeiro ciclo do Programa (2013-2016). 2017d. Disponível em: https://progestao.ana.gov.br/mapa/pb/o-progestao-no-estado-da-paraiba. Acesso em 18 set. 2020.

Também merece destaque o fato de o tema das "Águas subterrâneas" ter sido regulado em todos os estados da região. Isso pode ser explicado pela importância dos poços e cisternas como fonte alternativa de águas, especialmente no enfrentamento das secas sazonais, algo comum na região.

A pesquisa normativa realizada nos estados nordestinos identificou uma ampla pluralidade no ambiente regulatório das águas desta região. Dentre os temas em que se observou menor diversidade entre os entes responsáveis pela edição das normas, os dados destacam o tema "Segurança de Barragens", conforme demonstrado na tabela 7. O alto grau de tecnicidade poderia indicar, a priori, a razão de os órgãos ambientais serem os entes mais vocacionais para editar regras e parâmetros sobre esse tema. Importante chamar a atenção para as lacunas encontradas nos estados de Alagoas e Piauí, nos quais não foram identificadas normas editadas sobre o tema.

Importante assinalar que este tema somente passou a ser mais fortemente regulado no contexto nacional a partir dos anos 2010, quando foi publicada uma alteração na Lei das Águas, para inclusão entre as atribuições da ANA e do CNRH, a competência para regular as barragens hidráulicas, conforme já narrado.

4.2.3 Norte

A região Norte apresenta uma situação bastante peculiar em termos de disponibilidade hídrica. Ao mesmo tempo em que concentra a maior porção de água doce superficial disponível no território brasileiro, também é a região que abriga a menor parcela da população brasileira. Em princípio, tal descoordenação entre a disponibilidade e a demanda poderia ser indicativa de uma maior capacidade de os estados responderem aos desafios presentes nas suas agendas hídricas, especialmente aqueles que dizem respeito às dificuldades ou disputas em torno do acesso ao recurso. Contudo, conforme apontado por Ostrom,[259] a relação sobre a disponibilidade do bem e sua qualidade é um dos fatores que ajuda a compreender a capacidade institucional dos órgãos responsáveis pela sua regulação, mas este não é o único fator.

Observa-se que a região Norte também destoa em termos do perfil de consumo hídrico apresentado no contexto nacional, conforme

---

[259] OSTROM, Elinor. Background on the Institutional Analysis and Development Framework. *Policy Studies Journal*, v. 39, n. 1, p. 7-27, 2011.

dados sobre os principais usos que demandam a retirada de água nos estados da região indicados no gráfico 20, a seguir.

GRÁFICO 20
Dados sobre a retirada de água (m³/s) no Norte (2020)

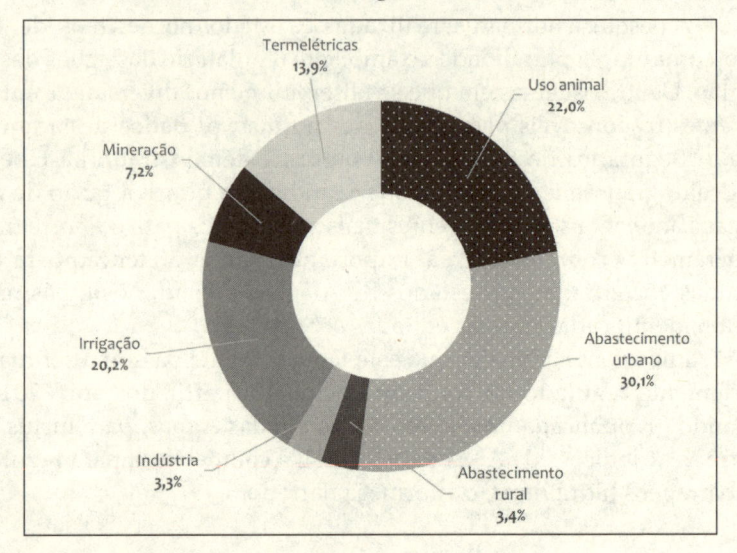

- Termelétricas: 13,9%
- Uso animal: 22,0%
- Mineração: 7,2%
- Irrigação: 20,2%
- Indústria: 3,3%
- Abastecimento rural: 3,4%
- Abastecimento urbano: 30,1%

Fonte: Dados extraídos de ANA,[260] referentes ao ano de 2020.

Enquanto no cenário nacional a atividade de "Irrigação" demanda cerca de 50% das retiradas de volume de água dos corpos hídricos (gráfico 7), no caso dos estados da região Norte, esse uso concentra apenas 20,2% das demandas consuntivas, o que corresponde a menos da metade do percentual nacional. Também cabe destaque para a contribuição que as termelétricas exercem na região (13,9%), destoando do contexto nacional em que a atividade equivale a 3,8% das retiradas de água nacionais destinadas a esse fim (gráfico 7).

O "Abastecimento urbano" apresenta-se como o principal uso consuntivo na região Norte. O "Uso animal" também apresenta uma demanda expressiva nos estados dessa região, representando 22,0% das retiradas, contrastando com o cenário nacional, no qual esse uso representa apenas 8% do consumo consuntivo de águas. Observou-se,

---

[260] USOS CONSUNTIVOS DA ÁGUA NO BRASIL (1931-2030). Dados disponíveis em: https://app.powerbi.com/view?r=eyJrIjoiNmFhMjA4NmQtY2Y4Yy00OWE4LTkyNzEtO-Tk2MTY4MTQzMTliIiwidCI6ImUwYmI0MDEyLTgxMGItNDY5YS04YjRkLTY2N2ZjZDF iYWY4OCJ9. Acesso em 20 set. 2020.

portanto, que além da maior disponibilidade hídrica da região em relação às demais porções do país, a distribuição dos usos da água também destoa em relação ao contexto nacional.

Além do diagnóstico sobre a disponibilidade e os principais tipos de uso das águas nos estados, também foi importante realizar uma compreensão acerca da estruturação do sistema de recursos hídricos dos estados, tanto em temos da existência de órgãos estruturantes de políticas estaduais quanto da capacidade de resposta de tais órgãos, que foi aferida a partir da identificação da implementação de instrumentos hídricos. O diagnóstico realizado nos estados foi disposto nas tabelas 14 e 15.

TABELA 14
Estruturação dos Sistemas de Recursos Hídricos Estaduais – região Norte

Estado	Política Estadual	Órgão de recursos hídricos	Conselho de Recursos Hídricos	Comitês de Bacia	Fundo de Recursos Hídricos
Acre	Lei Estadual nº 1.500/2003	Secretaria de Estado de Meio Ambiente (Sema/AC) Instituto de Meio Ambiente do Acre (IMAC)	Não possui conselho específico sobre recursos hídricos. - Conselho Estadual de Meio Ambiente, Ciência e Tecnologia (CEMACT), regulamentado pela Lei nº 1.022/1992	Não possui	Não possui Fundo específico sobre os recursos hídricos. - Fundo Especial de Meio Ambiente (FEMAC), regulamentado pela Lei nº 1.500/2003
Amazonas	Lei Estadual nº 2.712/2001	Secretaria de Estado do Meio Ambiente Instituto de Proteção Ambiental do Amazonas (IPAAM)	Regulamentado pelo Decreto nº 25.037/2005	01 CBH	Regulamentado pela Portaria SEMA nº 120/2019
Amapá	Lei Estadual nº 686/2002	Secretaria de Estado do Meio Ambiente do Amapá (Sema/AP)	Regulamentado pelo Decreto nº 4509/2009	02 CBHs	Não possui
Pará	Lei Estadual nº 638/2001	Secretaria Adjunta de Recursos Hídricos e Clima - Diretoria de Recursos Hídricos (Semas)	Regulamentado pelos Decretos nº 2.070/2006 e nº 276/2011	Não possui	Não possui
Rondônia	Lei Complementar nº 255/2002	Secretaria de Estado do Desenvolvimento Sustentável (Sedam)	Regulamentado pelo Decreto Estadual nº 10.114/2002	05 CBHs	Regulamentado pelo Decreto Estadual nº 10.114/2002
Roraima	Lei Estadual nº 547/2006	Fundação Estadual do Meio Ambiente e Recursos Hídricos de Roraima (FEMARH)	Regulamentado pelo Decreto Estadual nº 8.122-E/2007	Não possui	Não possui
Tocantins	Lei Estadual nº 1.307/2002	Secretaria do Meio Ambiente e Recursos Hídricos (SEMARH)	Regulamentado pelos Decretos Estaduais nº 637/1998 e nº 3006/2007	06 CBHs	Regulamentado pela Lei nº 2.089/2009

Fonte: Banco de dados do Projeto Regulação da Água (2021), organizado pelos autores.

Com exceção do Acre, todos os estados da região possuem Conselho Estadual de Recursos Hídricos (CERH), implementado e em funcionamento. Já no caso do Fundo de Recursos Hídricos, os quais exercem importante papel na distribuição dos recursos financeiros coletados a partir da cobrança pelo uso das águas e pela compensação financeira sobre os usos das águas para geração de energia elétrica, os estados do Amapá, Pará e Roraima ainda não possuem Fundo específico. Também merece atenção o fato de dois estados ainda não possuírem comitês de bacia hidrográfica instalados no território. Os comitês de bacia são organismos colegiados compostos por representantes de três segmentos sociais distintos, a saber, do governo, da sociedade civil e dos usuários da água, e que têm como atribuição principal atuar como fórum deliberativo sobre a gestão das águas de uma determinada bacia hidrográfica. Como se nota, os SEGREHs da região Norte ainda se encontram em fase de maturação, sobretudo quando comparados às demais regiões do país.

Já no caso da situação da implementação dos instrumentos hídricos, nenhum dos estados apresentou situação em que todos os instrumentos estão regulamentados. Mais da metade dos estados da região não possuem planos de recursos hídricos, instrumento fundamental para orientar a execução das políticas hídricas estaduais. Esta constatação revela uma menor capacidade de resposta dos órgãos reguladores das águas da região Norte.

TABELA 15
Situação da implementação dos instrumentos hídricos na região Norte

Estado	Plano de Recursos Hídricos	Outorga	Cobrança	Enquadramento	Sistema de informações
Acre	Concluído	Implementada	Não possui	Não possui	Não possui
Amazonas	Não possui	Implementada	Não possui	Não possui	Não possui
Amapá	Não possui	Implementada	Não possui	Não possui	Não possui
Pará	Não possui	Implementada	Não possui	Não possui	Implementado
Rondônia	Em elaboração	Implementada	Não possui	Não possui	Não possui
Roraima	Concluído	Implementada	Não possui	Não possui	Não possui
Tocantins	Concluído	Implementada	Não possui	Não possui	Não possui

Fonte: Banco de dados do Projeto Regulação da Água (2021) e Relatório Conjuntura.[261]

---

[261] BRASIL. Agência Nacional das Águas. *Relatório da ANA apresenta situação das águas do Brasil no contexto de crise hídrica*. 2017. Disponível em: https://www.ana.gov.br/noticias/

Além da ausência do Plano de Recursos Hídricos, nota-se também a carência na implementação dos demais instrumentos nos estados, com exceção da outorga. No caso do sistema de informações, que é o instrumento que auxilia os órgãos reguladores e gestores a reunirem e classificarem os dados acerca dos usuários da água e de seus principais usos no estado, identificou-se que apenas o estado do Pará já possui o instrumento regulamentado.

O panorama inicial apresentado pelos estados da região Norte já apontava para algumas deficiências significativas nos SEGREHs. A pesquisa se voltou, então, para realização de um diagnóstico mais preciso sobre a regulação das águas da região e, para tal, pautou-se no levantamento normativo, em que as normas foram classificadas a partir dos seus temas principais. O gráfico 21, a seguir, ilustra a distribuição das normas por temas.

GRÁFICO 21
Temas das normas sobre as águas nos estados da região Norte

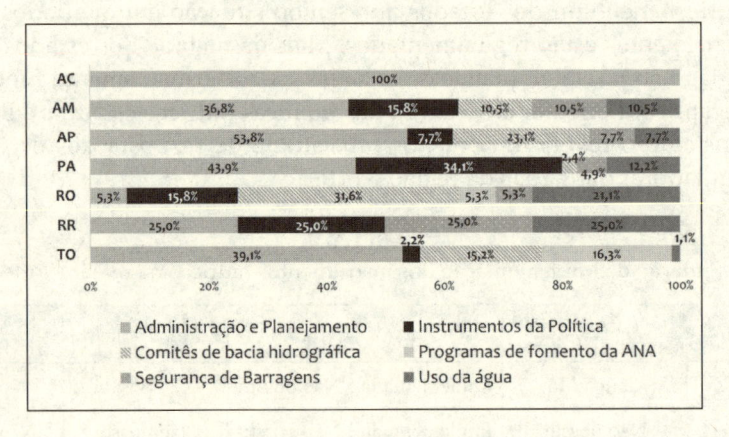

	Administração e Planejamento	Instrumentos da Política	Comitês de bacia hidrográfica	Programas de fomento da ANA	Segurança de Barragens	Uso da água
AC	100%					
AM	36,8%	15,8%	10,5%	10,5%		10,5%
AP	53,8%	7,7%	23,1%	7,7%		7,7%
PA	43,9%	34,1%	2,4%	4,9%		12,2%
RO	5,3%	15,8%	31,6%	5,3%	5,3%	21,1%
RR	25,0%	25,0%	25,0%		25,0%	1,1%
TO	39,1%	2,2%	15,2%	16,3%		

Fonte: Banco de dados do Projeto Regulação da Água (2019), organizado pelos autores.

Ao observar a distribuição das normas por temas, no gráfico 21, as atenções são imediatamente voltadas para o estado do Acre, que concentrou a publicação das normas em um único tema. Importante explicar que isso se deu em razão da produção normativa deficitária no estado, cuja única norma identificada sobre as águas foi a Política de Recursos Hídricos do Acre, estabelecida pela Lei Estadual nº 1.500/2003.[262] O dado explica o percentual de 100% da ocorrência de normas relacionadas à "Administração e Planejamento", categoria em que todas as leis estaduais de recursos hídricos foram classificadas para fins desta pesquisa.

Nota-se, também, como peculiaridade, no caso de Rondônia, o fato de o percentual de 31,6% das normas publicadas estarem relacionadas aos "Comitês de bacia hidrográfica principal tema dentre as normas editadas no estado, destoando dos demais. O dado reforçou o indicativo de um estágio ainda embrionário de estruturação do SEGREH de Rondônia, em que uma parcela significativa das regras editadas se voltou para a criação e o estabelecimento de parâmetros sobre o funcionamento dos órgãos colegiados.

O estado de Tocantins também merece atenção, pois foi notado um percentual pouco expressivo para temas como "Usos da água" e "Instrumentos da Política", que são temas importantes da agenda hídrica. Diante do cenário inicial apontado, os estados da região Norte apresentaram comportamento destoante do padrão que vinha sendo identificado na região Centro-Oeste e Nordeste.

As normas também foram agrupadas conforme a sua finalidade, com o intuito de ampliar a compreensão sobre o comportamento normativo dos órgãos reguladores e identificar o percentual de normas com incidência regulatória sobre as águas. No gráfico 22 é apresentada, para cada um dos estados da região Norte, a distribuição das normas por finalidade.

---

[262] Importante esclarecer que as normas sobre o Conselho Estadual de Meio Ambiente, Ciência e Tecnologia (CEMACT) e sobre o Fundo Especial de Meio Ambiente (FEMAC), citadas na tabela 8, não foram consideradas, pois tais instituições não restringem sua atuação à gestão das águas estaduais.

GRÁFICO 22
Finalidade das normas sobre águas nos estados da região Norte

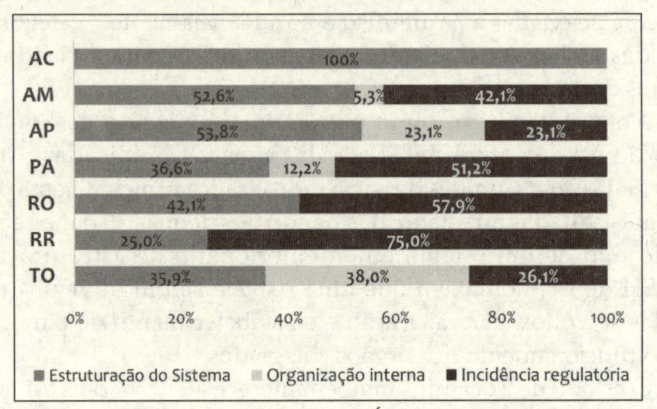

Estado	Estruturação do Sistema	Organização interna	Incidência regulatória
AC	100%		
AM	52,6%	5,3%	42,1%
AP	53,8%	23,1%	23,1%
PA	36,6%	12,2%	51,2%
RO	42,1%		57,9%
RR	25,0%		75,0%
TO	35,9%	38,0%	26,1%

Fonte: Banco de dados do Projeto Regulação da Água (2019), organizado pelos autores.

Comparativamente, Amapá e Tocantins foram os estados que concentraram menor percentual regulatório das normas sobre as águas, cujos principais temas regulados, em ambos os estados, foram "Administração e Planejamento" e "Comitês de bacia hidrográfica". O baixo percentual de normas regulatórias é um indicativo que corrobora a compreensão de que esses sistemas hídricos ainda se encontram em fase preliminar de estruturação. O dado também ajuda a explicar as lacunas já identificadas no diagnóstico anteriormente apresentado, sobre a estruturação e o funcionamento dos SEGREHs da região. O baixo estoque regulatório coincide com o baixo quantitativo de normas publicadas sobre as águas em cada um dos estados da região. Comparativamente, a região Norte foi aquela que concentrou o menor número absoluto de normas face às demais regiões, conforme demonstrado na tabela 4.

Mesmo no caso de Roraima, onde a incidência regulatória foi de 75% das normas publicadas, ainda assim, notou-se um ambiente regulatório deficitário, já que o estado editou apenas 4 (quatro) normas sobre as águas, conforme também indicado na tabela 4. As normas editadas pelo estado de Roraima versavam sobre os seguintes temas: (i) a publicação da Política Estadual de Águas; (ii) norma regulamentando a aplicação do instrumento da outorga; (iii) norma regulamentando os critérios para classificação, implantação e revisão da segurança de barragens e (iv) norma sobre o uso de águas subterrâneas.

Ao estudar a atuação dos diferentes órgãos no ambiente de regulação das águas na região, observou-se um cenário heterogêneo, conforme indicado no gráfico 23, a seguir.

GRÁFICO 23
Origem das normas regulatórias sobre águas nos estados da região Norte

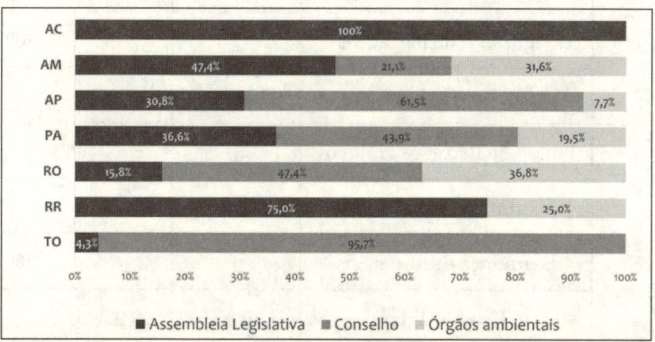

Estado	Assembleia Legislativa	Conselho	Órgãos ambientais
AC			100%
AM	47,4%	21,1%	31,6%
AP	30,8%	61,5%	7,7%
PA	36,6%	43,9%	19,5%
RO	15,8%	47,4%	36,8%
RR	75,0%		25,0%
TO	4,3%	95,7%	

Fonte: Banco de dados do Projeto Regulação da Água (2019), organizado pelos autores.

A Assembleia Legislativa se destacou em 3 (três) dos 7 (sete) estados da região, quais sejam: Acre, Amazonas e Roraima. Os CERHs, por sua vez, foram mais expressivos no Amapá e Tocantins. Os outros 2 (dois) estados, Pará e Rondônia, apresentaram um ambiente bastante fragmentado. Na tabela 16, a seguir, é possível identificar os temas regulados pelas normas por órgãos que editaram as normas.

TABELA 16
Distribuição das normas regulatórias por temas e órgãos – região Norte

(continua)

Estado	Tema	Assembleia Legislativa	CERH	Órgãos ambientais
Amazonas	Fundo de Recursos Hídricos	–	–	100,0%
	Instrumentos da Política	–	33,3%	66,7%
	Segurança de Barragens	–	–	100,0%
	Usos da água	50,0%	–	50,0%

(conclusão)

Estado	Tema	Assembleia Legislativa	CERH	Órgãos ambientais
Amapá	Fundo de Recursos Hídricos	–	–	–
	Instrumentos da Política	–	100,0%	–
	Segurança de Barragens	–	–	100,0%
	Usos da água	100,0%	–	–
Pará	Fundo de Recursos Hídricos	–	–	–
	Instrumentos da Política	7,1%	57,1%	35,8%
	Segurança de Barragens	–	–	100,0%
	Usos da água	80,0%	20,0%	
Roraima	Fundo de Recursos Hídricos	100,0%	–	–
	Instrumentos da Política	–	–	100,0%
	Segurança de Barragens	–	–	100,0%
	Usos da água	–	25,0%	75,0%
Rondônia	Fundo de Recursos Hídricos	–	–	–
	Instrumentos da Política	100,0%	–	–
	Segurança de Barragens	–	–	100,0%
	Usos da água	100,0%	–	–
Tocantins	Fundo de Recursos Hídricos	4,2%	95,8%	–
	Instrumentos da Política	50,0%	50,0%	–
	Segurança de Barragens	–	–	–
	Usos da água	100,0%	–	–

Fonte: Banco de dados do Projeto Regulação da Água (2019), organizado pelos autores.

Dentre os estados em que a atuação da Assembleia Legislativa foi mais expressiva – Acre, Amazonas e Roraima – chama a atenção o estado do Amazonas, em que o principal tema regulado por tal instância foi "Usos da água". Nos demais estados, tantos os órgãos ambientais, quanto os CERHs são os principais órgãos que editaram normas sobre os usos da água, em razão da sua maior aptidão técnica. No caso dos CERHs, destaca-se o fato de eles possibilitarem uma governança regulatória mais eficiente junto aos atores interessados nas águas.

Outro ponto que também merece ser destacado na tabela 16 diz respeito ao fato de os CERHs não terem sido os principais responsáveis pela edição de parâmetros sobre o funcionamento dos instrumentos de recursos hídricos nos estados do Amazonas, de Rondônia e de Roraima. A discussão colegiada da regulamentação sobre o funcionamento dos instrumentos de recursos hídricos traz como vantagem a possibilidade de reunir, sempre que possível, os interesses dos diferentes segmentos interessados na água, visando à construção de diretrizes e parâmetros para aplicação desses instrumentos – importantes norteadores da implementação da política de águas, já que os CERHs são instâncias colegiadas de tomada de decisão. A sua baixa participação na edição desses parâmetros pode implicar uma regulação mais centralizada.

No tocante às normas regulatórias, sua distribuição por temas variou entre os estados da região. No gráfico 24 são apresentados os temas e sua distribuição por estado da região Norte.

GRÁFICO 24
Temas das normas regulatórias sobre águas nos estados da região Norte

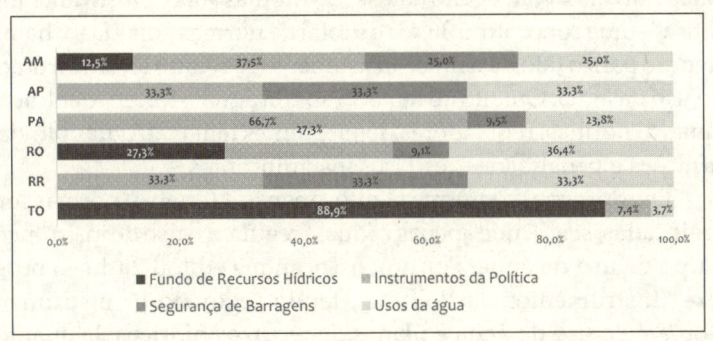

Estado	Fundo de Recursos Hídricos	Instrumentos da Política	Segurança de Barragens	Usos da água
AM	12,5%	37,5%	25,0%	25,0%
AP	33,3%	33,3%		33,3%
PA		66,7%	27,3% / 9,5%	23,8%
RO	27,3%	9,1%		36,4%
RR	33,3%	33,3%		33,3%
TO		88,9%	7,4%	3,7%

Fonte: Banco de dados do Projeto Regulação da Água (2019), organizado pelos autores.

Conforme é possível observar, não há um padrão entre os temas mais regulados. Além disso, os percentuais dos temas regulados variaram bastante entre os estados. O caso de Tocantins chama a atenção por ter editado somente uma norma sobre "Usos da água", tendo concentrado cerca de 90% do seu estoque regulatório para regulamentação e funcionamento do Fundo de Recursos Hídricos.

No estado do Amazonas, em que se nota um tímido destaque para o tema "Instrumentos da Política", que concentrou 37,5% das normas regulatórias editadas, cabe destacar que o único instrumento regulado foi a outorga pelo uso da água. No caso do tema "Usos da água", que concentrou 25% do total, 2 (duas) normas foram editadas, uma sobre "Usos insignificantes" e outra sobre "Aquicultura, Pesca e Psicultura". O Amapá apresentou uma distribuição equânime, tendo editado uma norma para cada um dos temas, a saber: "Instrumentos da Política", "Segurança de Barragens" e "Usos da Água". O único instrumento regulado no estado também foi a outorga pelo uso da água, assim como ocorreu no Amazonas. No caso de "Usos da Água", apenas o tema "Usos insignificantes" foi regulado.

A distribuição das normas regulatórias das águas no Pará encontrou ênfase nos "Instrumentos da Política" – que concentrou cerca de 70% das normas editadas no estado. O estado apresentou maior diversificação dos instrumentos regulados, tendo sido identificadas normas sobre a outorga pelo uso da água, os planos de recursos hídricos e o sistema de informações. Cabe destacar que o estado do Pará foi o único da região que apresentou norma regulando o funcionamento do sistema de informações sobre as águas.

No caso de Rondônia, o cenário também se portou de forma bastante diversa, com ligeira ênfase nas normas sobre "Instrumentos da Política" – que concentrou 36,4% do total de normas editadas. Chama-se a atenção para o fato de o único instrumento regulado ter sido a outorga pelo uso da água. Quanto ao tema "Usos da água", foram identificadas 4 (quatro) normas, reguladoras dos seguintes temas: "Águas pluviais", "Infrações e penalidades" e "Usos insignificantes".

Em Roraima, conforme já dito, apenas 4 (quatro) normas foram identificadas, sendo que apenas 2 (duas) regulam o uso de instrumentos e o tipo de uso da água. Por fim, o Tocantins editou 2 (duas) normas sobre "Instrumentos da Política", tendo regulado os instrumentos outorga pelo uso da água e planos de recursos hídricos. Já quanto ao tema "Usos da água", o único uso regulado foi "Aquicultura, Pesca e Psicultura". As demais normas no estado de Tocantins concentraram seus esforços na edição de regras para funcionamento do Fundo de Recursos Hídricos do estado.

Ao analisar especificamente as normas editadas pelos estados, especialmente no tocante aos "Usos da água", percebe-se que o estoque regulatório editado destoa da principal vocação hídrica apresentada pelos estados da região, que se referiu ao uso para "Abastecimento urbano" (30,1%), conforme apresentado no gráfico 20. As principais retiradas de água da região concentraram-se, em segundo lugar, em "Uso animal" (22,0%), não tendo sido identificada nenhuma norma sobre o tema em nenhum dos estados da região Norte. Importante destacar que, apesar de os estados do Amazonas e de Tocantins terem editado normas sobre "Aquicultura, Pesca e Psicultura", que podem ser caracterizadas como um tipo de uso da água voltado para o uso animal, tais usos não envolvem a retirada de água dos corpos hídricos e, por isso, não inclui os usos tipificados no gráfico 20 como "Uso animal" na região.

Por fim, é possível concluir que, ao analisar como tem sido a edição de normas para lidar com as questões presentes nas suas agendas hídricas, observou-se que as normas editadas demonstraram ser pouco aderentes às principais demandas hídricas apontadas pelo levantamento realizado pela ANA no ano de 2020.[263] A análise da estruturação dos SEGREHs também indicou algumas lacunas substantivas, como a inexistência de organismos colegiados em alguns estados e a falta de regulamentação de importantes instrumentos hídricos. Assim, os dados possibilitaram constatar que a maior disponibilidade hídrica não operou como um fator determinante para maior eficiência das políticas hídricas que são construídas e endereçadas aos estados da região do Norte.

4.2.4 Sudeste

A região Sudeste é reconhecida pelo protagonismo de dois dos seus estados no movimento de reforma das águas brasileiras, São Paulo e Rio de Janeiro. O movimento foi iniciado ainda nos anos 1970, e os técnicos e especialistas envolvidos com a gestão das águas nesses estados exerceram importante influência na propagação do debate sobre a necessidade de revisão do Código das Águas (1934),[264] que ainda vigia no contexto nacional. A influência desses estados e as experiências que vinham acumulando também foram decisivas para o fomento à criação de organismos colegiados e participativos para a tomada de decisão

---

[263] BRASIL. Ministério do Meio Ambiente e Mudança do Clima. Agência Nacional das Águas. *Portal Gov.br*, 2020. Disponível em: https://www.gov.br/ana/pt-br. Acesso em 18 ago. 2021.
[264] O Código das Águas foi publicado por meio do Decreto Federal nº 24.643, de 10 de julho de 1934.

sobre as águas brasileiras, antes ainda da publicação da Lei das Águas (Lei nº 9.433/1997), que veio a substituir o Código das Águas.[265]

Em São Paulo, os técnicos que integravam o quadro de servidores do Departamento de Águas e Energia Elétrica (DAEE), autarquia responsável pela gestão das águas do estado, exerceram grande expressão nas discussões sobre a reforma das águas. No Rio de Janeiro, cabe especial destaque para a atuação dos técnicos da Superintendência Estadual de Rios e Lagoas (SERLA), os quais contribuíram para o aperfeiçoamento do debate sobre os padrões de qualidade das águas, face ao histórico do estado em relação à poluição de seus corpos hídricos.

Quanto ao perfil de retirada de água na região Sudeste, percebe-se que, assim como a região Norte, ele destoa do perfil nacional. O gráfico 25 ilustra o cenário das retiradas de volume de água nos corpos hídricos localizados na região Sudeste.

GRÁFICO 25
Dados sobre a retirada de água (m³/s) no Sudeste (2020)

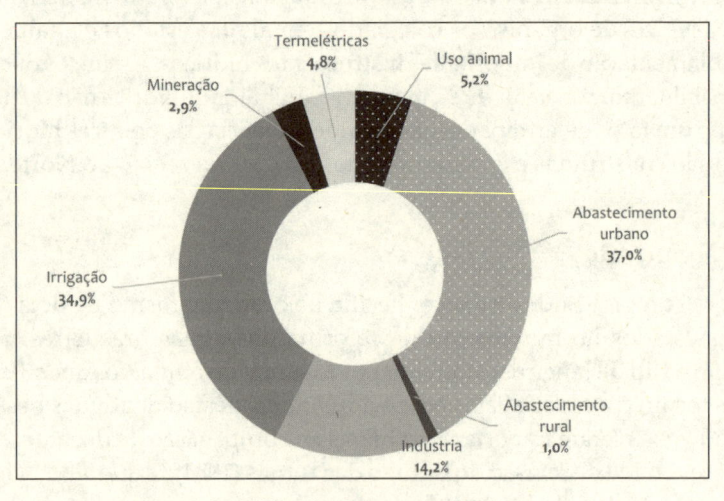

- Termelétricas 4,8%
- Uso animal 5,2%
- Mineração 2,9%
- Abastecimento urbano 37,0%
- Irrigação 34,9%
- Indústria 14,2%
- Abastecimento rural 1,0%

Fonte: Dados extraídos de ANA,[266] referentes ao ano de 2020.

---

[265] ABERS, Rebecca Neaera; KECK, Margaret E. *Autoridade prática*: ação criativa e mudança institucional na política das águas no Brasil. Rio de Janeiro: Editora Fiocruz, 2017.

[266] USOS CONSULTIVOS DA ÁGUA NO BRASIL (1931-2030). Dados disponíveis em: https://app.powerbi.com/view?r=eyJrIjoiNmFhMjA4NmQtY2Y4Yy00OWE4LTkyNzEtOTk2MTY4MTQzMTIiLCJ0IjoiMUwYmI0MDEyLTgxMGItNDY5YS04YjRkLTY2N2ZjZDFiYWY4OCJ9. Acesso em 20 set. 2020.

Enquanto no perfil nacional nota-se grande ênfase nas atividades de "Irrigação" e "Uso animal", na região Sudeste, a maior concentração de retirada de águas se volta para o "Abastecimento urbano", que representa cerca de 40% das demandas hídricas regionais. A informação não surpreende, já que segundo dados do PNAD (2015), a região Sudeste é aquela que concentra maior percentual de população vivendo em áreas urbanas, o equivalente a 93,14% da população. As retiradas de água com a finalidade de uso para a "Indústria" (14,2%) também concentraram maior percentual do que aqueles apresentados pelas demais regiões do país, pois no contexto nacional correspondiam a apenas 9,1%.

Também foi realizado um levantamento sobre a estrutura dos SEGREHs dos estados que compõem a região Sudeste do país, no intuito de aferir o grau de maturidade dos sistemas e sua capacidade de responder aos principais desafios que se colocam nas agendas hídricas estaduais. Os dados foram dispostos nas tabelas 17 e 18 a seguir.

TABELA 17
Estruturação dos Sistemas de Recursos Hídricos Estaduais – região Sudeste

Estado	Política Estadual	Órgão de recursos hídricos	Conselho de Recursos Hídricos	Comitês de Bacia	Fundo de Recursos Hídricos
Espírito Santo	Lei Estadual nº 10.179/2014	Agência Estadual de Recursos Hídricos (AGERH)	Regulamentado pelos Decretos Estaduais nº 038-R/2000 e nº 4211-R/2018	14 CBHs	Regulamentado pela Lei Estadual nº 8.960/2008 e pelo Decreto Estadual nº 2167-R/2008
Minas Gerais	Lei Estadual nº 13.199/1999	Instituto Mineiro de Gestão das Águas (IGAM)	Regulamentado pelo Decreto Estadual nº 26.961/1987	35 CBHs	Regulamentado pela Lei Estadual nº 13.194/1999
Rio de Janeiro	Lei Estadual nº 3.239/1999	Instituto Estadual do Ambiente (INEA)	Regulamentado pelos Decretos Estaduais nº 27.208/2000 e nº 45.804/2016	09 CBHs	Regulamentado pelo Decreto Estadual nº 32.767/2003
São Paulo	Lei Estadual nº 7.663/1991	Departamento de Águas e Energia Elétrica (DAEE)	Regulamentado pelos Decretos Estaduais nº 27.576/1987 e nº 57.113/2011	21 CBHs	Regulamentado pelo Decreto Estadual nº 37.300/1993

Fonte: Banco de dados do Projeto Regulação da Água (2021), organizado pelos autores.

A região Sudeste destoa em termos do grau de implementação das políticas hídricas estaduais, já que todos os estados já têm a política implementada e em funcionamento. Importante mencionar ainda, que, com exceção do Espírito Santo, as políticas já se encontram implementadas desde os anos 1990, o que consiste em um importante indicativo de maior maturidade desses sistemas hídricos, cujo desenho já possui mais de vinte anos.

Contudo, conforme discutido por Abers e Keck,[267] a previsão de institucionalidades e instrumentos de tomada de decisão por uma lei-quadro específica não configura garantia sobre a autoridade prática do funcionamento e exercício de suas institucionalidades. Por isso, no caso dos estados da região Sudeste, é importante entender também se os fatores tempo e importância que a região exerceu no debate sobre a gestão das águas brasileiras influenciam para que houvesse uma estruturação mais robusta desses sistemas. Na tabela a seguir foram levantadas informações acerca da situação de implementação dos instrumentos hídricos na região.

TABELA 18
Situação de implementação dos instrumentos hídricos na região Sudeste

Estado	Plano de Recursos Hídricos	Outorga	Cobrança	Enquadramento	Sistema de informações
Espírito Santo	Em elaboração	Implementada	Regulamentada	Regulamentado	Não regulamentado
Minas Gerais	Concluído	Implementada	Implementada	Trechos de rio já enquadrados	Implementado
Rio de Janeiro	Concluído	Implementada	Implementada	Trechos de rio já enquadrados	Implementado
São Paulo	Concluído	Implementada	Implementada	Trechos de rio já enquadrados	Implementado

Fonte: Banco de dados do Projeto Regulação da Água (2021) e Relatório Conjuntura.[268]

---

[267] ABERS, Rebecca Neaera; KECK, Margaret E. *Autoridade prática*: ação criativa e mudança institucional na política das águas no Brasil. Rio de Janeiro: Editora Fiocruz, 2017.
[268] BRASIL. Agência Nacional das Águas. *Relatório da ANA apresenta situação das águas do Brasil no contexto de crise hídrica*. 2017. Disponível em: https://www.ana.gov.br/noticias/relatorio-da-ana-apresenta-situacao-das-aguas-do-brasil-no-contexto-de-crise-hidrica. Acesso em 15 mai. 2020.

A pesquisa revelou que os estados da região Sudeste possuem uma divisão hidrográfica bem definida, assim como as instâncias do SEGREH, tais quais os comitês de bacia hidrográfica, o conselho de recursos hídricos estaduais e os fundos de recursos hídricos instalados em todos os estados já se encontram regulamentados e em funcionamento. Contudo, resta entender se as normas que vêm sendo editadas pelos estados são aderentes aos problemas e desafios enfrentados nas agendas hídricas estaduais.

Ao analisar os temas das normas sobre as águas editadas pelos estados da região Sudestes, observa-se um cenário bastante heterogêneo entre os estados.

GRÁFICO 26
Temas das normas sobre as águas nos estados da região Sudeste

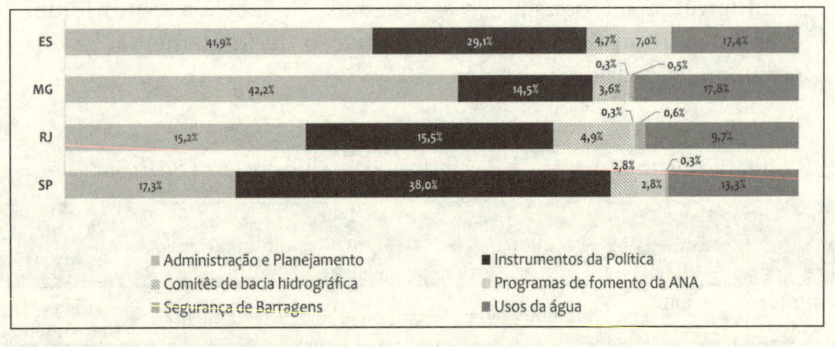

Estado	Administração e Planejamento	Comitês de bacia hidrográfica	Segurança de Barragens	Instrumentos da Política	Programas de fomento da ANA	Usos da água
ES	41,9%			29,1%	4,7% / 7,0%	17,4%
MG	42,2%	0,3%	0,5%	14,5%	3,6%	17,8%
RJ	15,2%	0,3%	0,6%	15,5%	4,9%	9,7%
SP	17,3%		2,8% / 0,3%	38,0%	2,8%	13,3%

Fonte: Banco de dados do Projeto Regulação da Água (2019), organizado pelos autores.

Enquanto nos estados do Espírito Santo e Minas Gerais os principais temas identificados foram "Administração e Planejamento", ou seja, normas que têm como objetivo organizar o funcionamento dos órgãos em longo prazo, incluindo a gestão de recursos humanos e materiais, em São Paulo, prevaleceram as normas que visavam regulamentar o funcionamento dos "Instrumentos da Política". Já no Rio de Janeiro houve uma distribuição mais homogênea entre as normas. No estado fluminense, as principais categorias identificadas foram "Administração e Planejamento" e "Instrumentos da Política". O maior equilíbrio entre as diferentes categorias de normas sobre as águas pode denotar menor ênfase em temas desafiadores, hipótese que será avaliada mais adiante, quando aprofundaremos nas normas com incidência regulatória.

Na sequência, passou-se a analisar a finalidade das normas editadas pelos estados da região, no intuito de isolar as normas com finalidade regulatória – principal objeto da pesquisa. A classificação das normas quanto à sua finalidade foi reunida no gráfico 27, apresentado a seguir.

GRÁFICO 27
Finalidade das normas sobre águas nos estados da região Sudeste

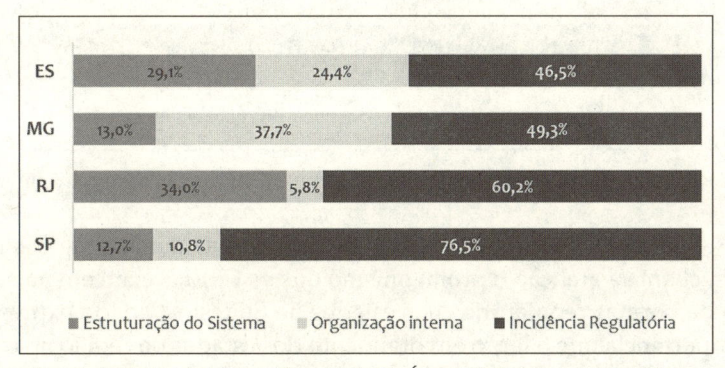

Estado	Estruturação do Sistema	Organização interna	Incidência Regulatória
ES	29,1%	24,4%	46,5%
MG	13,0%	37,7%	49,3%
RJ	34,0%	5,8%	60,2%
SP	12,7%	10,8%	76,5%

Fonte: Banco de dados do Projeto Regulação da Água (2019), organizado pelos autores.

São Paulo é o primeiro estado a chamar a atenção no estudo sobre a incidência regulatória das normas editadas sobre as águas na região Sudeste, já que apresentou um percentual maior que 75% de normas com incidência regulatória. Rio de Janeiro também apresentou um percentual expressivo de normas regulatórias, superior a 60%. O dado é um importante indicativo de que a larga trajetória dos estados na reforma da gestão das águas brasileiras também se refletiu em maior robustez do seu ambiente regulatório estadual. Além disso, no caso específico do Rio de Janeiro, o dado é indicativo de que apesar de o estado apresentar uma distribuição mais homogênea entre os temas das normas, a maior parte deles dizem respeito a normas com efeitos regulatórios. Minas Gerais e Espírito Santo apresentaram percentual regulatório abaixo da metade das normas editadas, o que indica que ainda há temas na estruturação do SEGREH que vêm recebendo destaque pelos estados.

Ao analisar a origem das normas regulatórias, observou-se que as Assembleias Legislativas tiveram expressão bastante tímida em relação aos demais entes, como os CERHs e os órgãos ambientais.

GRÁFICO 28
Origem das normas regulatórias sobre águas nos estados da região Sudeste

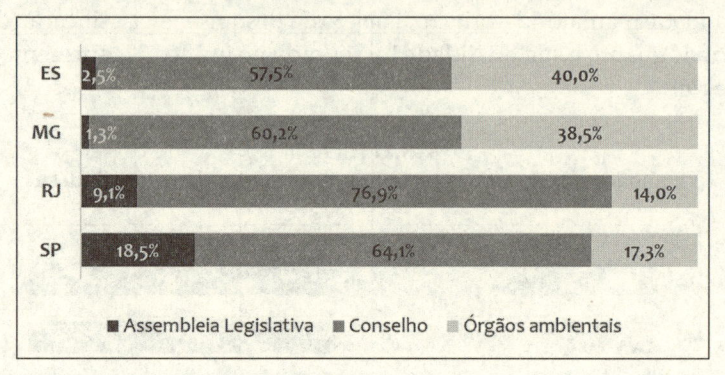

Estado	Assembleia Legislativa	Conselho	Órgãos ambientais
ES	2,5%	57,5%	40,0%
MG	1,3%	60,2%	38,5%
RJ	9,1%	76,9%	14,0%
SP	18,5%	64,1%	17,3%

Fonte: Banco de dados do Projeto Regulação da Água (2019), organizado pelos autores.

Diferentemente do cenário encontrado nas demais regiões do país, chama a atenção o protagonismo que os CERHs exercem na edição de normas regulatórias nos estados do Sudeste. O dado expressa a importância que o largo envolvimento dos estados da região no movimento de reforma das águas exerceu no funcionamento desses sistemas, tendo os CERHs recebido protagonismo na edição de normas que influenciam diretamente a forma como a água é regulada nesta região.

Com o intuito de também identificar o comportamento dos órgãos reguladores pelos temas das normas, as normas regulatórias foram classificadas a partir de seus temas e órgãos de origem, conforme dados apresentados na tabela 19.

TABELA 19
Distribuição das normas regulatórias por temas e órgãos – Sudeste

(continua)

Estado	Tema	Assembleia Legislativa	CERH	Órgãos ambientais
Espírito Santo	Fundo de Recursos Hídricos	–	–	–
	Instrumentos da Política	–	56,0%	44,0%
	Segurança de Barragens	–	–	–
	Usos da água	6,7%	60,0%	33,3%

(conclusão)

Estado	Tema	Assembleia Legislativa	CERH	Órgãos ambientais
Minas Gerais	Fundo de Recursos Hídricos	–	100,0%	–
	Instrumentos da Política	3,4%	73,9%	22,7%
	Segurança de Barragens	–	–	100,0%
	Usos da água	0,9%	13,9%	85,2%
Rio de Janeiro	Fundo de Recursos Hídricos	1,9%	97,2%	0,9%
	Instrumentos da Política	8,3%	79,2%	12,5%
	Segurança de Barragens	50,0%	–	50,0%
	Usos da água	33,3%	6,7%	60,0%
São Paulo	Fundo de Recursos Hídricos	6,2%	93,8%	–
	Instrumentos da Política	26,0%	57,7%	16,3%
	Segurança de Barragens	–	–	100,0%
	Usos da água	20,9%	27,9%	51,2%

Fonte: Banco de dados do Projeto Regulação da Água (2019), organizado pelos autores.

Merece atenção o fato de em Minas Gerais, no Rio de Janeiro e em São Paulo, o percentual de normas sobre os "Usos da água" editadas pelos órgãos ambientais ter sido superior a 50%. Este já era um cenário esperado, haja vista que boa parte das normas a respeito desse tema recebem importantes parâmetros e diretrizes em consonância com o funcionamento do órgão fiscalizador, cuja atuação, nestes casos, vem historicamente sendo exercida pelos órgãos ambientais.

O gráfico 29 apresenta a distribuição das normas a partir dos principais temas regulados pelos estados da região, no intuito de auxiliar a análise sobre as ênfases encontradas nos diferentes estados do Sudeste.

GRÁFICO 29
Principais temas das normas regulatórias sobre águas
nos estados da região Sudeste

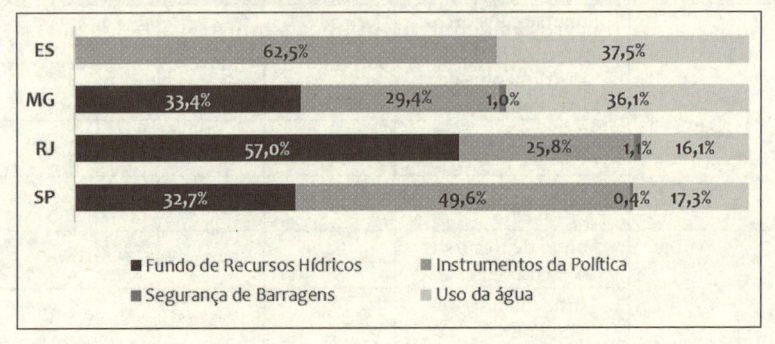

Estado	Fundo de Recursos Hídricos	Instrumentos da Política	Segurança de Barragens	Uso da água
ES		62,5%		37,5%
MG	33,4%	29,4%	1,0%	36,1%
RJ	57,0%	25,8%	1,1%	16,1%
SP	32,7%	49,6%	0,4%	17,3%

Fonte: Banco de dados do Projeto Regulação da Água (2019), organizado pelos autores.

Conforme é possível observar no gráfico 29, o tema "Segurança de barragens" foi regulado de forma residual, especialmente quando comparado aos demais temas identificados, cujos percentuais não chegaram a representar 2% das normas regulatórias. Além disso, cabe destacar que, no caso do estado do Espírito Santo, não foram identificadas normas editadas sobre o tema. Este, como já mencionado, é um tema pouco regulado no contexto nacional.

O principal tema com incidência regulatória das normas editadas pelos estados da região foi "Instrumentos da Política". Conforme se poder ver na tabela 18, apenas o estado do Espírito Santo não possui ainda regulamentados todos os instrumentos previstos da Política Estadual de Recursos Hídricos. Quanto aos "Usos da água", aqueles regulados por cada estado variaram, conforme mostram os gráficos a seguir.

GRÁFICO 30
Usos da água regulados no estado do Espírito Santo

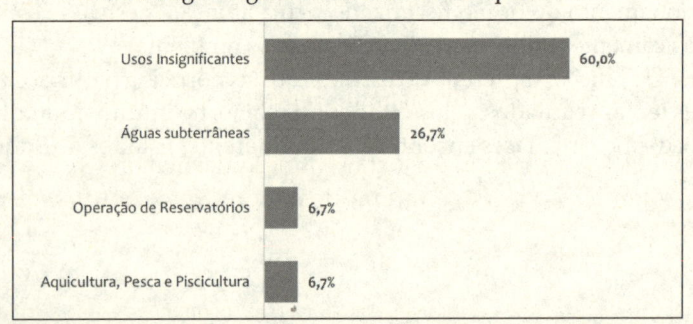

Uso	%
Usos Insignificantes	60,0%
Águas subterrâneas	26,7%
Operação de Reservatórios	6,7%
Aquicultura, Pesca e Piscicultura	6,7%

Fonte: Banco de dados do Projeto Regulação da Água (2019), organizado pelos autores.

No caso do Espírito Santo, observa-se uma cartela regulatória mais concisa, em que apenas quatro temas foram regulados, tendo um deles maior aderência às vocações regionais identificadas no perfil de uso da água, como o abastecimento público – que é o caso das normas para operação de reservatórios. Ainda assim, nota-se que tais normas ocuparam um percentual tímido dentre os tipos de "Usos da água" regulados no estado.

GRÁFICO 31
Usos da água regulados no estado de Minas Gerais

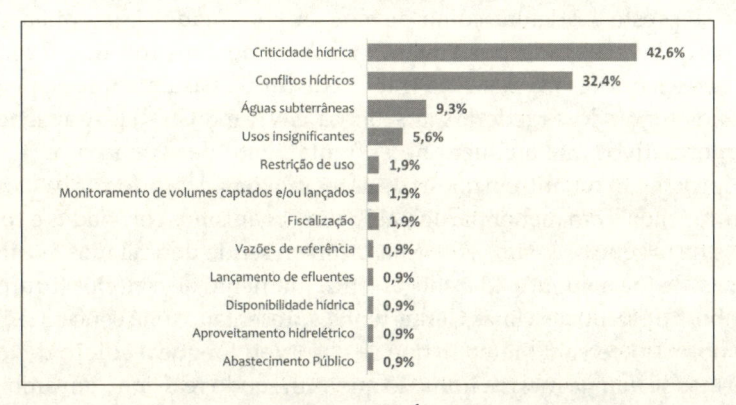

Uso	%
Criticidade hídrica	42,6%
Conflitos hídricos	32,4%
Águas subterrâneas	9,3%
Usos insignificantes	5,6%
Restrição de uso	1,9%
Monitoramento de volumes captados e/ou lançados	1,9%
Fiscalização	1,9%
Vazões de referência	0,9%
Lançamento de efluentes	0,9%
Disponibilidade hídrica	0,9%
Aproveitamento hidrelétrico	0,9%
Abastecimento Público	0,9%

Fonte: Banco de dados do Projeto Regulação da Água (2019), organizado pelos autores.

No caso de Minas Gerais, chama a atenção a ênfase sobre a criticidade hídrica e os conflitos hídricos. As disputas pelos usos da água são frequentes no território brasileiro, especialmente aquelas relacionadas ao uso das águas para geração de energia, uso agrícola e abastecimento humano, conforme apontado por Peixoto *et al.*[269] Nota-se que o estado de Minas buscou editar diversas normas, tanto com a finalidade de contornar os conflitos quanto para enfrentar eventuais cenários de crise hídrica.

As crises hídricas têm sido cada vez mais recorrentes no cenário nacional. Ainda que o Brasil figure entre os principais países que dispõem de água doce no mundo, a discrepância entre a distribuição da população no território e a concentração das maiores reservas de água superficiais opera como um dos fatores que contribuem para

---

[269] PEIXOTO, Filipe da Silva; SOARES, Jamilson Azevedo; RIBEIRO, Victor Sales. Conflitos pela água no Brasil. *Sociedade & Natureza*, v. 34, 2022.

que as crises sejam cada vez mais recorrentes no território brasileiro. Além disso, as formas degradantes de uso da água, somada aos baixos percentuais de tratamento de esgotos e efluentes também são fatores que têm operado de forma decisiva para o maior enfrentamento de quadros críticos. É interessante verificar que o estado de Minas Gerais concentrou percentual expressivo de suas normas sobre "Usos da água" para endereçar as crises hídricas em seus territórios. Pavão,[270] ao estudar cenários de crises hídricas no contexto brasileiro, identificou que na maior parte dos casos, as crises são tratadas no próprio enfrentamento dos cenários críticos, havendo poucas ou nenhuma norma pré-existente que se preste a orientar como devem ser enfrentados esses quadros. A pesquisa realizada por Pavão[271] também demonstrou que o tema das crises hídricas vem sendo tratado de forma bastante tímida pelos órgãos reguladores federais, a saber, a ANA e o CNRH. A ausência de normativos que auxiliem no enfrentamento das situações críticas propiciam um cenário em que as decisões são tomadas de forma bastante centralizada, com menor participação dos organismos colegiados e com base na urgência. Assim, as normas acabam sendo desenhadas, muitas vezes, de forma pouca aderente ao enfrentamento de cenários futuros. Embora o estado de Minas Gerais tenha apresentado uma concentração de normas acerca do tema, o que se observou foi que a edição de tais normas se deu na mesma linha do que vem sendo realizado em âmbito nacional, isto é, normas editadas visando ao enfrentamento das crises caso a caso. Não foi possível identificar a edição de normativos que tivessem a preocupação de desenhar ferramentas e parâmetros para auxiliar no enfrentamento dos cenários críticos no estado de uma maneira mais propositiva.

No caso do Rio de Janeiro, além do amplo leque de temas regulados sobre "Usos da água", também chama a atenção a especificidade dos subtemas que foram objeto de normas no estado, muitos deles não tendo sido tratados em outras regiões, como, por exemplo, "navegação", "águas pluviais e cinzas" e "indústria".

---

[270] PAVÃO, Bianca Borges Medeiros. *As águas e suas correntezas: regulação e crises hídricas no Brasil*. Tese (Doutorado em Desenvolvimento Sustentável), Universidade de Brasília, Brasília, 2020.

[271] PAVÃO, Bianca Borges Medeiros. *As águas e suas correntezas: regulação e crises hídricas no Brasil*. Tese (Doutorado em Desenvolvimento Sustentável), Universidade de Brasília, Brasília, 2020.

GRÁFICO 32
Usos da água regulados no estado do Rio de Janeiro

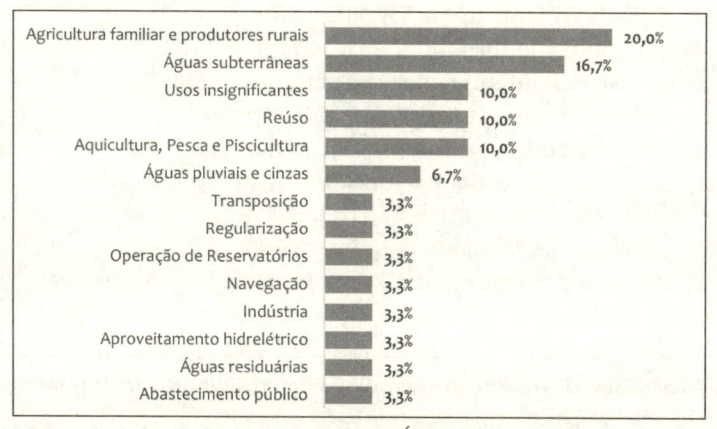

Uso	%
Agricultura familiar e produtores rurais	20,0%
Águas subterrâneas	16,7%
Usos insignificantes	10,0%
Reúso	10,0%
Aquicultura, Pesca e Piscicultura	10,0%
Águas pluviais e cinzas	6,7%
Transposição	3,3%
Regularização	3,3%
Operação de Reservatórios	3,3%
Navegação	3,3%
Indústria	3,3%
Aproveitamento hidrelétrico	3,3%
Águas residuárias	3,3%
Abastecimento público	3,3%

Fonte: Banco de dados do Projeto Regulação da Água (2019), organizado pelos autores.

Já no estado de São Paulo, apesar da cartela regulatória diversificada, observou-se uma concentração de normas sobre "Usos da água", em específico, sobre o subtema "Águas subterrâneas". Segundo o artigo 26 da Constituição Federal, incluem-se entre os bens dos estados as águas superficiais e subterrâneas brasileiras circunscritas em seus territórios, desta forma, espera-se que os estados editem regras para definir os parâmetros e diretrizes sobre os usos das águas subterrâneas sob sua jurisdição. Chama a atenção, no entanto, a ênfase dada pelo estado de São Paulo quanto a este uso. Conicelli,[272] em pesquisa realizada sobre a bacia hidrográfica do Alto Tietê (SP), bacia que drena os principais rios da região metropolitana de São Paulo, discutiu a importância que as reservas de água subterrâneas vêm adquirindo para o abastecimento público da região, face à diminuição da disponibilidade hídrica superficial em decorrência dos usos predatórios e da poluição crescente dos corpos hídricos. Esse dado ajuda a compreender a preocupação do estado em regular esse tipo de uso, haja vista que tem lidado com uma demanda cada vez mais crescente pelo uso de poços, muitos deles ilegais – o que tem afetado o nível de água dos aquíferos da região.

---

[272] CONICELLI, Bruno Pirilo. *Gestão das águas subterrâneas na Bacia Hidrográfica do Alto Tietê (SP)*. Tese (Doutorado em Ciências), Universidade de São Paulo, São Paulo, 2014.

GRÁFICO 33
Usos da água regulados no estado de São Paulo

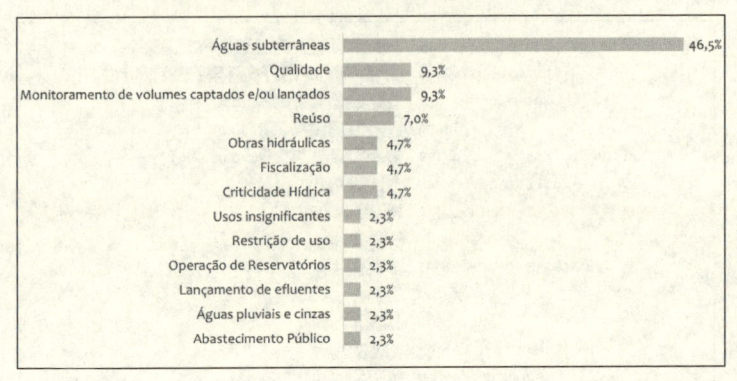

Uso	%
Águas subterrâneas	46,5%
Qualidade	9,3%
Monitoramento de volumes captados e/ou lançados	9,3%
Reúso	7,0%
Obras hidráulicas	4,7%
Fiscalização	4,7%
Criticidade Hídrica	4,7%
Usos insignificantes	2,3%
Restrição de uso	2,3%
Operação de Reservatórios	2,3%
Lançamento de efluentes	2,3%
Águas pluviais e cinzas	2,3%
Abastecimento Público	2,3%

Fonte: Banco de dados do Projeto Regulação da Água (2019), organizado pelos autores.

Também é importante chamar a atenção para o fato de São Paulo ter editado normas sobre a qualidade dos recursos hídricos, tema que, historicamente, vem sendo pouco regulado pelos estados brasileiros.

Conforme foi possível observar, os estados da região Sudeste apresentaram maior grau de maturação dos seus SEGREHs, especialmente quando comparados às demais regiões. Também foi possível identificar uma cartela regulatória mais ampla, com ênfase nos diferentes tipos de "Usos da água". Os dados também demonstraram que os estados da região Sudeste, especialmente Rio de Janeiro e São Paulo – que foram os que participaram mais ativamente do movimento de reforma das águas no país –, apresentaram maior grau de maturidade de seus SEGREHs, maturidade essa que se refletiu em uma cartela regulatória mais diversificada.

Outro importante achado que merece destaque sobre a regulação normativa das águas na região Sudeste é a atuação bem tímida das Assembleias Legislativas. Conforme se pôde observar, essa instância atuou mais prontamente na edição de leis-quadro, enquanto que os parâmetros e diretrizes de funcionamento dos instrumentos hídricos e tipos de usos da água foram mais prontamente regulados pelos CERHs e órgãos ambientais estaduais.

4.2.5 Sul

A região Sul tem seu histórico de uso das águas fortemente associado ao desenvolvimento de atividades agrícolas. Ao se analisar a distribuição dos principais tipos de retiradas de água na região, esse histórico foi confirmado pela larga concentração de normas sobre o tema "Irrigação", superior ao percentual identificado em âmbito nacional (gráfico 7).

O segundo uso mais expressivo na região é o abastecimento urbano, o que revela que apesar da forte vocação dos estados para desenvolvimento das atividades agropecuárias, o avanço da urbanização e os dilemas decorrentes dela também são uma realidade a ser enfrentada pelos estados, especialmente no tocante aos eventuais conflitos que possam se instalar em relação à garantia dos múltiplos usos dos recursos hídricos. O gráfico a seguir ilustra a distribuição dos usos das principais retiradas de água nos estados da região Sul.

GRÁFICO 34
Dados sobre a retirada de água (m³/s) no Sul (2020)

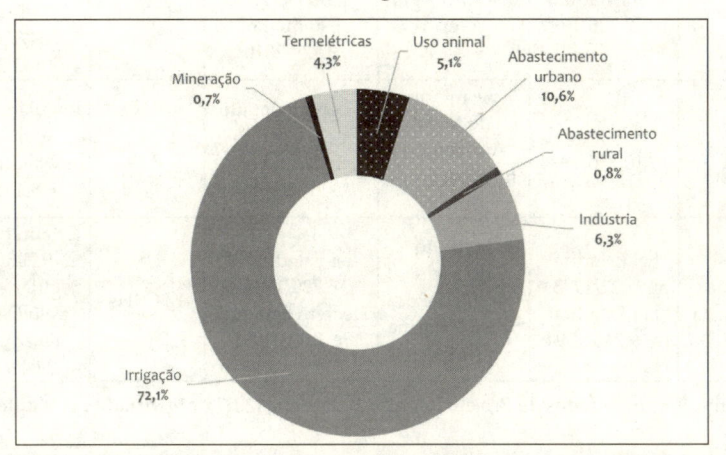

Termelétricas 4,3%
Uso animal 5,1%
Abastecimento urbano 10,6%
Mineração 0,7%
Abastecimento rural 0,8%
Indústria 6,3%
Irrigação 72,1%

Fonte: Dados extraídos de ANA,[273] referentes ao ano de 2020.

A compreensão do perfil de consumo de água na região Sul revela que os estados dessa região enfrentam um importante desafio sobre a regulação da água, que é a atividade agropecuária. Isso, porque, conforme visto nas demais regiões do país, poucos são os estados que possuem uma cartela regulatória mais robusta para tratar desse tema. Antes de serem identificados, do ponto de vista normativo, os

---

[273] USOS CONSULTIVOS DA ÁGUA NO BRASIL (1931-2030). Dados disponíveis em: https://app.powerbi.com/view?r=eyJrIjoiNmFhMjA4NmQtY2Y4Yy00OWE4LTkyNzEtOTk2MTY4MTQzMTliIiwidCI6ImUwYmI0MDEyLTgxMGItNDY5YS04YjRkLTY2N2ZjZDFiYWY4OCJ9. Acesso em 20 set. 2020.

temas regulados pelos estados, com intuito de compreender se as normas editadas encontram aderência aos desafios postos, buscou-se identificar a situação dos estados em termos de estruturação dos seus sistemas hídricos. Para isso, levantou-se o grau de implementação das instituições responsáveis pela regulação sobre o acesso das águas na região, bem como a situação dos instrumentos de gestão dos recursos hídricos. Os dados levantados foram apresentados nas tabelas 20 e 21.

TABELA 20
Estruturação dos Sistemas de Recursos Hídricos Estaduais – região Sul

Estado	Política Estadual	Órgão de recursos hídricos	Conselho de Recursos Hídricos	Comitês de Bacia	Fundo de Recursos Hídricos
Paraná	Lei Estadual nº 12.726/1999	Instituto Água e Terra	Regulamentado pelo Decreto Estadual nº 9.129/2010	11 CBHs	Regulamentado pelos Decretos Estaduais nºs 4.647/2001 e 9.132/2010.
Rio Grande do Sul	Lei Estadual nº 10.350/1994	Secretaria de Meio Ambiente e Infraestrutura (SEMA)	Regulamentado pelo Decreto Estadual nº 30.132/1981	25 CBHs	Regulamentado pela Lei Estadual nº 8.850/1989
Santa Catarina	Lei Estadual nº 9.022/1993 e Lei Estadual nº 9.748/1994	Instituto do Meio Ambiente de Santa Catarina (IMA)	Lei Estadual nº 6.739/1985 Decreto Estadual nº 1.003/1991	17 CBHs	Criado pela Lei nº 9.748/1994 e regulamentado pelo Decreto Estadual nº 2.648/1998

Fonte: Banco de dados do Projeto Regulação da Água (2021), organizado pelos autores.

Conforme pôde ser observado na tabela 20, os SEGREHs dos estados da região Sul do país podem ser considerados sistemas mais antigos, pois dois deles foram implementados anteriormente à promulgação da Lei das Águas e outro dois anos depois. Logo, já possuem, pelo menos, vinte anos de funcionamento desde a sua criação. Cenário semelhante foi identificado na região Sudeste.

Contudo, ao analisar especificamente o grau de implementação dos instrumentos dos SEGREHs, observa-se que a cobrança pelo uso da água ainda é um instrumento não implementado em dois dos três estados, diferentemente do que ocorre na região Sudeste, que já obteve maiores avanços sobre a implementação desse instrumento. Além disso, chama a atenção o fato de Santa Catarina não ter concluído o Plano Estadual de Recursos Hídricos, importante instrumento orientador da implementação das políticas hídricas em nível estadual. Destoando das demais regiões, os estados do Sul apresentaram avanços mais expressivos na implementação do enquadramento de importantes trechos de rio dos estados, conforme se pode observar na tabela 21 a seguir.

TABELA 21
Situação da implementação dos instrumentos hídricos na região Sul

Estado	Plano de Recursos Hídricos	Outorga	Cobrança	Enquadramento	Sistema de informações
Paraná	Concluído	Implementada	Implementada	Implementado	Implementado
Rio Grande do Sul	Concluído	Implementada	Não possui	Implementado	Implementado
Santa Catarina	Não possui	Implementada	Não possui	Implementado	Implementado

Fonte: Banco de dados do Projeto Regulação da Água (2021) e Relatório Conjuntura.[274]

O diagnóstico denota que, apesar de ter havido importantes avanços no que concerne à implementação de instrumentos como o enquadramento, ainda há muitos desafios em termos da capacidade institucional dos estados para enfrentamento dos dilemas. Isto se dá em razão de alguns fatores, como o instrumento da cobrança,

---

[274] BRASIL. Agência Nacional das Águas. *Relatório da ANA apresenta situação das águas do Brasil no contexto de crise hídrica*. 2017. Disponível em: https://www.ana.gov.br/noticias/relatorio-da-ana-apresenta-situacao-das-aguas-do-brasil-no-contexto-de-crise-hidrica. Acesso em 15 mai. 2020.

importante mecanismo para arrecadar recursos financeiros visando ao aperfeiçoamento dos SEGREHs, não ter sido implementado em dois dos três estados. Também é sintomática a ausência do documento de planejamento estadual em Santa Catarina. No entanto, cabe assinalar que os estados da região Sul integram doze das vinte e sete unidades da Federação (UFs), 44,4% do total que possuem atos normativos que enquadravam, parcialmente ou totalmente, seus corpos d'água, segundo dados da ANA.[275]

O diagnóstico sobre a regulação das águas teve o objetivo de identificar, em termos das normas editadas pelos estados, quais os principais temas que vêm sendo objeto de preocupação ao longo dos anos e como esta regulação vem se materializando nos territórios, com vistas a compreender se elas são aderentes aos dilemas enfrentados por cada um dos estados. No gráfico 35 apresenta-se a distribuição das normas sobre as águas editadas pelos estados da região Sul.

GRÁFICO 35
Temas das normas sobre as águas nos estados do Sul

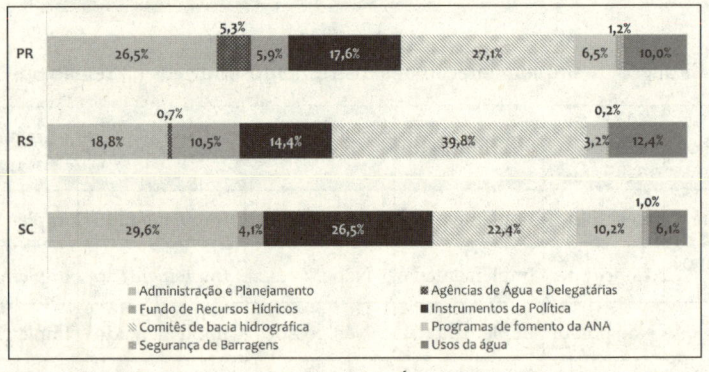

Estado	Administração e Planejamento	Fundo de Recursos Hídricos	Comitês de bacia hidrográfica	Segurança de Barragens	Agências de Água e Delegatárias	Instrumentos da Política	Programas de fomento da ANA	Usos da água
PR	26,5%		5,9%		5,3%	17,6%	27,1%	6,5%	10,0% (1,2%)
RS	18,8%	10,5%	0,7%	14,4%		39,8%	3,2% (0,2%)	12,4%
SC	29,6%	4,1%	26,5%			22,4%	10,2% (1,0%)	6,1%

Fonte: Banco de dados do Projeto Regulação da Água (2019), organizado pelos autores.

Ao observar o gráfico 35, rapidamente se percebe um cenário bastante heterogêneo em relação aos temas que receberam atenção nos estados da região. Os principais destaques vão para os temas relacionados a regras sobre "Administração e Planejamento" do SEGREHs, à regulamentação do funcionamento dos "Instrumentos da Política"

---

[275] BRASIL. Agência Nacional das Águas. *Relatório da ANA apresenta situação das águas do Brasil no contexto de crise hídrica*. 2017. Disponível em: https://www.ana.gov.br/noticias/relatorio-da-ana-apresenta-situacao-das-aguas-do-brasil-no-contexto-de-crise-hidrica. Acesso em 15 mai. 2020.

e à criação e funcionamento de "Comitês de bacia hidrográfica". Não houve, no entanto, nenhum tema que ganhou maior expressividade dentre as normas editadas nos estados da região.

Em termos da finalidade das normas editadas, o gráfico 36 indicou que, em média, menos de 40% delas dedicaram-se à regulação das águas em todos os estados. Percebe-se que a maior parte das preocupações normativas se voltaram para temas que têm o objetivo de contribuir para a estruturação do sistema, em termos da criação e regulamentação das instituições que o compõem, bem como a delimitação do seu funcionamento.

GRÁFICO 36
Finalidade das normas sobre águas nos estados do Sul

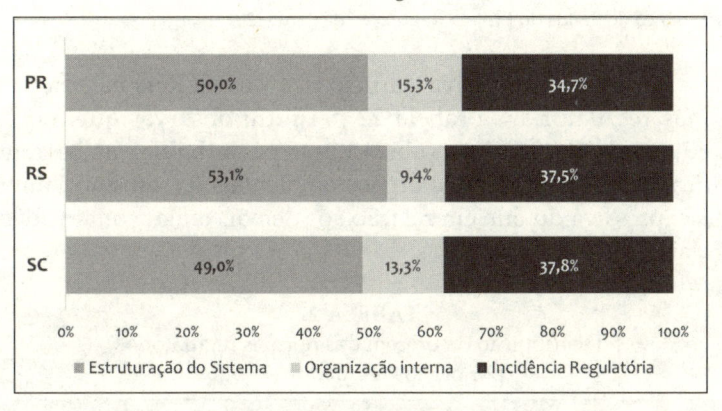

Estado	Estruturação do Sistema	Organização interna	Incidência Regulatória
PR	50,0%	15,3%	34,7%
RS	53,1%	9,4%	37,5%
SC	49,0%	13,3%	37,8%

Fonte: Banco de dados do Projeto Regulação da Água (2019), organizado pelos autores.

Os dados da região Sul demonstraram que, apesar de os SEGREHs já terem cerca de vinte anos desde a sua criação, os estados avançarem menos em termos de normas com incidência regulatória. Do ponto de vista do ambiente regulatório, percebe-se que, nos casos do Rio Grande do Sul e de Santa Catarina, houve atividade regulatória majoritariamente originárias dos Conselhos de Recursos Hídricos (CRHs), indicando a importância que as instâncias colegiadas exercem na regulação das águas estaduais. Já o Paraná apresentou um ambiente fragmentado, conforme pode ser observado no gráfico 37 a seguir.

GRÁFICO 37
Origem das normas regulatórias sobre águas nos estados do Sul

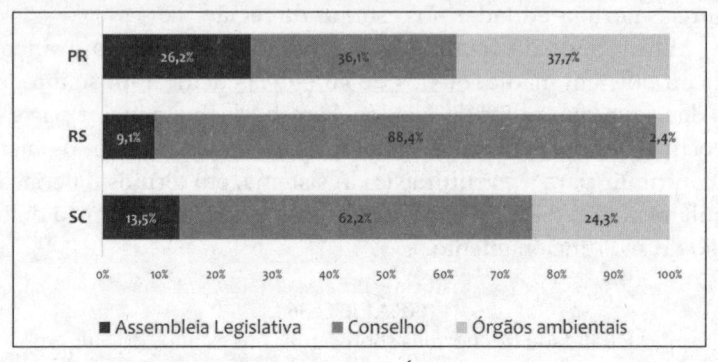

	Assembleia Legislativa	Conselho	Órgãos ambientais
PR	26,2%	36,1%	37,7%
RS	9,1%	88,4%	2,4%
SC	13,5%	62,2%	24,3%

Fonte: Banco de dados do Projeto Regulação da Água (2019), organizado pelos autores.

Apesar da expressiva participação dos CERHs na edição das normas regulatórias, a tabela 22 permitiu observar que, no caso da edição de parâmetros substantivos para regular as barragens hídricas, a participação dos órgãos ambientais foi substancialmente mais expressiva do que em relação aos demais temas com incidência regulatória.

TABELA 22
Distribuição da origem das normas regulatórias
por órgãos reguladores – Sul

(continua)

Estado	Tema	Assembleia Legislativa	CERH	Órgãos ambientais
Paraná	Fundo de Recursos Hídricos	–	100,0%	–
	Instrumentos da Política	16,7%	40,0%	43,3%
	Segurança de Barragens	50,0%	–	50,0%
	Uso da água	–	47,1%	52,9%
Rio Grande do Sul	Fundo de Recursos Hídricos	–	100,0%	–
	Instrumentos da Política	4,8%	93,7%	1,6%
	Segurança de Barragens	–	–	100,0%
	Uso da água	22,2%	74,1%	3,7%

(conclusão)

Estado	Tema	Assembleia Legislativa	CERH	Órgãos ambientais
Santa Catarina	Fundo de Recursos Hídricos	25,0%	75,0%	–
	Instrumentos da Política	7,7%	61,5%	30,8%
	Segurança de Barragens	–	–	100,0%
	Uso da água	33,3%	66,7%	–

Fonte: Banco de dados do Projeto Regulação da Água (2019), organizado pelos autores.

Também é relevante notar que a regulação dos parâmetros de funcionamento dos Fundos de Recursos Hídricos e os repasses de recursos financeiros vêm sendo majoritariamente regulados pelos CERHs na região, o que denota a maior possibilidade de controle social sobre as regras relacionadas ao direcionamento dos recursos financeiros voltados para o aperfeiçoamento e funcionamento dos SEGREHs. Os Fundos têm importante papel na arrecadação de recursos financeiros, visando a compensação dos diferentes tipos de exploração das águas. Além dos recursos advindos da cobrança pelo uso das águas, também armazenam aqueles advindos dos *royalties* pagos pelo setor elétrico, em razão dos usos da água com a finalidade de geração de energia.

Outro importante indicativo observado na tabela 22 refere-se à ampla participação dos CERHs na edição de normas sobre os "Usos da água". Nas demais regiões do país observou-se que a atuação dos CERHs se deu de forma mais expressiva na edição de parâmetros para o funcionamento dos "Instrumentos da Política" e, no caso da região Sul, essa atuação também foi destacada para delimitar padrões e tipos de usos e acessos à água na região.

O gráfico 38 apresenta, de forma consolidada, os temas das principais normas regulatórias editadas pelos estados da região Sul. Conforme nota-se, os "Instrumentos da Política" foram os temas mais regulados em todos os estados da região, tendo, no caso de Santa Catarina, representado cerca de 70% das normas regulatórias.

GRÁFICO 38
Principais temas das normas regulatórias sobre águas nos estados da região Sul

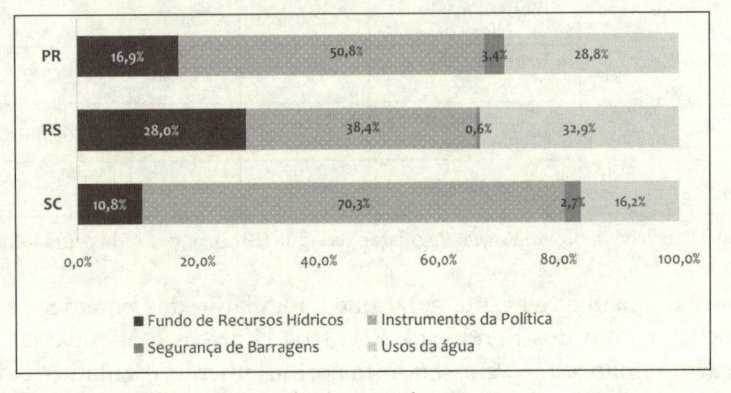

Estado	Fundo de Recursos Hídricos	Instrumentos da Política	Segurança de Barragens	Usos da água
PR	16,9%	50,8%	3,4%	28,8%
RS	28,0%	38,4%	0,6%	32,9%
SC	10,8%	70,3%	2,7%	16,2%

Fonte: Banco de dados do Projeto Regulação da Água (2019), organizado pelos autores.

O Rio Grande do Sul, apesar de também ter apresentado maior expressividade na regulação dos instrumentos hídricos, apresentou uma cartela regulatória menos concentrada que a identificada nos demais estados da região, também direcionando atenção para as normas de aplicação financeira do Fundo Estadual de Recursos Hídricos e para os diferentes tipos de "Usos da água".

Já o Paraná apresentou comportamento regulatório semelhante à Santa Catarina, em que o tema principal foi "Instrumentos da Política". Na sequência, também apresentou enfoque nos temas sobre "Fundo de Recursos Hídricos" e "Usos da água". Importa notar, no entanto, que no caso do Paraná houve menor participação do CERH na edição de normas regulatórias, em comparação aos demais estados.

Além da importância que os instrumentos hídricos apresentaram na regulação das águas estaduais, buscou-se identificar o comportamento regulatório dos estados no que tange aos principais tipos de usos da água regulados. Nos gráficos 39 a 41 é apresentado o comportamento normativo em termos dos usos regulados por cada estado da região.

GRÁFICO 39
Usos da água regulados no estado do Paraná

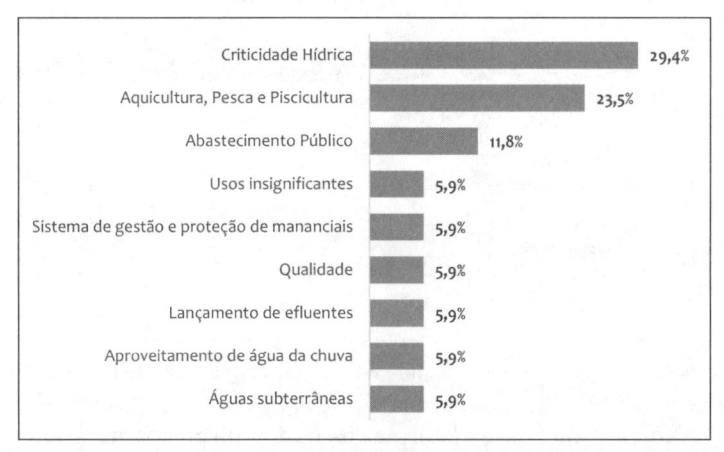

Uso	%
Criticidade Hídrica	29,4%
Aquicultura, Pesca e Piscicultura	23,5%
Abastecimento Público	11,8%
Usos insignificantes	5,9%
Sistema de gestão e proteção de mananciais	5,9%
Qualidade	5,9%
Lançamento de efluentes	5,9%
Aproveitamento de água da chuva	5,9%
Águas subterrâneas	5,9%

Fonte: Banco de dados do Projeto Regulação da Água (2019), organizado pelos autores.

Apesar de o estado do Paraná ter editado poucas normas sobre "Usos da água", a saber, 17 (dezessete) normas (10% do total), observa-se que houve a preocupação em editar regras para diversos subtemas. O principal tema regulado sobre os tipos de usos e acesso à água foi a edição de normas sobre "Criticidade Hídrica". Embora o estado tenha dado importante enfoque para o enfrentamento dos quadros de crise hídrica, tema menos enfrentado pelos demais estados brasileiros, nota-se que houve pouca preocupação na atividade regulatória normativa voltada para temas relativos ao principal uso das águas estaduais, que é a irrigação. Já no caso do Rio Grande do Sul, observou-se um cenário contrastante, em que a agenda regulatória buscou acompanhar um dos principais desafios enfrentados pelo estado em termos dos usos a serem regulados, já que 74,1% das normas voltaram-se para a edição de parâmetros substantivos sobre o exercício da atividade irrigante e os usos da água com tal finalidade, conforme pode ser observado no gráfico 40, a seguir.

GRÁFICO 40
Usos da água regulados no estado do Rio Grande do Sul

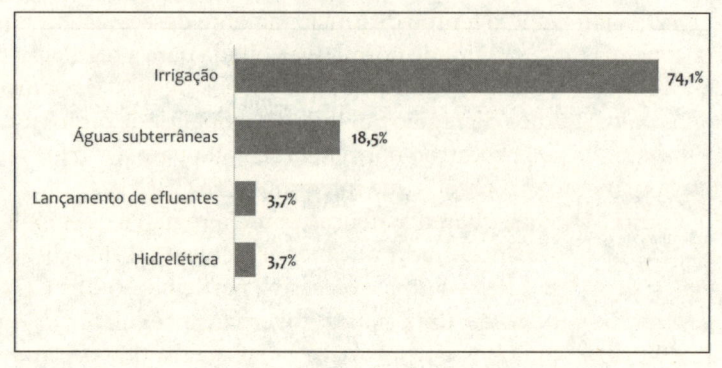

- Irrigação: 74,1%
- Águas subterrâneas: 18,5%
- Lançamento de efluentes: 3,7%
- Hidrelétrica: 3,7%

Fonte: Banco de dados do Projeto Regulação da Água (2019), organizado pelos autores.

No caso de Santa Catarina, os dados dispostos no gráfico 41 demonstraram que deu-se grande relevância à edição de regras regulatórias dos usos das águas subterrâneas, já que metade das normas sobre "Usos da água" trataram desse subtema. Assim como no estado de São Paulo, as águas subterrâneas exercem uma importante função como fonte suplementar para o abastecimento público do estado, o que explica a preocupação estatal em regular mais prontamente esse tipo de uso.

GRÁFICO 41
Usos da água regulados no estado de Santa Catarina

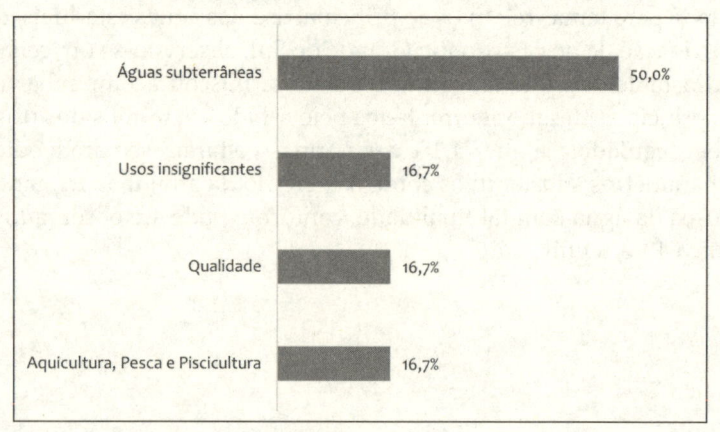

- Águas subterrâneas: 50,0%
- Usos insignificantes: 16,7%
- Qualidade: 16,7%
- Aquicultura, Pesca e Piscicultura: 16,7%

Fonte: Banco de dados do Projeto Regulação da Água (2019), organizado pelos autores.

Os dados sobre a regulação normativa das águas na região Sul demonstraram que, apesar dos SEGREHs da região terem sido criados há cerca de vinte anos, o tempo de funcionamento desses sistemas não significou uma maior atividade normativa voltada para a regulação das águas regionais. Os dados indicaram que menos de 40% das normas editadas pelos estados da região Sul tiveram a finalidade regulatória e a maior parte da sua produção normativa se volta para a estruturação do funcionamento dos órgãos que integram os SEGREHs.

Outro dado que chama a atenção sobre a região é que, embora os estados tenham concentrado um menor percentual de edição de normas regulatórias, houve uma expressiva participação dos CERHs nessa criação, denotando uma maior governança regulatória. Além disso, a integralidade das normas publicadas acerca dos parâmetros e diretrizes para funcionamento dos Fundos de Recursos Hídricos e direcionamento de seus recursos financeiros teve origem nos CERHs. Os CERHs também atuaram na edição de importantes normas sobre os diferentes tipos de "Usos da água" na região, o que reforça a importância que essas instâncias vêm exercendo na produção normativa sobre as águas dos estados da região.

CONCLUSÃO

A presente pesquisa teve o intuito de percorrer nuances teóricas e empíricas, visando contribuir para a compreensão do fenômeno da regulação das águas. No capítulo 1, que teve o objetivo de discutir os desafios presentes para regulação das águas, pode-se concluir que a concepção de Estado regulador deve se pautar em um desenho institucional construído por agências independentes, com um modelo de tomada de decisão parametrizado por análises técnicas e não políticas. Isso não ocorre na regulação do meio ambiente, em sentido amplo, nem na regulação das águas. O grande grau de interferência política na regulação dos ativos da natureza privilegia grupos de interesse com maior capacidade de organização e acesso aos órgãos de deliberação. Há, com isso, severo prejuízo à eficiência regulatória e à efetividade das políticas públicas.

Nesse sentido, as discussões se pautaram na defesa da criação de uma agência reguladora ambiental que, enquanto autarquia, não estaria atrelada ao Ministério do Meio Ambiente, tendo suas competências distribuídas entre os componentes do SISNAMA.[276] Essa agência ambiental poderia encampar a competência regulatória sobre os recursos hídricos. Em vez de divisão de competências por ativos ambientais, a agência deveria ser compartimentada em gestão de recursos naturais e regulação da poluição. A gestão das águas ficaria subsumida ao departamento de gestão de recursos naturais, ao passo que os despejos de efluentes se sujeitariam à área de regulação da poluição. Essa divisão proporcionaria a utilização de instrumentos regulatórios aplicáveis de forma comum a todos os ativos que se enquadrassem em uma ou outra categoria. Permitiria, com isso, racionalização e ganho de escala. O técnico versado em regulação de recursos naturais conseguiria desenhar mecanismos regulatórios para a gestão das águas e dos recursos florestais, por exemplo. A teoria é a mesma. A distinção fica por conta da implementação. Por isso, não

---

[276] SAMPAIO, Rômulo Silveira da Rocha. Regulação Ambiental. *In*: GUERRA, Sérgio (Org.). *Regulação no Brasil*: uma visão multidisciplinar. 1. ed. Rio de Janeiro: FGV Editora, 2014. v. 1.

há razão que justifique o fracionamento das competências gerais em ativos ambientais distintos.

Com recursos humanos e financeiros adequados, poder normativo e sancionatório, bem como independência suficiente para a tomada de decisão com base em parâmetros técnico-científicos sólidos, acreditamos que a criação de uma agência reguladora ambiental contribuiria para a tutela do meio ambiente enquanto uma política de Estado e não de governo. No mesmo sentido, no âmbito da regulação das águas, entendemos que uma centralização regulatória levaria a uma maior efetividade das políticas ambientais na gestão de recursos hídricos, em vez de um modelo excessivamente fragmentado e que não dispõe da estrutura necessária para dar efetividade às normas ambientais.[277]

As discussões realizadas no primeiro capítulo também permitiram inferir que, se o propósito seria ampliar a proteção ambiental, o regime adotado atualmente não parece ser suficiente para o que se propõe, o que vem ocasionando incertezas e instabilidade jurídica. Desse modo, uma reforma é urgente e crucial, para dar executoriedade às previsões ambientais estabelecidas no ordenamento jurídico.

No capítulo 2 buscou-se promover uma discussão sobre a análise normativa como importante ferramenta para compreensão do fenômeno regulatório. Entende-se que, a partir das discussões aqui engendradas, este livro supre uma lacuna na literatura brasileira sobre a regulação das águas, já que se baseia em análise pioneira das normas editadas pelos órgãos responsáveis por regular as águas no Brasil. Para se chegar a esse intento, foi construído um banco de dados que permitiu analisar as normas a partir de uma série de variáveis – temas, ano em que foram editadas, natureza procedimental ou material, procedência, incidência geográfica, dentre outras.

A escolha por analisar as normas a partir dessas categorias fez-se necessária por alguns motivos. Como visto, as normas jurídicas são mais do que fontes, às quais se deve recorrer para aplicar o direito a casos concretos. Normas são o resultado do comportamento de grupos sociais diversos que interagem entre si. No caso das normas regulatórias, trata-se de produto das relações travadas entre legisladores, reguladores, agentes regulados e membros da sociedade civil.

O estudo das normas regulatórias permite, assim, avançar no conhecimento sobre o comportamento de seus formuladores, aplicadores

---

[277] Sobre os problemas de fiscalização e efetividade de normas ambientais de gestão de águas no Brasil cf.: GRANZIERA, Maria Luiza Machado. *Direito de águas*: disciplina jurídica das águas doces. 3. ed. São Paulo: Atlas, 2006. p. 217 e ss.

e destinatários. A análise de produção normativa deve ser utilizada em todas as áreas regulatórias e estágios do processo regulatório.

Espera-se que o leitor tenha sido alertado sobre erros comuns adotados na análise de produção normativa, que é um método de pesquisa que requer conhecimento e habilidades interdisciplinares e extrajurídicas. Sem esses elementos não é possível analisar empiricamente a produção normativa.

O capítulo 3 teve o intuito de realizar uma análise empírica sobre as normas publicadas pelos órgãos reguladores das águas brasileiras em âmbito federal, quais sejam: a ANA e o CNRH. O esforço empírico realizado revelou que embora a ANA e o CNRH venham se empenhando para a edição de parâmetros substantivos que possam orientar a regulação dos principais usos e instrumentos que regulamentam o acesso às águas em âmbito nacional, a produção normativa dos órgãos demonstrou ser casuística, sem correlação adequada com as agendas regulatórias em âmbito nacional, cenário que somente foi alterado no ano de 2019, conforme explicitado no capítulo. Além disso, também foi possível identificar que as agendas dos órgãos foram formuladas de forma independente, sem que houvesse uma coordenação sobre os temas que deveriam ser prioritários e como eles seriam abordados por cada um dos órgãos. Tal constatação impacta diretamente na viabilidade de formulação de políticas transversais, além de criar um ambiente que favorece a edição de normas semelhantes, já que, conforme demonstrado, as leis que orientam a atribuição dos órgãos não indicam com clareza os limites de suas competências.

O estudo também identificou lacunas importantes na regulação das águas em âmbito nacional, já que os parâmetros têm sido editados de forma regionalizada. Em que pese a importância de se considerar as especificidades regionais, a constatação a que chegamos ensejou questionamentos quanto à condução das políticas hídricas, especialmente se elas têm, efetivamente, se mostrado responsivas aos problemas que vêm surgindo em diferentes realidades e escalas.

O tema das crises hídricas, por exemplo, é um indicativo de que a regulação foi direcionada a casos específicos de crises enfrentadas no país. Em que pese a importância e a autonomia dos órgãos estaduais e distritais para a promoção de políticas hídricas mais aderentes à sua realidade, a edição de parâmetros substantivos em âmbito federal poderá representar um importante balizador para órgãos estaduais e distritais com menor capacidade de resposta aos quadros críticos.

Outro ponto identificado pela pesquisa que merece atenção refere-se à segmentação dos aspectos quantitativos e qualitativos da agenda hídrica, já que compete ao Conama a definição dos parâmetros qualitativos para a gestão dos recursos hídricos no país. Dessa forma, temas importantes da agenda hídrica encontram um ambiente regulatório bastante fragmentado. Tem-se, ainda, que a regulação da geração de energia, importante forma de uso da água no contexto nacional, é realizada pela ANEEL, que coordena as medidas adotadas junto à ANA. Contudo, em que pese a possibilidade de diálogo entre os diferentes órgãos, e apesar de a regulação do acesso às águas federais ser de competência do CNRH e da ANA, o Conama e a ANEEL também são órgãos reguladores que editam importantes parâmetros sobre o bem.

Assim, diante de um ambiente regulatório fragmentado, dificulta-se a edição de uma política nacional transversal e que seja aderente aos diferentes problemas da agenda hídrica nacional. Cabe, ainda, destacar, que o esforço empírico realizado permitiu confirmar que a ANA concentra suas atividades na coordenação da PNRH, tendo menor experiência na regulação da prestação de serviços e infraestrutura, assim como fazem as demais agências reguladoras federais brasileiras. Tal constatação demonstrou ser relevante, sobretudo em decorrência da aprovação do Projeto de Lei nº 4.162/2019, que incluiu entre as competências da ANA a regulação dos serviços de saneamento básico, fazendo-se necessária uma reestruturação da Agência, de forma a capacitá-la a absorver competências regulatórias dessa ordem.

Por fim, o capítulo 4 teve o objetivo de realizar uma análise sobre a atividade regulatória das águas em âmbito estadual, a partir da análise da atividade normativa dos órgãos reguladores. Os dados levantados permitiram identificar uma ampla fragmentação no ambiente regulatório, onde se constatou que diferentes instituições editaram parâmetros e diretrizes sobre as formas de acesso e diferentes usos da água, bem como sobre o funcionamento dos instrumentos hídricos. Observou-se que a influência que os diferentes órgãos exerceram no ambiente regulatório variou entre regiões e também intrarregionalmente para os mesmos temas. Em alguns casos, notou-se que mesmo em regiões em que os SEGREHs foram implementados em contexto histórico semelhante, a influência que os diferentes órgãos exerceram na edição das normas regulatórias variou por estado, a exemplo da região Sul.

Embora a Lei das Águas tenha atribuído importante papel aos CERHs, o estudo permitiu identificar que a atuação dessas instâncias ainda se dá de forma tímida em, pelo menos, duas regiões do país, a saber, as regiões Norte e Centro-Oeste. No caso da região Norte, chama a atenção o fato de o estado do Acre não ter implementado o conselho estadual. Em alguns estados dessas duas regiões, notou-se também a forte influência que as Assembleias Legislativas exerceram na edição de parâmetros técnicos sobre a regulação do uso e acesso às normas brasileiras, instâncias que, notadamente, detêm menor natureza técnica.

Nas demais regiões, o levantamento permitiu identificar uma maior influência dos CERHs e dos órgãos ambientais na edição de normas regulatórias. No caso da região Sudeste, destaca-se que os CERHs foram responsáveis pela edição de mais da metade das normas regulatórias sobre as águas em todos os seus estados, o que denota uma maior governança na produção de normas sobre águas nesta região. No caso das regiões Sul e Nordeste, alguns estados também tiveram uma regulação com origem nos CERHs mais expressiva, contudo, encontrou-se um ambiente regulatório mais diversificado, em que os órgãos ambientais também exerceram papel relevante na edição das normas.

Notou-se, ainda, que, de forma geral, em relação aos temas regulados, os CERHs ficaram, mais frequentemente, responsáveis pela edição dos parâmetros para fundamentar o funcionamento dos instrumentos de recursos hídricos, enquanto os órgãos ambientais atuaram mais expressivamente na edição de regras para orientar o acesso e os diferentes usos da água.

Ainda sobre os usos da água, o estudo permitiu identificar que na maior parte dos estados a cartela regulatória é bem restrita, com algumas exceções no Nordeste e Sudeste, em que foi identificada uma maior normatização acerca dos diferentes tipos de usos das águas. Outro ponto que chama a atenção é que nos estados do Centro-Oeste e Norte, os temas regulados encontraram pouca relação com os principais usos da água nos estados. Encontrou-se também um cenário em que usos da água muito intensivos nos estados dessa região ficaram de fora da cartela regulatória estatal. Esse dado é indicativo de que a regulação normativa tem se mostrado pouco responsiva e aderente aos principais dilemas e desafios enfrentados pelos estados na gestão e regulação das águas.

Por fim, o estudo permitiu identificar que nos estados com maior disponibilidade hídrica, tal disponibilidade não correspondeu a um ambiente de maior maturidade regulatória – como é o caso dos estados da região do Norte. Já nos estados da região Nordeste, em que a disponibilidade de água é mais restrita, notou-se uma maior maturidade dos SEGREHs e, em alguns casos, identificou-se ainda que os estados editaram normas propondo instrumentos hídricos inovadores, a exemplo da Alocação Negociada da água. Esse dado corrobora as reflexões propostas por Ostrom[278] de que a maturidade das instituições estaria relacionada às especificidades ambientais. Conforme se nota, a menor disponibilidade hídrica operou como mais um fator a fomentar a proposição de instrumentos mais responsivos e inovadores, visando a contornar os quadros sazonais de criticidade.

---

[278] OSTROM, Elinor. *Understanding Institutional Diversity*. Princeton, NJ: Princeton University Press, 2005; OSTROM, Elinor. Background on the Institutional Analysis and Development Framework. *Policy Studies Journal*, v. 39, n. 1, p. 7-27, 2011.

REFERÊNCIAS

ABERS, Rebecca Neaera. Organizing for Governance: Building Collaboration in Brazilian River Basins. *World Development*, v. 35, n. 8, p. 1450-1463, 2007.

ABERS, Rebecca Neaera; KECK, Margaret E. *Autoridade prática*: ação criativa e mudança institucional na política das águas no Brasil. Rio de Janeiro: Editora Fiocruz, 2017.

ABERS; Rebecca Neaera; KECK, Margareth E. Representando a diversidade: Estado, sociedade e 'relações fecundas' nos conselhos gestores. *Caderno CRH*, v. 21, n. 52, p. 99-112, 2008.

ABERS, Rebecca Neaera *et al*. Inclusão, deliberação e controle: três dimensões de democracia nos comitês e consórcios de bacias hidrográficas no Brasil. *Ambiente & Sociedade*, v. XII, n. 1, p. 115-132, jan./jun. 2009.

ABREU, Inah Maria de. *Alocação negociada da água no Ceará*: proposta metodológica para a tomada de decisão em cenário de escassez. Tese (Doutorado em Desenvolvimento e Meio Ambiente), Universidade Federal do Ceará, Fortaleza, 2015.

AHDIEH, Robert B. Dialectical Regulation. *Connecticut Law Review*, v. 38, n. 5, p. 863-928, 2006.

AGÊNCIA NACIONAL DE ÁGUAS (ANA). *Programa de Consolidação do Pacto Nacional pela Gestão das Águas (Progestão)*. 2021. Disponível em: https://progestao.ana.gov.br/. Acesso em 18 ago. 2021.

AGÊNCIA NACIONAL DE ÁGUAS (ANA). *Conjuntura dos Recursos Hídricos no Brasil*. Brasília, DF, 2017a. Disponível em: http://www.snirh.gov.br/portal/snirh/centrais-de-conteudos/conjuntura-dos-recursos-hidricos/relatorio-conjuntura-2017.pdf. Acesso em 15 jun. 2018.

AGÊNCIA NACIONAL DE ÁGUAS (ANA). *O Progestão em Alagoas*: síntese do primeiro ciclo do Programa (2013-2016). 2017b. Disponível em: https://progestao.ana.gov.br/mapa/al/progestao_al_2015.pdf. Acesso em 18 set. 2020.

AGÊNCIA NACIONAL DE ÁGUAS (ANA). *O Progestão no Ceará*: síntese do primeiro ciclo do Programa (2013-2016). 2017c. Disponível em: https://progestao.ana.gov.br/mapa/ce/progestao_ce_2015.pdf. Acesso em 18 set. 2020.

AGÊNCIA NACIONAL DE ÁGUAS (ANA). *O Progestão na Paraíba*: síntese do primeiro ciclo do Programa (2013-2016). 2017d. Disponível em: https://progestao.ana.gov.br/mapa/pb/o-progestao-no-estado-da-paraiba. Acesso em 18 set. 2020.

AGÊNCIA NACIONAL DE ÁGUAS (ANA). *O Progestão em Sergipe*: síntese do primeiro ciclo do Programa (2013-2016). 2017e. Disponível em: https://progestao.ana.gov.br/mapa/al/progestao_al_2015.pdf. Acesso em 18 set. 2020.

AGÊNCIA NACIONAL DAS ÁGUAS (ANA). *O Comitê de Bacia Hidrográfica, Prática e Procedimento*. 2011. v. 2. Disponível em: http://arquivos.ana.gov.br/institucional/sge/CEDOC/Catalogo/2012/CadernosDeCapacitacao2.pdf. Acesso em 11 abr. 2020.

AITH, Fernando Mussa Abujamra; ROTHBARTH, Renata. O Estatuto jurídico das águas no Brasil. *Estudos Avançados*, São Paulo, v. 29, n. 84, p. 163-177, mai./ago. 2015.

ALMEIDA, Carla; TATAGOBA, Luciana. Os conselhos gestores sob o crivo da política: balanços e perspectivas. *Serv. Soc. Soc.*, São Paulo, n. 109, p. 68-92, jan./mar. 2012.

ARAGÃO, Alexandre dos Santos de. *Agências Reguladoras*: e a evolução do direito administrativo econômico. 3. ed. Rio de Janeiro: Forense, 2013.

ARRETCHE, Marta. Federalismo e políticas sociais no Brasil: problemas de coordenação e autonomia. *São Paulo em Perspectiva*, v. 18, n. 2, p. 17-26, 2004.

ARRETCHE, Marta. Mitos da Descentralização: mais democracia e eficiência nas políticas públicas. *Revista Brasileira de Ciências Sociais ANPOCS*, n. 31, a. 11, p. 44-66, jun. 1996.

ASSUNÇÃO, Francisca Neta; BURSZTYN, Maria Augusta Assunção. As políticas das águas do Brasil. *In*: Encuentro de Las Aguas. *Anais*. Santiago: Encuentro de Las Aguas, 2001.

AVRITZER, Leonardo. Instituições participativas e desenho institucional: algumas considerações sobre a variação da participação no Brasil democrático. *Opinião Pública*, v. 14, n. 1, p. 43-64, jun./2008.

BAIRD, Marcelo Fragano; FERNANDES, Ivan Filipe de Almeida Lopes. Flying in Clear Skies: Technical Arguments Influencing ANAC Regulations. *Brazilian Political Science Review*, v. 8, n. 4, p. 70-92, 2014.

BALDWIN, Robert; CAVE, Martin; LODGE, Martin. *Understanding Regulation*: theory, Strategy and Practice. 2. ed. Oxford: Oxford University Press, 2012.

BENDOR, Jonathan. *Parallel Systems*: redundancy in government. California: University of California Press, 1985.

BERKERS, Fikret. Cross-scale intituttional linkages: perspectivos from the bottow up. *In*: OSTROM, Elinor *et al.* (Eds.). *The drama of commons*. Washington: National Academy, 2002.

BLACK, Julia. Critical reflections on regulation. *Australian Journal of Legal Philosophy*, v. 27, p. 271-289, 2002.

BARTH. Flávio Terra. Aspectos institucionais do gerenciamento de recursos hídricos. *In*: REBOUÇAS, Aldo Cunha *et al.* (Orgs.). *Águas Doces no Brasil*: capital ecológico, uso e conservação. São Paulo: Escrituras Editora, 1999.

BERRETA, Márcia dos Santos R.; LAURENT, François; BASSO, Luis Alberto. Os princípios e fundamentos da legislação das águas na França. *Boletim Gaúcho de Geografia*, v. 39, p. 13-24, jul. 2012.

BRASIL. Agência Nacional das Águas. *Brasil tem cerca de 12% das reservas mundiais de* água *doce do planeta*. 2019. Disponível em: https://www.ana.gov.br/noticias-antigas/brasil-tem-cerca-de-12-das-reservas-mundiais-de-a.2019-03-15.1088913117. Acesso em 15 mai. 2020.

BRASIL. Agência Nacional das Águas. *Comitês de Bacia Hidrográfica*. 2020b. Disponível em: https://www.ana.gov.br/aguas-no-brasil/sistema-de-gerenciamento-de-recursos-hidricos/comites-de-bacia-hidrografica. Acesso em 27 abr. 2020.

BRASIL. Agência Nacional das Águas. *Conselhos Estaduais de Recursos Hídricos*. 2020c. Disponível em: http://progestao.ana.gov.br/portal/progestao/conselhos-estaduais-de-recursos-hidricos. Acesso em 27 abr. 2020.

BRASIL. Agência Nacional das Águas. *O que é o SINGREH?* Disponível em: https://www.ana.gov.br/aguas-no-brasil/sistema-de-gerenciamento-de-recursos-hidricos/o-que-e-o-singreh. Acesso em 27 abr. 2020.

BRASIL. Agência Nacional das Águas. *Sobre a ANA.* 2020a. Disponível em: https://www.ana.gov.br/acesso-a-informacao/institucional. Acesso em 27 abr. 2020.

BRASIL. Constituição da República Federativa do Brasil de 1988. *Diário Oficial da União*, Brasília, 05 out. 1988. Disponível em: http://www.planalto.gov.br/ccivil_03/constituicao/constituicaocompilado.htm. Acesso em 13 abr. 2020.

BRASIL. Agência Nacional das Águas. *Relatório da ANA apresenta situação das águas do Brasil no contexto de crise hídrica.* 2017. Disponível em: https://www.ana.gov.br/noticias/relatorio-da-ana-apresenta-situacao-das-aguas-do-brasil-no-contexto-de-crise-hidrica. Acesso em 15 mai. 2020.

BRASIL. Lei Complementar nº 140, de 08 de dezembro de 2011. Fixa normas, nos termos dos incisos III, VI e VII do *caput* e do parágrafo único do art. 23 da Constituição Federal, para a cooperação entre a União, os Estados, o Distrito Federal e os Municípios nas ações administrativas decorrentes do exercício da competência comum relativas à proteção das paisagens naturais notáveis, à proteção do meio ambiente, ao combate à poluição em qualquer de suas formas e à preservação das florestas, da fauna e da flora; e altera a Lei nº 6.938, de 31 de agosto de 1981. *Diário Oficial da União*, Brasília, 09 dez. 2011, retificado em 12 dez. 2011. Disponível em: http://www.planalto.gov.br/ccivil_03/LEIS/LCP/Lcp140.htm. Acesso em 13 abr. 2020.

BRASIL. Lei nº 7.735, de 22 de fevereiro de 1989. Dispõe sobre a extinção de órgão e de entidade autárquica, cria o Instituto Brasileiro do Meio Ambiente e dos Recursos Naturais Renováveis e dá outras providências. *Diário Oficial da União*, Senado Federal, 23 fev. 1989. Disponível em: http://www.planalto.gov.br/ccivil_03/LEIS/L7735.htm. Acesso em 12 abr. 2020.

BRASIL. Lei nº 9.433, de 8 de janeiro de 1997 ("Lei das Águas"). Institui a Política Nacional de Recursos Hídricos, cria o Sistema Nacional de Gerenciamento de Recursos Hídricos, regulamenta o inciso XIX do art. 21 da Constituição Federal, e altera o art. 1º da Lei nº 8.001, de 13 de março de 1990, que modificou a Lei nº 7.990, de 28 de dezembro de 1989. *Diário Oficial da União*, Brasília, 09 jan. 1997. Disponível em: http://www.planalto.gov.br/ccivil_03/LEIS/L9433.htm. Acesso em 22 abr. 2020.

BRASIL. Lei nº 9.984, de 17 de julho de 2000. Dispõe sobre a criação da Agência Nacional de Águas – ANA, entidade federal de implementação da Política Nacional de Recursos Hídricos e de coordenação do Sistema Nacional de Gerenciamento de Recursos Hídricos, e dá outras providências. *Diário Oficial da União*, Brasília, 18 jul. 2000. Disponível em: http://www.planalto.gov.br/ccivil_03/Leis/L9984compilado.htm. Acesso em 24 abr. 2020.

BRASIL. Ministério do Desenvolvimento Regional. *Conselho Nacional de Recursos Hídricos – CNRH.* 2020. Disponível em: http://cnrh.mdr.gov.br/cnrh. Acesso em 22 abr. 2020.

BRASIL. Ministério do Meio Ambiente. *SISNAMA – Sistema Nacional do Meio Ambiente.* Disponível em: http://www2.mma.gov.br/port/conama/estr1.cfm. Acesso em 12 abr. 2020.

BRASIL. Ministério do Meio Ambiente e Mudança do Clima. Agência Nacional das Águas. *Gov.br*, 2020. Disponível em: https://www.gov.br/ana/pt-br. Acesso em 18 ago. 2021.

BRASIL. Senado Federal. *Brasil tem 48% da população sem coleta de esgoto, diz Instituto Trata Brasil.* 25 set. 2019. Disponível em: https://www12.senado.leg.br/noticias/materias/2019/09/25/brasil-tem-48-da-populacao-sem-coleta-de-esgoto-diz-instituto-trata-brasil. Acesso em 15 mai. 2020.

BUAINAIN, Antonio Marcio; GARCIA JUNIOR, Ruiz. Polos de Irrigação no Nordeste do Brasil: desenvolvimento recente e perspectivas. *Confins*, n. 23, 2015.

BUIZER, Marleen *et al*. Governance, Scale and the Environment: the Importance of Recognizing Knowledge Claims in Transdisciplinary Arenas. *Ecology and Society*, v. 16, n. 1: 21, 2011.

BURITI, Catarina de Oliveira; BARBOSA, Erivaldo Moreira. Políticas Públicas de Recursos Hídricos no Brasil: olhares sob uma perspectiva jurídica e histórico-ambiental. *Veredas do Direito*, v. 11, n. 22, p. 225-254, jul./dez. 2014.

BUZBEE, William W. The regulatory fragmentation continuum, Westway, and the challenges of regional growth. *Journal of Law and Politics*, v. 21, p. 323-364, 2005.

CAPODEFERRO, Morganna Werneck *et al*. Mecanismos adotados pelo Distrito Federal no combate à crise hídrica. *In*: *XXXVI Congreso Interamericano de Ingeniería Sanitaria y Ambiental*. Guayaquil. Equador: Associação Interamericana de Engenharia Sanitária e Ambiental, 2018.

CASH, David W.; MOSER, Susanne C. Linking global and local scales: designing dynamic assessment and management process. *In*: *Global Environmental Change*, n. 10, p. 109-120, 2000.

CASSUTO, David N.; SAMPAIO, Rômulo S. R. Water Law in the United States and Brazil – Climate Change & Two Approaches to Emerging Water Poverty. *Environmental Law and Policy Review*, v. 35, n. 2, p. 371-413, 2011.

CENTRO DE PESQUISAS EM DIREITO E ECONOMIA – CPDE. *Mecanismos de Participação da Agência Nacional de Águas (ANA)*. Rio de Janeiro, 2020a.

CENTRO DE PESQUISAS EM DIREITO E ECONOMIA – CPDE. *Mecanismos de Participação da Agência Nacional de Aviação Civil (Anac)*. Rio de Janeiro, 2020b.

CENTRO DE PESQUISAS EM DIREITO E ECONOMIA – CPDE. *Mecanismos de Participação da Agência Nacional de Cinema (Ancine)*. Rio de Janeiro, 2020d.

CENTRO DE PESQUISAS EM DIREITO E ECONOMIA – CPDE. *Mecanismos de Participação da Agência Nacional de Energia Elétrica (Aneel)*. Rio de Janeiro, 2020e.

CENTRO DE PESQUISAS EM DIREITO E ECONOMIA – CPDE. *Mecanismos de Participação da Agência Nacional de Transporte Aquaviário (Antaq)*. Rio de Janeiro, 2020g.

CENTRO DE PESQUISAS EM DIREITO E ECONOMIA – CPDE. *Mecanismos de Participação da Agência Nacional de Transporte Terrestre (Antt)*. Rio de Janeiro, 2020h.

CENTRO DE PESQUISAS EM DIREITO E ECONOMIA – CPDE. *Mecanismos de Participação da Agência Nacional de Vigilância Sanitária (Anvisa)*. Rio de Janeiro, 2020i.

CENTRO DE PESQUISAS EM DIREITO E ECONOMIA – CPDE. *Mecanismos de Participação do Banco Central (Bacen)*. Rio de Janeiro, 2020j.

CENTRO DE PESQUISAS EM DIREITO E ECONOMIA – CPDE. *Mecanismos de Participação da Comissão de Valores Mobiliários (CVM)*. Rio de Janeiro, 2020l.

CHEVALLIER, Jacques. *O estado pós-moderno*. (Trad. Marçal Justen Filho). Belo Horizonte: Fórum, 2009.

CONICELLI, Bruno Pirilo. *Gestão das águas subterrâneas na Bacia Hidrográfica do Alto Tietê (SP)*. Tese (Doutorado em Ciências), Universidade de São Paulo, São Paulo, 2014.

COSTA, Adriana Lustosa da; MERTENS, Frédéric. Governança, redes e capital social no Plenário do Conselho Nacional de Recursos Hídricos do Brasil. *Ambiente e Sociedade*, v. XVIII, n. 3, p. 153-170, jul./set. 2015.

COSTA, Mayla Cristina *et al*. Lógicas institucionais e formação da governança de recursos hídricos: análise do caso brasileiro. *Revista de Gestão Organizacional*, v. 6, n. 4, p. 99-119, set./dez. 2013.

CRAWFORD, Sue E. S.; OSTROM, Elinor. A Grammar of Institutions. *The American Political Science Review*, v. 89, n. 3, p. 582-600, sep. 1995.

ELMORE, Richard F. Backward Mapping: Implementation research and policy decisions. *Political Science Quaterly*, v. 94, n. 4, p. 601-616, 1979.

EMPINOTTI, Vanessa Lucena *et al*. Transparência e a governança das águas. *Estudos avançados*, São Paulo, v. 30, n. 88, set./dez. 2016.

EMPRESA DE PESQUISA ENERGÉTICA (EPE). *Matriz Energética e Elétrica*. 2018. Disponível em: http://www.epe.gov.br/pt/abcdenergia/matriz-energetica-e-eletrica. Acesso em 15 mai. 2020.

EPSTEIN, Lee; KING, Gary. The rules of inference. *University of Chicago Law Review*, Chicago, v. 61, n. 1, p. 1-133, 2002.

FRACALANZA, Ana Paula. Gestão das águas no Brasil: rumo à governança da água? *In*: RIBEIRO, Wagner da Costa (Org.). *Governança da água no Brasil*: uma visão interdisciplinar. São Paulo: Annablume; Fapesp; CNPq, 2009.

FRAGA, Júlia Massadas Romeiro. *Precaução e direcionamento de condutas sob incerteza científica*. 214f. Dissertação (Mestrado em Direito) – Escola de Direito do Rio de Janeiro da Fundação Getulio Vargas, Rio de Janeiro. 2019.

FRANK, Beate. Formação e experiência: os organismos de bacia hidrográfica são capazes de lidar com a complexidade da gestão de recursos hídricos? *In*: ABERS, Rebecca. *Água e Política*: atores, instituições e poder nos organismos colegiados de bacia hidrográfica no Brasil. São Paulo: Annablume, 2010.

FREEMAN, Jody; ROSSI, Jim. Agency Coordination in Shared Regulatory Space. *Harvard Law Review*, v. 125, n. 5, p. 1131-1211, mar. 2012.

GUERRA, Sérgio. *Discricionariedade, regulação e reflexividade*: uma nova teoria sobre as escolhas administrativas. 3. ed. Belo Horizonte: Fórum, 2015.

GUERRA, Sérgio; SALINAS. Controle político da atividade normativa das agências reguladoras. *Revista de Direito Econômico e Socioambiental*, Curitiba, v. 9, n. 3, p. 402-430, set./dez. 2018. Disponível em: https://periodicos.pucpr.br/index.php/direitoeconomico/article/view/24570. Acesso em 10 nov. 2020.

GRANZIERA, Maria Luiza Machado. *Direito de águas*: disciplina jurídica das águas doces. 3. ed. São Paulo: Atlas, 2006.

GUNNINGHAM, Neil. The new collaborative environmental governance: the localization of regulation. *Journal of Law and Society*, v. 36, n. 1, p. 145-166, 2009.

HANCHER, Leigh; MORAN, Michael. Organizing Regulatory Space. *In*: BALDWIN, Robert *et al*. (Orgs.). *A Reader on Regulation*. Oxford: Oxford University Press, 1998.

HEIJDEN, Jeroen Van Der. A short history of studying incremental institutional change: Does Explaining Institutional Change provide any new explanations? *Regulation & Governance*, v. 4, p. 230-243, 2010.

HILL, Michael. *The Public Policy Process*. Harlow: Pearson Longman, 2005.

HOLLEY, Camerom. Linking Law and New Governance: examining gaps, hybrids, and integration in water policy. *Law & Policy*, v. 38, n. 1, p. 24-53, jan. 2016.

HOLLEY, Cameron; GUNNINGHAM, Neil; SHEARING, Clifford. *The New Environmental Governance*. Abingdon: Earthscan, 2012.

INSTITUTO BRASILEIRO DE PLANEJAMENTO E TRIBUTAÇÃO (IBT). *Quantidade de normas editadas no Brasil*: 32 anos da Constituição Federal de 1988. 2018. Disponível em: https://ibpt.com.br/quantidade-de-normas-editadas-no-brasil-30-anos-da-constituicao-federal-de-1988/. Acesso em 10 nov. 2020.

INSTITUTO DE PESQUISA ECONÔMICA APLICADA (IPEA). *Avaliação do Progestão*: Programa de Consolidação do Pacto Nacional pela Gestão de Águas: referencial básico de avaliação. Brasília: IPEA, 2017a. Disponível em: http://repositorio.ipea.gov.br/handle/11058/8150. Acesso em 20 set. 2020.

INSTITUTO DE PESQUISA ECONÔMICA APLICADA (IPEA). *Programa de Consolidação do Pacto Nacional pela Gestão de Águas – Estado do Mato Grosso*. Brasília: IPEA, 2017b.

IORIS, Antonio Augusto Rossotto. Da foz às nascentes: análise histórica e apropriação econômica dos recursos hídricos no Brasil. *In*: ALMEIDA, Alfredo Wagner Berno de *et al.* (Org.). *Capitalismo globalizado e recursos territoriais*: fronteiras da acumulação no Brasil contemporâneo. Rio de Janeiro: Lamparina, 2010.

IRIBARNEGARAY, Martín Alejandro; SEGHEZZO, Lucas. Governance, sustainability and decision making in water and sanitation management systems. *Sustainability Journal*, v. 4, p. 2922-2945, 2012.

JORDÃO, Eduardo; CUNHA, Luiz Filippe. Revisão de estoque regulatório: a tendência de foco na análise de impacto regulatório retrospectiva. *Interesse Público*, a. 22, v. 123, p. 227-255, set./out. 2020.

KARKKAINEN, Bradley. Collaborative Ecosystem Governance: scale, complexity, and dynamism. *Virginia Environmental Law Journal*, v. 21, p. 189–244, 2002.

KELMAN, Jerson. *Desafios do regulador*. Rio de Janeiro: Synergia: CEE/FGV, 2009.

KERWIN, Cornelius; FURLONG, Scott R.; WEST, William. Interest Groups, Rulemaking, and American Bureaucracy. *In*: DURANT, Robert F. *The Oxford Handbook of American Bureaucracy*. 2011. Disponível em: https://www.oxfordhandbooks.com/view/10.1093/oxfordhb/9780199238958.001.0001/oxfordhb-9780199238958-e-25. Acesso em 5 out. 2020.

LANNA, Antonio Eduardo Leão. *Gerenciamento de bacia hidrográfica*: aspectos conceituais e metodológicos. Brasília: IBAMA, 1995.

LIMA, Luciana Leite; D'ASCENZI, Luciano. Implementação de políticas públicas: perspectivas analíticas. *Revista de Sociologia e Política*, v. 21, n. 48, p. 101-110, dez. 2013.

MAJONE, Giandomenico. Do Estado Positivo ao Estado Regulador: causas e consequências da mudança no modo de governança. *In*: MATTOS, Paulo Todescan Lessa *et al. Regulação econômica e democracia*: o debate europeu. São Paulo: Editora Revista dos Tribunais, 2017.

MAJONE, Giandomenico; WILDAVSKY, Aaron. Implementation as Evolution. *In*: PRESSMAN, Jeffrey L. & WILDAVSKY, Aaron. (eds.). *Implementation*. 3 ed. Berkeley: University of California. 1984.

MANCUSO, W. P. *O lobby da indústria no Congresso Nacional*: empresariado e política no Brasil contemporâneo. São Paulo: Humanitas/Edusp, 2007.

MARISAM, Jason. Duplicative delegations. *Administrative Law Review*, v. 63, n. 2, p. 181-244, 2011.

MARTINS, Rodrigo Constante. Sociologia da governança francesa das águas. *Revista Brasileira de Ciências Sociais*, v. 23, n. 67, p. 83-100, jun. 2008.

MAZMANIAN, Daniel A.; SABATIER, Paul Armand. *Implementation and Public Policy*. Glenview: Scott Foresman, 1983.

MCCUBBINS, M. D; NOLL, Roger G; WEINGAST, Barry R. Administrative Procedures as Instruments of Political Control. *Journal of Law, Economics and Organization*, v. 3, n. 2, p. 243-277, 1987.

MCGINNIS, Michael D. An Introduction to IAD and the Language of the Ostrom Workshop: A Simple Guide to a Complex Framework. *Policy Studies Journal*, v. 39, n. 1, p. 169-183, 2011.

MENDES, Jorge Vicente Peron. *Avaliação de desempenho do Fundo de Recursos Hídricos do Estado do Rio de Janeiro e subsídios para o seu aperfeiçoamento*. Tese (Mestrado em Engenharia Ambiental) Universidade Estadual do Rio de Janeiro, Rio de Janeiro, 2015.

MILARÉ, Édis. *Direito do Ambiente*. 11. ed. rev., atual. e ampl. São Paulo: Thomson Reuters Brasil, 2018.

MOE, Terry M. The New Economics of Organization. *American Journal of Political Science*, v. 28 p. 739-777, 1984.

MORAND, Charles-Albert (Org.). *Légistique Formelle et Matérielle*. Aix-En-Provence: Presse Universitaires d'Aix-Marseille, 1999.

NESHEIM, Ingrid *et al*. The challenge and status of IWRM in four river basins in Europe and Asia. *Irrigation Drainage Systems*, v. 24, p. 205-221, 2010.

NORTH, Douglas C. *Instituições, mudança institucional e desempenho econômico*. São Paulo: Três Estrelas, 2018.

ORGANIZAÇÃO PARA A COOPERAÇÃO E DESENVOLVIMENTO ECONÓMICO (OCDE). *Introductory Handbook for Undertaking Regulatory Impact Analysis – RIA*. 2008. Disponível em: https://www.oecd.org/gov/regulatory-policy/44789472.pdf. Acesso em 10 nov. 2020.

ORGANIZAÇÃO PARA A COOPERAÇÃO E DESENVOLVIMENTO ECONÓMICO (OCDE). *Principles on water governance*. 2015. Disponível em: http://www.oecd.org/gov/regional-policy/OECD-Principles-on-Water-Governance-brochure.pdf. Acesso em 15 set. 2020.

OSTROM, Elinor. Background on the Institutional Analysis and Development Framework. *Policy Studies Journal*, v. 39, n. 1, p. 7-27, 2011.

OSTROM, Elinor. The value-added of laboratory experiments for the study of institutions and common-pool resources. *Journal of Economic Behavior & Organization*, v. 61, n. 2, p. 149-163, 2006.

OSTROM, Elinor. *Understanding Institutional Diversity*. Princeton, NJ: Princeton University Press, 2005.

PALMA, Julina Bonacorsi de; FEFERBAUM, Marina; PINHEIRO, Victor Marcel. Meu trabalho precisa de pesquisa de jurisprudência? Como posso analisá-la? *In*: QUEIROZ, Rafael Mafei Rabelo; FEFERBAUM, Marina (Coords.). *Metodologia da Pesquisa em Direito*: técnicas e abordagens para elaboração de monografias, dissertações e teses. 2. ed. São Paulo: Saraiva, 2019.

PAULA, Felipe de; PAIVA, Luiz Guilherme Mendes de. A pesquisa legislativa: fontes, cautelas e alternativas à abordagem tradicional. *In*: QUEIROZ, Rafael Mafei Rabelo; FEFERBAUM, Marina (Coords.). *Metodologia da Pesquisa em Direito*: técnicas e abordagens para elaboração de monografias, dissertações e teses. 2. ed. São Paulo: Saraiva, 2019.

PAVÃO, Bianca Borges Medeiros. *As águas e suas correntezas*: regulação e crises hídricas no Brasil. Tese (Doutorado em Desenvolvimento Sustentável), Universidade de Brasília, Brasília, 2020.

PAVÃO, Bianca Borges Medeiros; NASCIMENTO, Elimar Pinheiros. Crise hídrica como unidade analítica sobre a regulação das águas brasileiras. *Desenvolvimento e Meio Ambiente*, v. 52, p. 1-20, dez. 2019. Disponível em: DOI: 10.5380/dma.v52i0.65212. Acesso em 14 mar. 2022.

PAVÃO, Bianca Borges Medeiros; SALINAS, Natasha Schmitt Caccia; VIGAR, Thauany do Nascimento. Regulação das águas: uma análise empírica da produção normativa dos órgãos reguladores federais. *Revista Brasileira de Políticas Públicas*, Brasília, v. 11, n. 1. p. 319-341, 2021.

PAVÃO, Bianca B. Medeiros; SALINAS, Natasha S. Caccia; SAMPAIO, Rômulo S. R. *Diagnóstico da regulação de águas no Brasil*. Rio de Janeiro: FGV Direito Rio, 2020.

PAVÃO, Bianca Borges Medeiros; SALINAS, Natasha Schmitt Caccia; VIGAR, Thauany do Nascimento. Regulação das águas: uma análise empírica da produção normativa dos órgãos reguladores federais. *Revista Brasileira de Políticas Públicas*, Brasília, v. 11, n. 1. p. 319-341, 2021.

PECI, Alketa. Regulação comparativa: uma (des)construção dos modelos regulatórios. *In*: PECI, Alketa. (Org.). *Regulação no Brasil*: desenho, governança, avaliação. São Paulo: Editora Atlas, 2007.

PEIXOTO, Filipe da Silva; SOARES, Jamilson Azevedo; RIBEIRO, Victor Sales. Conflitos pela água no Brasil. *Sociedade & Natureza*, v. 34, 2022.

PETERS, B. G. Institutional theory. *In*: BEVIR, Mark (Ed.). *The Sage Handbook of Governance*. London: Sage, 2011.

PINHEIRO, Maria Inês Teixeira *et al*. Conflitos por águas e alocação negociada: o caso dos Carás no Ceará. *Revista de Administração Pública (RAP)*, v. 45, n. 6, p. 1656-1672, nov./dez. 2011.

PINHEIRO, Armando Castelar; SADDI, Jairo. *Direito, economia e mercados*. 2. ed. Rio de Janeiro: Elsevier, 2005.

PIRES do RIO, Gisela Aquino; PEIXOTO, Maria Naise. O. Superfícies de Regulação e conflitos de atribuição da gestão de recursos hídricos. *Território*, n. 10, p. 51-65, 2001.

POMPEU, Cid Tomanik. Águas doces no Direito Brasileiro. *In*: REBOUÇAS, Aldo Cunha *et al*. (Orgs.). *Águas Doces no Brasil*: capital ecológico, uso e conservação. São Paulo: Escrituras Editora, 1999.

SABATIER, Paul Armand. Top-down and bottom-up approaches to implementation research: A critical analysis and suggested synthesis. *Journal of Public Policy*, v. 6, n. 1, p. 21-48, 1986.

SALINAS, Natasha Schmitt Caccia; MOLHANO, Leandro; VIEIRA, Décio. *Trabalhos Empíricos no Direito*: uma análise das teses, dissertações e artigos acadêmicos sobre o tema da regulação. Falta local: editora, 2021 (prelo).

SALINAS, Natasha Schmitt Caccia. Dilema de agência na regulação ambiental: os efeitos perversos da delegação incondicionada de poderes normativos ao Conselho Nacional do Meio Ambiente – CONAMA. *Economic Analysis of Law Review*, v. 11, p. 157-180, 2020.

SALINAS, Natasha Schmitt Caccia. Impulsionando a administração a agir: o papel dos prazos administrativos nas leis sobre políticas públicas. *Revista Eletrônica sobre Reforma do Estado*, n. 41, p. 1-19, mar./mai. 2015.

SAMPAIO, Patrícia Regina Pinheiro. *Regulação e concorrência*: a atuação do CADE em setores de infraestrutura. São Paulo: Saraiva, 2013.

SAMPAIO, Rômulo Silveira da Rocha. Regulação Ambiental. *In*: GUERRA, Sérgio (Org.). *Regulação no Brasil*: uma visão multidisciplinar. 1. ed. Rio de Janeiro: FGV Editora, 2014. v. 1.

SAMPAIO, Rômulo Silveira da Rocha; LAMARE, Julia de. *In*: PINHEIRO, Armando Castelar; PORTO, Antônio J. Maristrello; SAMPAIO, Patrícia Regina Pinheiro (Coords.). *Direito e economia*: diálogos. Rio de Janeiro: FGV Editora, 2019.

SAMPAIO, Patrícia Regina Pinheiro; SAMPAIO, Rômulo Silveira da Rocha. The challenges of regulating water and sanitation tariffs under a three-level shared-authority federalism model: The case of Brazil. *Utilities Policy*, v. 64, p. 1-11, jun./2020.

SANTOS, Boaventura de Sousa; AVRITZER, Leonardo. Introdução: para ampliar o cânone democrático. *In*: SANTOS, Boaventura de Sousa (Org.). *Democratizar a democracia*: os caminhos da democracia participativa. 3. ed. Rio de Janeiro: Civilização Brasileira, 2005.

SANTOS, Manoel Leonardo Wanderley Duarte. *O parlamento sob influência*: o lobby da indústria na Câmara dos Deputados. Tese de Doutorado. Recife: Universidade Federal de Pernambuco, 2011. Disponível em: https://repositorio.ufpe.br/handle/123456789/1484. Acesso em 5 out. 2020.

SECRETARIA DE MEIO AMBIENTE E INFRAESTRUTURA (SEMA-RS). *Relatório Anual sobre a situação dos Recursos Hídricos no Estado 2020*. Disponível em: https://drive.google.com/file/d/1qpWgwewjLRq7u0zfPsJDJjyKjT7PLxut/view. Acesso em 30 nov. 2020.

SHIVA, Vandana. *Water wars*: privatization, pollution and profit. Cambridge: South End Press, 2001.

SIEGMUND-SCHULTZE, Mariana *et al*. Paternalism or participatory governance? Efforts and obstacles in implementing the Brazilian water policy in a large watershed. *Land Use Policy*, v. 48, p. 120-130, 2015. Disponível em: http://dx.doi.10.1016/j.landusepol.2015.05.024. Acesso em 30 nov. 2020.

SILVA, Mariana Batista. Mecanismos de participação e atuação de grupos de interesse no processo regulatório brasileiro: o caso da Agência Nacional de Energia Elétrica (Aneel). *Revista de Administração Pública*, v. 46, n. 4, p. 969-992, jul./ago. 2012.

SIMON, Herbert. *Administrative Decision*: a study of decision-making processes in administrative organizations. 4. ed. Free Press, 1997.

SOUZA, Celina. Políticas públicas: uma revisão da literatura. *Sociologias*, a. 8, n. 16, p. 20-45, jul./dez. 2006.

STIGLITZ, Joseph E. *Os exuberantes anos 90*: uma nova interpretação da década mais próspera da história. (Trad. Sylvia Maria S. Cristovão dos Santos, Dante Mendes Aldrighi, José Francisco de Lima Gonçalves, Roberto Mazzer Neto). São Paulo: Companhia das Letras, 2003.

STIGLITZ, Joseph E.; WALSH, Carl E. *Introdução à Microeconomia*. (Trad. Helga Hoffmann). Rio de Janeiro: Campus, 2003.

SUNDFELD, Carlos Ari; CÂMARA, Jacintho Arruda. A eficácia dos limites legais à competência regulamentar econômica: o caso Ancine e as empresas estrangeiras. *Revista Brasileira de Direito*, Passo Fundo, v. 13, n. 3, p. 258-276, dez. 2017. Disponível em: https://seer.imed.edu.br/index.php/revistadedireito/article/view/1870/1473. Acesso em 10 nov. 2020.

SWYNGEDOUW, Erik. The Political Economy and Political Ecology of the Hydro-Social. *Journal of Contemporary Water Research & Education*, n. 142, p. 56-60, aug. 2009.

SOARES, Jane A. S.; SOARES, Renata M. S.; BARBOSA, Erivaldo M. Análise da evolução do arcabouço legislativo no trato dos recursos hídricos no Brasil até a Lei nº 9.433/97. *Nature and Conservation*, v. 12, n. 2, p. 50-59, 2019. DOI: http://doi.org/10.6008/CBPC2318-2881.2019.002.0006. Acesso em 10 nov. 2020.

TATAGIBA, Luciana. Conselhos gestores de políticas públicas e democracia participativa: aprofundando o debate. *Revista de Sociologia e Política do Paraná*, Curitiba, n. 25, p. 209-213, nov. 2005.

THEODOULOU, Stella Z. How Public Policy is Made. *In*: CAHN, Matthew A.; THEODOULOU, Stella Z. (Ed.). *Public Policy*: the Essential Readings. Prentice Hall, 1995.

UOL. *Distribuição da Água no Brasil*. Disponível em: https://alunosonline.uol.com.br/geografia/distribuicao-agua-no-brasil.html. Acesso em 15 mai. 2020.

VISCUSI, W. Kip; HARRINTON JR., Joseph E.; VERNON, John M. *Economics of regulation and antitrust*. Cambridge: The MIT Press, 2005.

WALTKINS, Kevin. *Human development report 2006 beyond scarcity*: power, poverty and the global water crisis. Summary. New York: UNDP, 2006.

WATSON, Nigel. Integrated river basin management: a case for collaboration. *International Journal River Basin Management*, v. 2, n. 4, p. 243-257, 2004.

WEBER, Max. *Economia e Sociedade*: fundamentos da sociologia compreensiva. 4. ed. São Paulo: UnB, 2004.

WEDY, Gabriel. *O princípio constitucional da precaução como instrumento de tutela do meio ambiente e da saúde pública*. Rio de Janeiro: Fórum, 2009.

WEINGAST, Barry R. The Congressional-Bureaucratic System: a Principal-Agente Perspective (with applications to the SEC). *Public Choice*, v. 44, p. 147-191, 1984.

Esta obra foi composta em fonte Palatino Linotype, corpo 10
e impressa em papel Offset 75g (miolo) e Supremo 250g (capa)
pela Paulinelli Serviços Gráficos.